Eva Bosbach

Von Bologna nach Boston?

Perspektiven und Reformansätze in der Doktorandenausbildung
anhand eines Vergleichs zwischen Deutschland und den USA

D1727122

Eva Bosbach

Von Bologna nach Boston?

Perspektiven und Reformansätze in der Doktorandenausbildung anhand eines Vergleichs zwischen Deutschland und den USA

Akademische Verlagsanstalt
Leipzig 2009

Bibliografische Information der Deutschen Nationalbibliothek
Die Deutsche Nationalbibliothek verzeichnet diese Publikation in der Deutschen
Nationalbibliografie; detaillierte bibliografische Angaben sind im Internet über
http://dnb.dbb.de abrufbar.

Diese Studie ist im Auftrag und mit Förderung des Stifterverbandes für die
Deutsche Wissenschaft entstanden.

Akademische Verlagsanstalt Leipzig 2009

© Institut für Hochschulforschung an der Universität Halle-Wittenberg (HoF)
Collegienstraße 62, 06886 Lutherstadt Wittenberg, institut@hof.uni-halle.de,
http://www.hof.uni-halle.de

Druck: OsirisDruck Leipzig, http://www.osirisdruck.de
Umschlag: Volker Hopfner

ISBN 978-3-931982-48-5

Inhalt

Abbildungsverzeichnis

Vorwort des Stifterverbandes für die Deutsche Wissenschaft

Dr. Volker Meyer-Guckel

Das Hochschulsystem in Deutschland ist im vergangenen Jahrzehnt heftig in Bewegung geraten. Die Idee eines gemeinsamen Europäischen Hochschulraums hat eine intensive Reflektion – und nicht zuletzt eine Umwälzung – der bestehenden Studienstrukturen angestoßen. Auch die Promotionsphase bleibt davon nicht unberührt.

Eine Graduiertenausbildung, die sowohl die Master- als auch die Promotionsphase umfasst, und in der die Nachwuchswissenschaftlerinnen und Nachwuchswissenschaftler über die fachliche Qualifizierung hinaus stärker als bisher auf den Arbeitsmarkt in Wissenschaft und Wirtschaft vorbereitet werden, ist in Deutschland noch ein weitgehend neues Konzept. Einzelne Elemente einer strukturierten Doktorandenausbildung haben die Hochschulen bereits in thematisch orientierten Einheiten erprobt, und die Exzellenzinitiative hat hier weitere innovative Anstöße gegeben. Es fehlt jedoch bisher an einer sichtbaren internationalen Profilierung der Graduiertenausbildung insgesamt. Strukturell gilt es, durch eine Dachstruktur für die Graduiertenausbildung die Verantwortung für den wissenschaftlichen Nachwuchs institutionell in der Hochschule zu verankern. Die Vielfalt der Promotionswege muss als eine Stärke unseres Systems dabei weiter möglich sein.

In der Reformdiskussion wird nicht selten auf das angloamerikanische System verwiesen, ohne differenziert die Stärken und Schwächen zu reflektieren. Die vorliegende Studie nimmt sich dieser Analyse an. Sie fokussiert dabei auf einige zentrale Reformthemen: die Qualitätssicherung, die Auswahl, die Betreuung und die Beurteilung der Promovierenden, die Mobilität und die internationale Kooperation sowie die institutionelle Einbindung der Graduiertenausbildung in die Hochschule. Sie vergleicht die Doktorandenausbildung in den USA und in Deutschland und formuliert Empfehlungen für weitere Reformschritte. Der Stifterverband für die Deutsche Wissenschaft sieht hierin einen wichtigen Beitrag zur Weiterentwicklung der Graduiertenausbildung in Deutschland.

Zur Einführung: Deutsche Hochschulen zwischen pragmatischer Anglisierung und amerikanischer Hegemonialisierung

Prof. Dr. Reinhard Kreckel

Um 387 v. Chr. wurde in Athen die Akademie Platons gegründet, die wohl erste Universität der Menschheitsgeschichte. In der heutigen Welt bestehen rund 13.000 Universitäten und Hochschuleinrichtungen.[1] Man kann das antike Griechenland zwar als die Wiege der modernen Wissenschaften ansehen. Aber meist wird übersehen, dass nicht das Griechische zur ersten Weltsprache der Wissenschaft wurde, sondern das Arabische. In der frühen Blütezeit der islamischen Kultur zwischen dem 8. und dem 11./12. Jahrhundert war Arabisch von Andalusien bis ins östliche Persien die Sprache der Gelehrten. Die im frühmittelalterlichen Europa weitgehend verlorenen Texte der griechischen Philosophen, Mathematiker, Naturforscher und Ärzte wurden damals ins Arabische übersetzt und in den frühen arabischsprachigen Universitäten (der 988 gegründeten Al Azhar Universität von Kairo, den Nizamiya-Hochschulen in Bagdad, Ishfahan, Basra, Nischapur usw.) systematisch gelehrt und weiterentwickelt. Über Sizilien und Spanien gelangte das antike Wissen dann zusammen mit den Schriften der großen arabisch schreibenden Gelehrten (z. B. Avicenna und Averroes, arabisch Ibn Sina und Ibn Ruschd) nach Europa und wurde dort in die zweite Weltsprache der Wissenschaft übersetzt, ins Lateinische. Unter ihrem Einfluss hat sich in Europa das scholastische Denken geformt, das die ersten christlichen Universitätsgründungen geprägt hat (Bologna 1088, Paris ca. 1150, Oxford 1167, Cambridge 1209, Salamanca 1218). Als *lingua franca* war Latein die gemeinsame Sprache der abendländischen Universitäten und der sich ausdifferenzierenden Wissenschaften. Die an einer europäischen Universität examinierten Magistri und Doctores genossen das *ius ubique docendi*, das Recht, an jeder Universität zu lehren, die sie aufnahm. Der damals entstehende Universalismus der Wissenschaften hatte in der lateinischen Sprache eine mächtige Stütze.

Seit dem späten 17. Jahrhundert begann aber der Aufstieg nationaler Wissenschaftssprachen. Der Jurist und Philosoph Christian Thomasius, einer der Väter der 1694 gegründeten Aufklärungs-Universität Halle, gilt als

---

[1] Vgl. *Catalogue of World Universities*, der alle Einrichtungen der Tertiären Bildung mit eigener URL erfasst (http://www.webometrics.info/; Stand 23.12.2008).

der erste, der seine akademischen Vorlesungen nicht mehr in lateinischer, sondern in deutscher Sprache gehalten hat. In zunehmend versteinerter Form lebte das Gelehrten-Latein allerdings noch lange weiter: Noch im Jahr 1892 hat der große französische Soziologe Émile Durkheim seine erste Dissertation an der Sorbonne lateinisch geschrieben. Aber damals war die Welt der Wissenschaften bereits längst in viele Einzelsprachen und nationale Kulturen zerfallen, die miteinander konkurrierten und sich weitgehend ignorierten.

Die lange Periode der sprachlichen Zersplitterung des wissenschaftlichen Universalismus scheint in unseren Tagen zu Ende zu gehen. Wir werden Zeugen, wie sich zum dritten Male eine Weltsprache der Wissenschaften durchsetzt: Englisch wird heute unverkennbar zur neuen *lingua franca* für Wissenschaft und Forschung. Die russische, die französische oder die deutsche Sprache und auch die ostasiatischen Sprachen verlieren als wissenschaftliche Kommunikationsmedien zusehends an Bedeutung. Selbst chinesische Wissenschaftler publizieren auf Englisch. Und das Englische wird auch zunehmend die internationale Sprache für Doktorarbeiten, denen weltweit die Rolle der ersten wissenschaftlichen Qualifikationsarbeit zukommt.

Üblicherweise wird die fortschreitende Anglisierung der Wissenschaftssprache pragmatisch gerechtfertigt, mit dem Hinweis auf die Erfordernisse freier und dekontextualisierter internationaler Wissenschaftskommunikation und Forschermobilität. Dafür wird sogar der Verlust der eigenen Sprache als unvermeidlicher Preis in Kauf genommen.

Aber das ist nicht alles: Zum einen drängt sich angesichts der weltweiten Hochschulexpansion[2] und des heraufziehenden Zeitalters der „universal higher education"[3] die Frage auf, ob das Englische nun auch zur internationalen *lingua franca* der gesamten Hochschulbildung in ihrer ganzen Breite wird oder ob es nur für den akademischen Spitzenbereich – also vor allem: für die Forschung – gelten soll. Zum anderen, und eng damit verwoben, wird sichtbar, dass nicht nur die Sprache, sondern auch die Strukturen wissenschaftlicher Lehre und Forschung unter internationalem Anpassungs- und Standardisierungsdruck stehen.

---

[2] Vgl. Reisz/Stock: Inklusion in Hochschulen. Beteiligung an der Hochschulbildung und gesellschaftlichen Entwicklung in Europa und in den USA (1950-2000).

[3] Trow: Reflections on the Transition from Mass to Universal Higher Education, S.1-42; ders. : Reflections on the Transition from Elite to Mass to Universal Access: Forms and Phases of Higher Education in Modern Societies since WWII, S. 243-280.

Dabei wird nun noch deutlicher als bei der Frage der Anglisierung der Wissenschaftssprache, dass das Hochschulsystem der hegemonialen Vereinigten Staaten von Amerika eine weltweite Modellfunktion übernimmt. So kommt es zurzeit im Namen der sog. „Bologna-Reform" zu einer internationalen Angleichung akademischer Studiengänge und Studienabschlüsse, die zwar von Europa ausgeht, bei der aber das in den USA übliche Schema Pate steht: Die alteuropäischen akademischen Grade des Baccalaureus, Magister und Doctor kehren nun, amerikanisch verwandelt, als Bachelor, Master und Ph.D. wieder zurück. Auch die akademische Karriere, der Weg von der Promotion zur Professur, der bislang stark von nationalen Besonderheiten geprägt war, gerät unter zunehmenden internationalen Angleichungs- und Standardisierungsdruck. Von den Hochschullehrern wird erwartet, in englischer Sprache zu publizieren und zunehmend auch englisch zu unterrichten; der *Science Citation Index* wird zum nationenübergreifenden Qualitätsmaßstab für Wissenschaftler; längere Forschungsaufenthalte in den USA sind in vielen Fächern schon fast zum obligatorischen Bestandteil einer akademischen Karriere geworden.

Man mag einwenden, dass es sich bei allen diesen Veränderungen weniger um eine hegemoniale Amerikanisierung als vielmehr um eine der Rationalität verpflichtete und kommunikationserleichternde Anglisierung des globalen Wissenschaftssystems handle.[4] Man kann dann darauf verweisen, dass etwa bei der Bologna-Reform doch eher das britische als das US-amerikanische Hochschulsystem als Vorbild fungiere. Dieser Einwand trifft zu, wird aber doch stark relativiert, wenn man bedenkt, in welchem Ausmaß gerade die britischen Universitäten bereits seit den achtziger Jahren auf das amerikanische Modell eingeschwenkt sind. In diesem Sinne kann man gewiss heute mit vollem Recht von der „Anglo-American University" als dem eindeutigen Vor- und Leitbild in der globalisierten Hochschulwelt sprechen.[5]

In Europa, nicht zuletzt in Deutschland, reagiert man auf diese Entwicklungen teils mit Überschwang, teils aber auch mit Verlustangst und Skepsis. So wurde vor einigen Jahren unter Hinweis auf US-Spitzenuniversitäten wie Harvard, Stanford, Princeton, M.I.T und Chicago oder auf das magere Abschneiden deutscher Universitäten beim *Shanghai Ranking*

---

[4] Vgl. Drori *et al.*: Science in the Modern World Polity: Institutionalization and Globalization; Meyer/Schofer: Universität in der globalen Gesellschaft. Die Expansion des 20. Jahrhunderts, S. 81-98.

[5] Vgl. in diesem Sinne z. B.: Marginson: The Anglo-American University at its Global High-Tide.

of World Universities[6] und den „Brain Drain" deutscher Doktoranden und Postdocs in die USA ein polarisierendes Bild von der überlegenen wissenschaftlichen und strukturellen Qualität amerikanischer und den Mängeln deutscher Universitäten gezeichnet.[7] Diese Phase idealisierender Vereinfachung hat sich durchaus als fruchtbar erwiesen, wenn man bedenkt, dass in ihr die Idee des Exzellenzwettbewerbs der deutschen Universitäten mit einer starken Betonung der Nachwuchsförderung entstanden ist.

Aber als die „Exzellenzinitiative" von Bund und Ländern dann in die Tat umgesetzt wurde, war an die Stelle der Verklärung des US-amerikanischen Vorbildes längst wieder der nüchterne Tatsachenblick getreten und die Hochschulforschung hatte damit begonnen, differenzierende Strukturvergleiche zwischen dem deutschen und dem amerikanischen Hochschul- und Wissenschaftssystem zu erarbeiten, komparative Stärken-Schwächen-Analysen vorzunehmen und der Frage nachzugehen, wie ein „strukturelles Lernen" von den USA über Systemgrenzen hinweg für Deutschland zu gestalten wäre. Als ein Schlüsselthema kam dabei der wissenschaftliche Nachwuchs in den Blick, weil vor allem dort, an der Nahtstelle zwischen Studienabschluss und akademischer Karriere, die Weichen für „Brain Gain" oder „Brain Drain" gestellt und über die zukünftige Qualität von Forschung und Lehre entschieden wird. Eine Reihe von vergleichenden Studien über die unterschiedliche Gestaltung der Promotionsphase und der Postdoc-Phase in USA und Deutschland wurde erarbeitet. Im Auftrag des *German Academic International Network* (GAIN) wurde von Janson/Schomburg/Teichler vom Kasseler INCHER eine differenzierende Vergleichsstudie über „Wege zur Professur" vorgelegt.[8] Ulrich Schreiterer vom Wissenschaftszentrum Berlin für Sozialforschung (WZB) publizierte unter dem Titel „Traumfabrik Harvard" einen profunden Strukturvergleich des deutschen und amerikanischen Hochschulsystems.[9] Das Wittenberger Institut für Hochschulforschung (HoF) nahm sich des Themas in zwei vom Bundesministerium für Bildung und Forschung (BMBF) geförderten Projekten an, zum einen mit einem Acht-Länder-Strukturvergleich über

---

[6] Shanghai Jiao Tong University: Academic Ranking of World Universities.

[7] Vgl. etwa: BMBF: Deutsche Nachwuchswissenschaftler in den USA. Perspektiven der Hochschul- und Wissenschaftspolitik; oder auch: Lenhardt: Hochschulen in Deutschland und in den USA. Deutsche Hochschulpolitik in der Isolation.

[8] Janson/Schomburg/Teichler: Wege zur Professur. Qualifizierung und Beschäftigung an Hochschulen in Deutschland und den USA.

[9] Schreiterer: Traumfabrik Harvard. Warum amerikanische Universitäten so anders sind.

das wissenschaftliche Personal, „Zwischen Promotion und Professur",[10] zum anderen mit der Erarbeitung und Koordination der wissenschaftlichen Grundlagen für den ersten „Bundesbericht zur Förderung des Wissenschaftlichen Nachwuchses" (BuWiN)[11] unter Federführung von Anke Burkhardt und der daraus entstandenen umfassenden Publikation „Wagnis Wissenschaft", die einen ausführlichen internationalen Strukturvergleich enthält.[12] Auch der Stifterverband für die Deutsche Wissenschaft hat sich schon früh mit der Studie „Brain Drain – Brain Gain"[13] für dieses Thema engagiert und mit der hier vorgelegten Studie von Eva Bosbach den bisher detailliertesten und informativsten Vergleich zwischen dem deutschen und dem amerikanischen Promotionssystem auf den Weg gebracht.

Wir haben uns nun nicht nur deshalb entschlossen, die Arbeit von Eva Bosbach in diese Publikationsreihe aufzunehmen, weil sie eine Nachwuchswissenschaftlerin ist, die mit ihrer Fähigkeit, ebenso gut auf Deutsch, auf Englisch und auf Tschechisch denken und schreiben zu können, ein lebender Beweis dafür ist, dass die Anglisierung der internationalen Wissenschaft keineswegs dazu führen muss, dass die anderen Wissenschaftssprachen und -kulturen aussterben. Der gewichtigere Grund, Eva Bosbachs Studie hier zu veröffentlichen, hat damit zu tun, dass sie im Entstehungskontext des vom HoF koordinierten BuWiN und des großen Berichtsbandes „Wagnis Wissenschaft" ein beträchtliche Rolle gespielt hat. Insbesondere untermauert die Studie die auch für den BuWiN und „Wagnis Wissenschaft" zentrale These, dass eine besondere Stärke des derzeitigen Promotionswesens in Deutschland gerade die Vielfalt der hier möglichen Wege zur Promotion ist. Dass deutsche Doctores wegen ihrer guten Qualifikation überall gerne gesehen werden, wird nicht zuletzt durch die Brain Gain – Brain Drain – Diskussion belegt. Solange strukturierte Formen der Promotion (wie Graduiertenschulen, *Max Planck Research Schools*, Promotionskollegs u.ä.) diese Vielfalt ergänzen und vor neue Herausforderungen stellen, sollte man sie fördern. Vor einer vorschnellen Standardisierung der deutschen Promotion sollte man sich aber hüten.

---

[10] Kreckel: Zwischen Promotion und Professur. Das wissenschaftliche Personal der Hochschulen und Forschungseinrichtungen im internationalen Vergleich.

[11] BMBF: Bundesbericht zur Förderung des Wissenschaftlichen Nachwuchses (BuWiN).

[12] Burkhardt: Wagnis Wissenschaft. Akademische Karrierewege und das Fördersystem in Deutschland.

[13] Backhaus/Ninke/Over: Brain Drain – Brain Gain. Eine Untersuchung über internationale Berufskarrieren.

Zusammenfassung

Die vorliegende Studie liefert anhand ausgewählter Aspekte eine fachüber-greifende Bestandsaufnahme der aktuellen Situation in der Doktoranden-ausbildung in den USA und in Deutschland. Sie beruht auf der Auswertung vorliegender Expertisen, Datenerhebungen und weiterer Informationsma-terialien wie Fachaufsätzen, Konferenzbeiträgen und Positionspapieren sowie auf eigenen Recherchen und Gesprächen mit Verantwortlichen vor Ort. Anhand des Vergleichs der Systeme in beiden Ländern, der Analyse der jeweils diskutierten Stärken und Schwächen sowie existierender Re-formvorschläge und der Ableitung von Folgerungen (Abschnitte 2 und 3) werden anschließend Empfehlungen für die weitere Reform der Promoti-onsphase in Deutschland formuliert (Abschnitt 4). Diese haben zum einen das Ziel, entsprechende Maßnahmen zur Verbesserung der Doktoranden-ausbildung in Deutschland anzuregen, zum anderen sollen sie mit Blick auf einen denkbaren ‚Transatlantischen Hochschulraum' Möglichkeiten einer weiteren sinnvollen Annäherung der beiden Systeme aufzeigen.

Die Doktorandenausbildung in den USA kennzeichnet sich durch eine starke Formalisierung und ausgeprägte Institutionalisierung sowie eine gute Infrastruktur aus. Sie findet bis auf Ausnahmen innerhalb von Insti-tutionen statt, die Forschung und Lehre verbinden. Die Promotionsstruk-tur spiegelt diese Verbindung: Alle Doktorandenprogramme bestehen aus einer Kurs- (Lehre) und einer Dissertationsphase (Forschung) sowie einer bestimmten Anzahl von Prüfungen. Eine eigene Forschungsleistung in Form der Dissertation bildet den Kern der Promotion. Eine systematische, multiple Betreuung, die Promotion in ‚Kohorten' sowie formalisierte Aus-wahlverfahren meist bereits nach dem Bachelorabschluss, mit einer Be-werbung stets bei einer *graduate school* und nicht bei einem individuellen Betreuer, sind weitere Merkmale des Systems. Die Doktorandenausbil-dung ist in den USA in der Organisationseinheit *graduate school* angesie-delt und an die Fachbereiche (*departments*) angebunden. Die Dekane der *graduate schools* tauschen sich im Rahmen eines nationalen Netzwerks regelmäßig über Beispiele guter Praxis aus und es gibt zahlreiche Förder-programme zur Verbesserung spezifischer Aspekte der Promotionsphase. Regelmäßige und umfangreiche statistische Erhebungen liefern dazu eine verlässliche Datenbasis.

In Deutschland kann die Doktorandenausbildung in zwei Kategorien aufgeteilt werden. Auf der einen Seite steht die traditionelle Form der Individualpromotion ‚bei' einem Doktorvater bzw. einer Doktormutter, im Rahmen derer nach wie vor die überwiegende Mehrheit (ca. 80 %) der Doktoranden promovieren. Zweitens werden zunehmend Modelle einer stärker strukturierten Promotion angeboten. Zu diesen gehören (zum Teil internationale) Graduiertenkollegs der DFG, Helmholtz-Kollegs, *International Max Planck Research Schools* (IMPRS) oder Internationale Promotionsprogramme (IPP) im Rahmen des von DFG und DAAD durchgeführten Förderprogramms „Promotion an Hochschulen in Deutschland" (PHD), das ab 2008 durch das mit einer Neuausrichtung verbundene Programm PhD-Net des DAAD fortgesetzt wird. Dazu kommen Programme einiger Bundesländer, im Rahmen der Exzellenzinitiative neu entstandene Graduiertenschulen sowie einzelne Promotionsstudiengänge der Universitäten. Von der Promotionsform unabhängig ist – wie in den USA – die Dissertation als eigenständige Forschungsleistung Kern jeder Promotion. Einige der strukturierten Promotionsangebote adressieren bereits einen Teil der am Ende dieser Untersuchung formulierten Empfehlungen. Sie stellen jedoch in der Regel in der Hochschule keine Dachstrukturen dar, die alle Doktoranden einbeziehen würden, und stehen bundesweit gesehen nur einer Minderheit der Promovierenden zur Verfügung.

Im Vergleich wird besonders deutlich, dass in Deutschland die institutionelle Anbindung der Doktorandenausbildung in den Hochschulen sowie die Auswahl, Betreuung und Begleitung für alle Doktoranden – insbesondere für die Individualpromotionen – verbessert werden müssen. Darüber hinaus fehlt es an Austausch der in den Universitäten für die Promotion Verantwortlichen sowie an guten statistischen Daten über diese Qualifizierungsphase.

Für die weitere Reform der Promotionsphase in Deutschland werden Empfehlungen zu folgenden Themen formuliert:

- Erhaltung der Diversität der Wege zur Promotion
- Flächendeckende Einrichtung von Doktorandenzentren
- Etablierung eines Netzwerks der Koordinatoren für die Doktorandenausbildung
- Institutionalisierung der Individualpromotion
- Multiple und systematische Betreuung und Begleitung für alle Doktoranden, Förderung von Frauen und Promovierenden mit Kindern
- Bessere Qualitätssicherung, u. a. durch die Einführung von transparenten Auswahlverfahren und einer formalisierten Genehmigung des Dissertationsexposés durch eine Promotionskommission

- Mehr Transparenz über die Promotionsphase, Verbesserung der statistischen Datenbasis, auch durch Einschreibung aller Doktoranden direkt bei Promotionsbeginn

- Vermittlung wissenschaftlicher Schlüsselqualifikationen, inklusive der Vorbereitung auf eine spätere Vermittlungsfunktion und eines Auslandsaufenthalts, bessere Integration ausländischer Doktoranden

- Intensivierung des Dialogs mit der Wirtschaft bzw. mit potenziellen späteren Arbeitgebern der Promovierten sowie mit außeruniversitären Forschungseinrichtungen, Verbleib des Promotionsrechts bei den Universitäten

- Mehr Wettbewerbe und Förderprogramme zur Verbesserung der Doktorandenausbildung

- Erprobung von Pilotprojekten mit integrierten Doktorandenstudien, die bereits nach dem Bachelorabschluss beginnen

- Angemessene Finanzierung der Hochschulen zur Realisierung der anspruchsvollen Reformen

Die einzelnen Empfehlungen werden basierend auf den Bestandsaufnahmen in den Abschnitten 2 (Doktorandenausbildung in den USA) und 3 (Doktorandenausbildung in Deutschland) sowie dem Vergleich und den Folgerungen (thematisch in 3.1 bis 3.7) anschließend im Abschnitt 4 der Studie ausgeführt.

1. Einleitung

Im Zentrum der derzeit im Rahmen des Bologna-Prozesses stattfindenden umfangreichen Reformen an europäischen und deutschen Hochschulen steht die Einführung einer gestuften Studienstruktur mit den Abschlüssen Bachelor und Master bis zum Jahr 2010. Die Reform der Doktorandenausbildung[1] ist der nächste – intensiv diskutierte und bereits an vielen Standorten eingeleitete – Schritt. Auf dem Weg zu einem gemeinsamen Europäischen Hochschulraum soll gemäß den Beschlüssen seit der Berlin-Konferenz 2003 auch die Promotionsphase stärker in den Bologna-Prozess einbezogen werden. Gleichzeitig soll die Doktorandenausbildung einen wichtigen Motor des angestrebten Europäischen Forschungsraums bilden, in dem neue Potenziale für ein konkurrenzfähiges Europa des Wissens geschaffen werden sollen. Diskussionen über Möglichkeiten der Einbindung auch dieser Qualifizierungsphase in den Prozess einer stärkeren Integration und Zusammenarbeit in Europa und ggf. auch darüber hinaus sowie kritische Debatten über Defizite der Doktorandenausbildung werden auf nationaler und internationaler Ebene intensiv geführt. Ziele sind dabei besser vergleichbare und vernetzte Strukturen, Sicherung der Wettbewerbsfähigkeit, Erhöhung der Qualitätsstandards sowie eine Verbesserung der Rahmenbedingungen der Doktorandenausbildung etwa bei Auswahl, Finanzierung oder Betreuung von Promovierenden. Dazu werden u. a. strukturierte interdisziplinäre Doktorandenprogramme mit transparenten Betreuungs- und Beurteilungsstandards und der Vermittlung von Schlüsselqualifikationen gefordert, die auch auf einen „weiter gefassten" Arbeitsmarkt abzielen.[2] Gleichzeitig soll eine Verschulung bzw. Überregulierung der Promotionsphase vermieden und die Vielfalt der konkreten Programme bewahrt werden.[3] Die europäischen Bildungsminister plädieren im Londoner Kommuniqué von 2007 für ein besseres Studienangebot in der Promotionsphase, für die Verbesserung des Status, der Berufsaus-

---

[1] Wo in dieser Studie nur die weibliche oder männliche Form verwendet wird, um die Lesbarkeit zu erleichtern, sind Frauen und Männer selbstverständlich gleichermaßen gemeint.

[2] Vgl. Bergen-Kommuniqué, S. 4.

[3] Vgl. Londoner Kommuniqué, S. 5, sowie Bundesministerium für Bildung und Forschung: Ansprache [der Bildungsministerin bei der London-Konferenz], S. 1.

sichten und der Finanzierung der Nachwuchswissenschaftler sowie für einen umfassenderen Erfahrungs- und Informationsaustausch.[4]

Trotz der vielfältigen Wege kann im Moment in allen europäischen Ländern der Trend zu einer stärker strukturierten Promotionsphase beobachtet werden, zum Teil wird von einer „Vernaturwissenschaftlichung" der Doktorandenausbildung[5] oder von der tendenziellen Ablösung des „kontinental-europäische[n] Lehrlingsmodell[s] [...] durch den angloamerikanischen Ph.D." gesprochen.[6]

Auch in Deutschland markieren Graduiertenkollegs der DFG, Helmholtz-Kollegs, *International Max Planck Research Schools* (IMPRS), Internationale Promotionsprogramme (IPP) von DFG und DAAD, PhD-Net-Programme des DAAD und in einigen Bundesländern sowie im Rahmen der Exzellenzinitiative neu entstandene Graduiertenschulen klar diesen Trend und geben einen qualitativen wie quantitativen Anstoß zur Reform der Promotionsphase. Problematisch bleibt dabei u. a., dass die strukturierten Promotionsangebote nur einer Minderheit der Doktoranden in Deutschland (ca. 20 %) zur Verfügung stehen. Sie bilden zudem in der Regel in den Hochschulen keine Dachstrukturen, die alle Promovierenden einbeziehen würden. Darüber hinaus fehlen nach wie vor attraktive Promotionsangebote für hochqualifizierte Bachelorabsolventen aus dem In- und Ausland. Modelle von Graduiertenstudien nach US-amerikanischem Vorbild mit einer stärkeren Verknüpfung der Master- und Promotionsphase sind in Deutschland bisher nur vereinzelt vorzufinden. Stattdessen werden hier ausgehend von den traditionellen Studiengängen vielfach noch der Bachelor- und Masterstudiengang zusammen gedacht und konzipiert. Die virtuelle Zäsur und daran gekoppelt der Arbeitsmarkteinstieg erfolgt in der Praxis nicht nach dem Bachelor-, sondern nach dem Masterstudium. Die Zulassungsvoraussetzungen zum Master bleiben dabei meist auf der formalen Ebene und werden selten zur Auswahl der besten Studierenden genutzt.

Im Zusammenhang mit der Problemstellung, in welche Richtung das Doktorat in Europa und in Deutschland weiter entwickelt werden soll und wie die seitens der Hochschulen, Arbeitgeber und Promovierenden formulierten Defizite der derzeitigen Formen der Doktorandenausbildung behoben werden können, stellt sich verstärkt die Frage nach den Stärken

---

[4]   Vgl. Londoner Kommuniqué, Abschnitt „Doktoranden", 2.15-2.17, S. 5.

[5]   Vgl. Kupfer/Moes: Promovieren in Europa, S. 21.

[6]   Enders: Brauchen die Universitäten in Deutschland ein neues Paradigma, S. 42.

und Schwächen der existierenden Modelle sowie nach der gegenseitigen Übertragbarkeit der zu identifizierenden *good practice.*

Mit Blick auf den zunehmend globalen Wettbewerb um die besten Studierenden, Doktoranden und Forscher werden die USA immer wieder in punktuellen Vergleichen einzelner Aspekte des Wissenschaftssystems als Referenzgröße bzw. als Vorbild herangezogen. Das Hochschulsystem der USA zeichnet sich durch einige Merkmale aus, die in Deutschland aktuell an Bedeutung gewinnen, so etwa durch eine starke Dezentralisierung und Differenzierung, einhergehend mit einer begrenzten staatlichen Regulation und großer Varianz der Hochschulen und der existierenden Promotionsmodelle je nach Disziplin und Universität.[7] Gleichzeitig befinden sich in den USA einige der besten Hochschulen der Welt, und die Forschungsstärke des Landes und seine Attraktivität für Forscher wird nicht nur durch die weltweite Spitzenposition an akkumulierten Nobelpreisen sichtbar, sondern auch an der hohen Anzahl der ausländischen Doktoranden, die zudem anschließend überwiegend in den USA bleiben.[8] Nicht zuletzt zeigt sich diese Spitzenstellung an der – USA-exklusiven – Einrichtung von Initiativen zur Rückgewinnung deutscher Wissenschaftler wie das *German Academic International Network* (GAIN),[9] oder dem Vorhaben, der Abwanderung hochqualifizierter deutscher Doktoranden ins Ausland vorzubeugen als einem der Ziele der 2008 beschlossenen Internationalisierungsstrategie der Bundesregierung.[10]

So können einerseits die ‚USA-erprobten' Strategien im Bereich der Doktorandenausbildung als Anregung für die aktuellen Reformdiskussionen in Deutschland und Europa dienen.[11] Andererseits können aber auch

---

[7] Die Reformen im deutschen Hochschulsystem orientieren sich seit 1998 oft am Vorbild des amerikanischen Hochschulwesens: Für die Bereiche Hochschularten, Studienorganisation, Hochschulfinanzierung, Hochschulorganisation und wissenschaftliches Personal wies Larissa Kühler eine strukturelle und kulturelle Annäherung an das amerikanische Hochschulwesen nach. Vgl. Kühler: Die Orientierung der Reformen, insbes. S. 538 und 543.

[8] Vgl. 2.6, unter „Ausländische Doktoranden in den USA, Verbleib".

[9] GAIN ist eine gemeinsame Initiative der Alexander von Humboldt-Stiftung (AvH), des Deutschen Akademischen Austauschdienstes (DAAD) und der Deutschen Forschungsgemeinschaft (DFG). Die Fraunhofer-Gesellschaft, Helmholtz-Gemeinschaft Deutscher Forschungseinrichtungen, die Max-Planck-Gesellschaft, die Leibniz-Gemeinschaft und die Hochschulrektorenkonferenz sind als assoziierte Mitglieder beigetreten. URL: http://www.gain-network.org/ (30.6.08).

[10] Vgl. Bundesministerium für Bildung und Forschung: Deutschlands Rolle, S. 12 und 19.

[11] „Aufgrund ihrer Leistungsfähigkeit und Attraktivität gilt die Graduiertenausbildung der großen U.S.-amerikanischen Forschungsuniversitäten heute international als Maßstab für die forschungsorientierte Ausbildung des wissenschaftlichen Nachwuchses. Europäische Länder und Universitäten müssen sich am U.S.-amerikanischen Beispiel messen lassen". Wissen-

die in den USA stattfindenden Diskussionen über Defizite der Promotionsphase und mögliche Lösungsansätze, aktuell etwa im Bereich der Interdisziplinarität oder bei der Förderung von Frauen auf ihrem Weg von der
Promotion zur stabilen Professur, für Deutschland lehrreich sein.

Für eine funktionierende Doktorandenausbildung sind bestimmte
Aspekte des jeweiligen Hochschulsystems vor, während und nach der
Promotionsphase besonders von Bedeutung. Dazu gehören der gesetzliche und institutionelle Rahmen, in dem sich die existierenden Modelle
bewegen, die Art des Übergangs zur Promotion – d. h. die Schnittstelle
zum vorangehenden Studium und die Art der Selektion –, die Strukturen der eigentlichen Promotionsphase (Kernelemente, Dauer etc.), der
Status der Doktoranden und deren Finanzierung, die Qualitätssicherung
im gesamten Prozess (von der Akkreditierung und Evaluation bis hin zur
Betreuung und Prüfung), Formen der Internationalität und Mobilität und
schließlich die Schnittstelle zum Arbeitsmarkt nach dem Promotionsabschluss. Diese zentralen Aspekte der Doktorandenausbildung werden im
Folgenden im Abschnitt 2 für die USA und im Abschnitt 3 für Deutschland
untersucht. Der Vergleich erfolgt im Abschnitt 3 „Doktorandenausbildung
in Deutschland" jeweils thematisch zugeordnet und dient als Basis der
dort abschnittsweise abgeleiteten Folgerungen. Anhand der Bestandsaufnahmen, des Vergleichs sowie der jeweils in beiden Ländern diskutierten
Stärken und Schwächen werden unter Einbeziehung existierender Re-
formvorschläge anschließend im Abschnitt 4 Empfehlungen für weitere
Reformmaßnahmen in Deutschland formuliert.

Die Arbeit beruht auf der Auswertung bis Juni 2008 vorliegender Studien, Datensammlungen und weiterer Informationsmaterialien wie Fachaufsätzen, Konferenzbeiträgen und Positionspapieren sowie auf eigenen
Recherchen und Gesprächen mit folgenden Experten in den USA: Daniel
Denecke (*Council of Graduate Schools*), Charlotte Kuh (*National Academies; National Research Council*), Susan Hill und Jaqui Falkenheim (*National Science Foundation*), Michael Nettles, Patrick Kyllonen und David
Payne (*Educational Testing Service*), James Montoya und Lee Fails (*College Board*), Ulrich Grothus, Katja Simons und Stefan Altevogt (DAAD
New York), Gita Bosch (*Gerstner Sloan-Kettering Graduate School*),
Emily Harms (*Rockefeller University Graduate School*) sowie Beth Doll
und Ellen Weissinger (*University of Nebraska Lincoln Graduate Studies*).

---

schaftsrat: Empfehlungen zur Doktorandenausbildung, S. 35. Für fachübergreifende Darstellungen der Promotionsmodelle in weiteren Ländern vgl. Powell/Green: The Doctorate
Worldwide, sowie Nerad/Heggelund: Toward a Global Phd?.

2. Doktorandenausbildung in den USA

Die Grundstruktur der US-amerikanischen Doktorandenausbildung scheint sich in der Welt zunehmend als Modell für die Gestaltung der Promotionsphase zu etablieren.[12] Sie wird sogar gelegentlich – mit Verweis auf den hohen Anteil ausländischer Doktoranden sowie die leitenden Schlüsselpositionen, die amerikanische Promovierte in der ganzen Welt und insbesondere in Entwicklungsländern innehätten – als das erfolgreichste Modell überhaupt bezeichnet.[13]

Eckdaten

Obwohl die Graduiertenausbildung in den USA kaum 150 Jahre alt ist,[14] ist das Land international in absoluten Zahlen der weltweit größte Produzent von Promovierten. So verzeichnet der aktuelle *Survey of Earned Doctorates* (SED) für das akademische Jahr 2005/2006 über 45.000 verliehene Doktorgrade, davon 37 Prozent an Nicht-US-Bürger.[15] Im gleichen Zeitraum wurden in den USA knapp 1,5 Millionen Bachelor- und 600.000

---

[12] „Das amerikanische System der Graduate Education ist ein Modell für Reformbemühungen überall auf der Welt". Wissenschaftsrat: Empfehlungen zur Doktorandenausbildung, S. 36, sowie „The basic structure of doctoral higher education in the United States has increasingly become the pattern worldwide". Altbach: Doctoral Education, S. 67.

[13] „[…]the most successful model of doctoral education in the world – that of the United States". Altbach: Doctoral Education, S. 65, sowie „Now, the Europeans look to the United States as a point of reference for reforming their higher education […] The Europeans know that their future has to include many aspects of America´s complex, highly successful system". Cohen: The shaping of American higher education, S. 439-440.

[14] „The first doctorate in the United States was awarded in 1861". Golde: Preparing Stewards of the Discipline, S. 3, sowie „in 1876 […] the John Hopkins University established the first graduate school". Nettles/Millett: Three Magic Letters, S. 3.

[15] Vgl. Abbildung 1, S. 26, sowie Hoffer *et al.*: Doctorate Recipients from United States Universities, S. 4 und 20. Seit 1957 werden im *Survey of Earned Doctorates* (SED) jährlich Daten über in den USA verliehene Doktorgrade gesammelt und präsentiert, seit 1997 führt die Umfragen das *National Opinion Research Center* at the *University of Chicago* (NORC). Alle Angaben fließen in das seit 1920 bestehende zentrale *Doctorate Record File* (DRF). Die Rücklaufquote beträgt seit 1975 konstant zwischen 90 und 96 Prozent. Der aktuelle Bericht kann online abgerufen werden, vgl. URL: http://www.norc.org/NR/rdonlyres/C22A3F40-0BA2-4993-A6D3-5E65939EEDC3/0/06SRRevised.pdf (30.6.08). Mit den Begriffen „Doktorgrad", „Doktorandenausbildung" usw. sind in dieser Arbeit stets nur die forschungsorientierten, so genannten „research Ph.D."-Abschlüsse bzw. -Programme gemeint. Vgl. dazu auch 2.1. „Gradbezeichnungen".

Masterabschlüsse vergeben.[16] Schätzungen zufolge beträgt die Zahl der Doktoranden in allen Fächern etwa 400.000 Personen und ca. die Hälfte aller Doktoranden weltweit promoviert in den Vereinigten Staaten.[17] Allgemein kommen auf derzeit ca. 304 Millionen Einwohner der USA über 4300 *postsecondary institutions*, die zu Hochschulen gezählt werden können,[18] und 417 Einrichtungen, die 2006 mindestens einen *research doctorate* vergeben haben.[19]

Nach der aktuellen *Carnegie Classification* gelten 199 Einrichtungen als Universitäten mit herausragender Forschung (*Research Universities (high or very high research activity)*).[20] Diese beziehen die meisten (ca. 80 %) Forschungsmittel der *National Science Foundation* und bilden die meisten Doktoranden aus.[21] In der Mehrheit gehören sie der 1900 gegründeten Mitgliederorganisation *Association of American Universities* (AAU) an, die nach eigenen Angaben 62 führende Forschungsuniversitäten in den USA (60) und Kanada (2) versammelt.[22] Die beiden größten Gruppen in der amerikanischen Hochschullandschaft bilden zum einen die *Baccalaureate Colleges* bzw. *special focus institutions* mit meist vierjäh-

---

[16] Vgl. Knapp *et al.*: Postsecondary Institutions in the U. S., S. 10.

[17] Vgl. Altbach: Doctoral Education, S. 66-67.

[18] Vgl. American Council on Education: A Brief Guide, S. 7. Zu den *postsecondary institutions* werden dabei *Associate's colleges, Doctorate-granting institutions, Master's colleges and universities, Baccalaureate colleges, Special focus institutions* und *Tribal colleges* gerechnet.

[19] Vgl. Hoffer *et al.*: Doctorate Recipients from United States Universities, S. 7.

[20] Vgl. URL: http://www.carnegiefoundation.org/classifications/index.asp?key=805 (30.6.08).

[21] Mündliche Mitteilung Susan Hill, Leiterin des *Doctorate Data Project* der *National Science Foundation* (NSF), Treffen in Washington D.C. am 19. Juni 2007, sowie National Science Board: Science and Engineering Indicators 2008, S. 5-18. Die *National Science Foundation* (NSF) ist eine unabhängige föderale Wissenschaftsorganisation, die sich hauptsächlich auf Forschungsförderung in den Ingenieur-, Natur- und Sozialwissenschaften konzentriert. Mit einem Jahresbudget von 5,91 Milliarden US-Dollar finanziert die 1950 vom Kongress gegründete NSF ca. 20 Prozent aller national geförderten Grundlagenforschung an Universitäten und *Colleges*. Durch die Finanzierung der Forscher bzw. Forschergruppen spielt die *National Science Foundation* auch in der Doktorandenausbildung eine wichtige Rolle. URL: http://www.nsf.gov/ (30.6.08).

[22] Die Organisation ist nach einem Treffen von 14 Rektoren im Februar 1900 in Chicago mit dem Ziel entstanden, sich gemeinsamen Interessenfeldern in der Graduiertenausbildung zu widmen. Die 14 Universitäten begannen, an einheitlichen Standards für die Vergabe von akademischen Graden und an der Verbesserung dieser Standards zu arbeiten, weitere Universitäten sind im Laufe der Zeit beigetreten. Die meisten beim ersten Treffen anwesenden Universitätspräsidenten haben ihre eigene Ausbildung im Ausland, oft in Deutschland, absolviert. Vgl. Nerad: Cyclical Problems of Graduate Education, S. iv. Für weitere Informationen über die AAU vgl. URL: http://www.aau.edu/aau/aboutaau.cfm (30.6.08).

rigen Bachelorprogrammen (1968 Institutionen; 45 % der insgesamt 4352 Hochschulen; 13 % aller 17,5 Millionen Studierenden), und zum anderen öffentliche *Community Colleges* bzw. private *Junior Colleges* (insgesamt 1504; 35 % der Hochschulen; 38 % aller Studierenden), an denen nach einem zweijährigem Studium ein *associate degree* unterhalb der Ebene des Bachelors erworben werden kann.[23] Dieser kann bei einem so genannten *transfer curriculum* als die erste Hälfte des Bachelorstudiums an einem vierjährigen *College* anerkannt werden.

Obwohl es Ausnahmen gibt wie *Colleges*, an denen ein Doktorgrad erworben werden kann oder Universitäten mit ausschließlicher Bachelorausbildung,[24] ist die terminologische Faustregel, dass *Colleges* eine maximal vierjährige Ausbildung und Bachelorabschlüsse anbieten (*undergraduate education*) und an *Universities* die so genannte *4 plus*- oder *graduate* Ausbildung stattfindet, zu der Masterstudiengänge und Promotionen zählen. Diese klare Trennlinie zwischen der *undergraduate* und *graduate* Ausbildung und die damit einhergehende – auch terminologische – Zäsur nach dem Bachelor gehören zu den typischen Merkmalen des US-amerikanischen tertiären Sektors.

Neben der Unterteilung nach dem Namen, der Dauer des Studiums und der Art des Abschlusses teilen sich die Hochschulen in den USA in öffentliche (*public*), private gemeinnützige (*privat nonprofit*) und private gewinnorientierte (*privat for-profit*) Einrichtungen auf. Typische Beispiele für öffentliche Hochschulen sind die *University of California, Berkeley* (UCB) und die *University of Texas at Austin*, für private gemeinnützige Hochschulen *Harvard, Yale* und die *Standford University* und für private gewinnorientierte Einrichtungen die *University of Phoenix* oder die *Nova Southeastern University*. Alle drei Hochschultypen beziehen Studiengebühren, der Unterschied zwischen *nonprofit* und *for-profit*-Institutionen ist vielmehr steuerrechtlicher Art, indem *for-profit*-Hochschulen durch ihr Ausbildungsangebot, das oft auf Fernstudiengängen basiert, zu versteuernde Gewinne erzielen. Private Hochschulen sind von der Vergabe öffentlicher Mittel an ihre Studierenden (Stipendien, Kredite etc.) nicht ausgeschlossen, sondern werden dabei im Gegenteil weitgehend wie die öffentlichen Institutionen behandelt. Dieses ‚Gleichgewicht' hängt mit dem allgemeinen Prinzip der personengebundenen Förderung in den USA zusammen, die sich in aller Regel nicht an die Institutionen, sondern in

---

[23] Vgl. American Council on Education: A Brief Guide, S. 7.

[24] Vgl. ebd., S. 5.

Form von *grants* direkt an Professoren oder in Form von Stipendien, Krediten etc. an Studierende – unabhängig vom Hochschultyp – richtet.

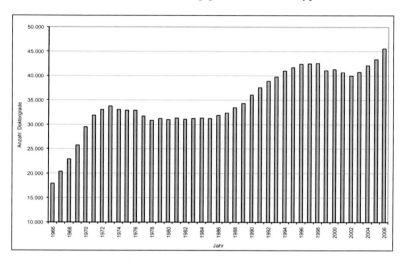

Abb. 1: Anzahl der in den USA verliehenen Doktorgrade pro Jahr (1966-2006)
Quelle: Eigene Darstellung nach: Hoffer *et al.*: Doctorate Recipients from United States Universities, S. 57.

Promotionen finden innerhalb aller drei Gruppen statt: Den neusten Zahlen des *U.S. Department of Education* nach waren im Herbst 2006 38 Prozent der *doctor's degree-granting institutions* öffentlich, 58 Prozent privat gemeinnützig und drei Prozent privat gewinnorientiert.[25] Neben Universitäten mit einem breiten Fächerkanon bietet eine kleine Anzahl von spezialisierten Institutionen spezifische Doktorandenprogramme an, zum Beispiel die *Rockefeller University* ausschließlich in den *biomedical sciences*, in denen sie zu den renommiertesten weltweit gehört.[26] Bis auf wenige Ausnahmen wie das *Massachusetts Institute of Technology* (MIT)[27] oder das *Sloan-Kettering Institute* (SKI) des *Memorial Sloan-Kettering Cancer Center* (MSKCC)[28] ist die Doktorandenausbildung in den USA an Universitäten und nicht an außeruniversitären Forschungseinrichtungen an-

---

[25] Eigene Berechnungen nach Knapp *et al.*: Postsecondary Institutions in the U. S., S. 5.

[26] Vgl. Altbach: Doctoral Education, S. 67.

[27] URL: http://web.mit.edu/ (30.6.08).

[28] URL: http://www.mskcc.org/mskcc/html/53149.cfm (30.6.08).

gesiedelt und innerhalb der Universitäten mit der Grundlagenforschung verknüpft.[29]

Quantitativ gesehen ist die Doktorandenausbildung stark konzentriert: Fast die Hälfte aller Doktorgrade (47 %) wurden 2006 von nur 42 Universitäten verliehen (10 % der 417 Universitäten, die mindestens einen forschungsorientierten Doktorgrad vergeben haben).[30] Unter den zehn Universitäten, die die meisten Promovierten verzeichnen, befinden sich nicht etwa die älteste amerikanische Universität *Harvard* (gegründet als *Harvard College* 1636) oder die renommierte Universität *Yale*, sondern neun öffentliche Universitäten (mit der *University of Texas-Austin*, der *University of Michigan* und der *University of California, Berkeley* an der Spitze) und lediglich eine private Einrichtung, die *Stanford University*.[31] Quantitativ am meisten wird im Bundesstaat Kalifornien promoviert (12 % aller Doktorgrade). Fachgruppenspezifisch betrachtet werden die meisten Doktorgrade in den *life sciences* (21 %) verliehen, gefolgt von den *physical sciences* und *engineering* (beide 16 %).[32] Der Anteil von Frauen stieg innerhalb von zehn Jahren von 40 Prozent (1996) auf 45 Prozent der Promovierten (2006), wobei die Frauenquote 2006 am niedrigsten in den Ingenieurwissenschaften (20 %) und am höchsten in den Erziehungswissenschaften (65 %) war.[33]

2.1   Gesetzlicher und institutioneller Rahmen, existierende Modelle

Gesetze, Regelungen

Der gesetzliche Rahmen für die Doktorandenausbildung in den USA ist vielschichtig und unscharf. Ein charakteristisches Merkmal des Hochschulsystems insgesamt sei, so das *American Council on Education*, dass es kein nationales System ist: „The United States has no national system of

---

[29] „The United States is unique in the extent to which fundamental research is conducted at universities, typically with the assistance of graduate students". Thurgood *et al.*: U.S. Doctorates in the 20th Century, S. 3.

[30] Vgl. Hoffer *et al.*: Doctorate Recipients from United States Universities, S. 7.

[31] Ebd., S. 58.

[32] Ebd., S. 8 und 61.

[33] Ebd., S. 64.

higher education".[34] Weitere drei zentrale Merkmale seien (1) die extreme Größe und Diversität, (2) der Markt als maßgebliche externe Treibkraft der Strategie und des Verhaltens der Institutionen sowie (3) ein Studium, bei dem der Abschluss durch das sukzessive Belegen von mit Kreditpunkten versehenen Kursen erworben wird.[35] Antonia Kupfer spricht von der „Regel der Regellosigkeit" des US-amerikanischen ‚Systems' und nennt vier hochschulpolitische Steuerungsinstrumente auf nationaler Ebene: Politik der hochschulpolitischen Verbände, der so genannten *Big Six*,[36] Gerichtsurteile des *Supreme Court*, Politik des seit 1979 existierenden *Department of Education*,[37] sowie die nationalen Gesetze im Hochschulbereich. Letztere konzentrierten sich fast ausschließlich auf Finanzierungsprogramme und würden im Allgemeinen nur dann erlassen, wenn Antworten auf aktuelle Fragen – etwa der nationalen Verteidigung oder der Armutsbekämpfung – erforderlich seien, oder als Reaktion auf akute Bedürfnisse im Hochschulbereich (so z. B. der *Higher Education Facilities Act* von 1963 zur Bereitstellung zusätzlicher Mittel für den Bau von Räumlichkeiten als Antwort auf stark wachsende Studierendenzahlen).[38]

Ein Hochschulrahmengesetz gibt es in den USA nicht. Der Bund hat nach der Verfassungsordnung „mit Ausnahme der Ausbildungsförderung

---

[34] American Council on Education: A Brief Guide, S. 2. Das *American Council on Education* (ACE) ist eine seit 1918 existierende Dachorganisation im US-amerikanischen Hochschulwesen, die Interessen von akkreditierten, Abschlüsse verleihenden US-amerikanischen Hochschulen aller Typen vertritt. Sie hat mehr als 1.800 Mitglieder, zu denen neben Rektoren und Kanzlern als Vertretern von Hochschulleitungen auch Leiter verschiedener Organisationen im Hochschulbereich gehören. URL: http://www.acenet.edu//AM/Template. cfm?Section=Home (30.6.08).

[35] Ebd.

[36] Zu den *Big Six* gehören die bereits erwähnte Mitgliederorganisation der Forschungsuniversitäten *Association of American Universities* (AAU), die *American Association of Community Colleges* (AACC), die *American Association of State Colleges and Universities* (AASCU), *National Association of Independent Colleges and Universities* (NAICU), *National Association of State Universities and Land-Grant Colleges* (NASULGC) und die koordinierende Organisation *American Council on Education* (ACE).

[37] Zu den Aufgaben des *U.S. Department of Education* gehört neben Empfehlungen und Förderprogrammen auch die Autorisierung der Akkreditierungsagenturen. Seit der Föderalismusreform in Deutschland ist es zunehmend mit dem deutschen Bundesministerium für Bildung und Forschung vergleichbar, da es sehr wenig verbindlich regulative Kompetenz hat. Es sieht sich selber in Abgrenzung zu einem denkbaren zentralen für Bildung zuständigen föderalen Ministerium: „The United States has no Federal Ministry of Education or other centralized authority exercising single national control over postsecondary educational institutions in this country". U.S. Department of Education: Accreditation, Accreditation in the U.S. URL: http://www.ed.gov/admins/finaid/accred/accreditation_pg2.html#U.S. (30.6.08).

[38] Vgl. Kupfer: DoktorandInnen in den USA, S. 27, 41-44 und 47.

kaum Regelungskompetenzen".[39] Regularien, die die Promotionsphase betreffen, werden auf den Ebenen der Bundesstaaten und einzelner Hochschulen erlassen, wobei „die private Hälfte des Hochschulwesens [sogar] weitgehend […] der Regulierung durch die Einzelstaaten entzogen" ist.[40] Einen weiteren Rahmen bildet das im Abschnitt 2.5 erläuterte System der Akkreditierung und Evaluation. Das gesamte Hochschulsystem zeichnet sich durch starke Dezentralisierung und Differenzierung aus, die dabei existierenden Modelle der Doktorandenausbildung variieren nach Disziplin und Universität.

Die Hochschulen sind grundsätzlich autonom, einige Bundesstaaten haben die Unabhängigkeit ihrer Hochschulen sogar in der Verfassung verankert. Diese so genannten *constitutionally autonomous institutions*, zu denen etwa die *University of California* und *University of Michigan* gehören, sind „von gesetzlicher Kontrolle unabhängig sowie vom staatlichen Verwaltungsrecht ausgenommen".[41]

Institutioneller Rahmen: Die graduate school

Institutionell spielt sich die Doktorandenausbildung innerhalb der zentralen und meist disziplinenübergreifenden *graduate schools* ab. Gleichzeitig ist die Doktorandenausbildung auch an die einzelnen dezentralisierten Fachbereiche (*departments*) angebunden. Als Beispiel für die institutionelle Struktur kann die disziplinenübergreifende *Graduate School of Arts and Science* der *New York University* genannt werden, die derzeit mehr als 50 von den unterschiedlichen Departments betreute fachspezifische Master- und Doktorandenprogramme anbietet.[42]

Kerstin Janson *et al.* listen folgende Aufgaben einer *graduate school* auf: Koordination der einzelnen Graduiertenprogramme, Sicherung deren Qualität, Verfolgen des Lernfortschritts der Doktoranden, Verleihung der Abschlüsse, Archivierung der Dissertationen und Anerkennung neuer Doktorandenprogramme. Dies alles geschieht in enger Verknüpfung mit der Forschungsplanung der Hochschule, die sich oft in einer Personalunion des Vizepräsidenten für Forschung und des Dekans (*dean*) der *graduate school* widerspiegelt.[43] Neben diesen Funktionen der *graduate school* nennt Maresi Nerad noch das Eintreten für die Belange der Graduierten-

---

[39] Grothus: New York 2006, S. 12.

[40] Ebd.

[41] Kupfer: DoktorandInnen in den USA, S. 51.

[42] Vgl. URL: http://gsas.nyu.edu/page/gradHome (30.6.08).

[43] Vgl. Janson *et al.*: Wege zur Professur, S. 73.

programme und der Studierenden, die Vermittlung zwischen verschiedenen Fachbereichen bzw. gegenüber der Hochschulleitung, Verteilung von Informationen an Fachbereiche, Studierende und Bewerber (etwa durch Rundschreiben und Handbücher zu Angeboten und Regeln,[44] Sammlung und Veröffentlichung statistischer Daten etc.), Kursangebote zu Schlüsselqualifikationen wie dem Verfassen von Forschungsanträgen oder wissenschaftlichen Bewerbungen, Unterstützung der Doktoranden bei der Karriereplanung, Förderung von Symposien und Gastvorträgen sowie das Einwerben von Geldmitteln.[45] Darüber hinaus sind zentrale Aufgaben die Koordination des Bewerbungsprozesses und die Auswahl der Doktoranden.

Die Institution „*graduate school*" wird auch in der internen US-amerikanischen Diskussion als eine eindeutige Stärke des Systems gesehen. So nennt Burton Clark „the graduate school as an institutional innovation" als eins der Merkmale, die maßgeblich für den Erfolg des Forschungssystems der USA auf Doktorandenebene seien.[46]

Die Dekane der *graduate schools* als Koordinatoren für die Doktorandenausbildung werden auf nationaler Ebene durch das bereits 1961 gegründete *Council of Graduate Schools* (CGS) unterstützt. Das *Council* bietet ihnen verschiedene Informations- und Beratungsangebote sowie vor allem ein Netzwerk und eine Austauschplattform. Sie diskutieren bei regelmäßigen Treffen aktuelle Themen, Defizite, Strategien etc. in der Promotionsphase. Darüber hinaus organisiert das *Council* Schulungen für neue Mitglieder zur Amtsausübung, vertritt die Interessen der *deans* gegenüber der Regierung, pflegt internationale Beziehungen (z. B. zu der *European University Association* (EUA) im Rahmen des sog. Transatlantischen Dialogs),[47] führt selbst Befragungen und Datenauswertungen zur

---

[44] Ein Beispiel für ein solches Handbuch ist das „Cell and Developmental Biology Graduate Group Handbook. A Survival Guide for Students, Faculty and Graduate Advisors" der University of California, das Doktoranden und Betreuer über den Ablauf der Promotion, deren Pflichten, *good practice* bei der Betreuung, Zeitpunkte der gemeinsamen Besprechung bestimmter Themen etc. informiert. URL: http://biosci2.ucdavis.edu/ggc/cdb/programs/CDB2006-2007Handbook.pdf (30.6.08). Darüber hinaus gibt es diverse detaillierte Ratgeber für Promovierende, vgl. z. B. Gosling/Noordam: Mastering Your Ph.D.

[45] Vgl. Nerad: Promovieren in den USA, S. 88-90.

[46] Vgl. auch: „The U.S. strong graduate school pattern is exceptional and seems to be the fortunate product of an unplanned evolutionary history; private, as opposed to government, sponsorship and participation has played major role in it". Clark: The Research Foundations of Graduate Education, S. 355-379.

[47] Seit 1989 organisieren das *American Council on Education* (ACE) und die EUA (vormals CRE) regelmäßig ca. alle zwei Jahre Treffen im Rahmen des sog. „Transatlantischen Dia-

Doktorandenausbildung durch und koordiniert zahlreiche Förderprogramme in diesem Bereich.[48] Einige der Projekte des *Councils* werden später in Text thematisch zugeordnet vorgestellt.

Existierende Modelle

Die Graduiertenausbildung (*graduate education*) in den USA baut auf einem in der Regel vierjährigen *College*-Studium mit einem Bachelorabschluss (*undergraduate education*) auf. Neben dem Doktorgrad im engeren Sinne (*research Ph.D.*) gehören zur Graduiertenausbildung auch Masterabschlüsse und im weitesten Sinne – als *postundergraduate education* – auch die berufspraktischen so genannten ‚professionellen' Doktorgrade (*professional doctorates*), z. B. der Medizin oder der Psychologie. Außerdem werden einige Studiengänge ohne Abschlüsse (*non degree programs*) bzw. mit so genannten *postbaccalaureate* oder *graduate certificates* im Rahmen von *graduate schools* angeboten und manchmal die Postdoc-Phase zur Graduiertenausbildung mitgezählt.[49] Der spezifische Gebrauch des Terminus *graduate education* beschränkt sich in den USA jedoch auf die forschungsorientierten Studien nach dem Bachelor, d. h. auf Master- und Doktorandenprogramme, die entsprechend innerhalb von *graduate schools* (im Unterschied zu *medical* oder *professional schools*) angeboten werden. Allen Promotionsmodellen in den USA ist eine zweistufige Ausbildungsstruktur gemeinsam, die eine Kurs- und eine Dissertationsphase sowie einige Prüfungen umfasst. Auf die konkreten Promotionsstrukturen wird näher im Abschnitt 2.3 eingegangen.

Masterstudiengänge

Bei Masterstudiengängen kann in den USA grundsätzlich zwischen zwei Typen unterschieden werden. Die eigenständigen so genannten *terminal* oder *professional* Masterstudiengänge dauern in der Regel ein bis zwei

---

logs". Zum Thema Doktorandenausbildung fand dabei im September 2006 in Salzburg die von CGS und EUA organisierte Konferenz „Doctoral Education in a Global Context" statt. Für mehr Informationen zu der Konferenz vgl. URL: http://www.cgsnet.org/portals/0/pdf/N_pr_Salzburg_0906.pdf, zum „Transatlantischen Dialog" URL: http://www.acenet.edu/AM/Template.cfm?Section=Intl_Engage&Template=/CM/ContentDisplay.cfm&ContentID=14096 (beide URLs 30.6.08). CGS und EUA waren auch Koorganisatoren der Konferenz „Strategic Leaders Global Summit on Graduate Education" im September 2007 in Banff/Alberta/Kanada, aus der die sog. Banff Principles on Graduate Education hervorgegangen sind, vgl. URL: http://www.cgsnet.org/Default.aspx?tabid=289 (30.6.08).

[48] URL: http://www.cgsnet.org/ (30.6.08).

[49] Vgl. Antony/Knaus: Graduate Education in the United States, S. 287.

Jahre, sind berufspraktisch orientiert und weisen Ähnlichkeiten mit den anwendungsorientierten Masterstudiengängen in Deutschland auf.[50] Der *‚stepping stone'*-Masterabschluss wird demgegenüber auf dem Weg zum Ph.D. erworben. Er ist zum Teil eine Voraussetzung der Aufnahme zur eigentlichen Promotion bzw. ihrer Fortsetzung, wird aber auch in vielen Programmen als ‚Trostabschluss' beim Nichtbestehen der Prüfung am Übergang zur Dissertationsphase und Verlassen der *graduate school* infolgedessen verliehen. Die nationale Initiative *Professional Science Masters* bietet Hochschulen Unterstützung bei der Etablierung von Masterprogrammen der ersten Gruppe, hauptsächlich in den Ingenieur- und Naturwissenschaften und der Mathematik, in Kombination mit Betriebswirtschaft. Das Masterstudium dauert bei diesen Programmen zwei Jahre, bereitet die Absolventen auf Positionen außerhalb der Universität vor (oft an der Schnittstelle Forschung - Wirtschaft) und füllt so die Angebotslücke für Bachelorabsolventen, die nicht promovieren möchten, aber an ergänzender praxisorientierter Ausbildung interessiert sind. Das die Initiative aktuell betreuende *Council of Graduate Schools* hat sich zum Ziel gesetzt, die *Professional Science Masters* zu einem regulären Bestandteil der US-amerikanischen Graduiertenausbildung zu machen.[51]

Gradbezeichnungen

Die Bezeichnungen der Doktorgrade in den USA sind sehr vielfältig. Neben dem eindeutig forschungsorientierten „Ph.D." gibt es eine ganze Reihe von so genannten professionellen Doktorgraden wie dem *Doctor of Medicine* (M.D.), *Doctor of Dental Surgery* (D.D.S.), *Doctor of Psychology* (Psy.D.) oder *Doctor of Veterinary Medicine* (D.V.M.). Dazwischen gibt es eine Schnittmenge, deren Programme eine forschungsorientierte Komponente aufweisen, die so genannten *practicioner* Doktorgrade (z. B. *Doctor of Business Administration* (D.B.A.) oder *Doctor of Sacred Music* (D.S.M.). Diese beinhalten noch eine Untergruppe der so genannten *applied* Doktorgrade, zu denen etwa der *Doctor of Education* (Ed.D.) oder *Doctor of Engineering* (D.Eng.) gehören. Eine Auflistung aller existierenden Doktorgrade ist nicht möglich, da die privaten Universitäten im Bereich der professionellen Abschlüsse keinerlei Regeln für die Gradbezeichnungen unterliegen und diese, ähnlich wie deutsche Hochschulen bei

---

[50] Vgl. 3.1, unter „Masterstudiengänge" (in Deutschland).

[51] Vgl. URL: http://www.cgsnet.org/Default.aspx?tabid=227 (30.6.08). Für weitere Informationen zu der Initiative vgl. Benderly: Mastering the Job Market, sowie URL: http://www.sciencemasters.com/ (30.6.08).

Weiterbildungs- und nicht-konsekutiven Masterstudiengängen,[52] frei wählen können. Die Menge der Doktorgradbezeichnungen ändert sich somit von Jahr zu Jahr.[53]

Die Unübersichtlichkeit der existierenden Doktorgrade sowie die hohe Anzahl und Bandbreite der Institutionen, die Doktorandenprogramme anbieten, und die damit zusammenhängende Frage nach Qualität und Vergleichbarkeit, werden in der US-amerikanischen Diskussion kritisch verfolgt. So wies z. B. im Juni 2007 Burton Bollag in seinem Artikel *Credential Creep* im *Chronicle of Higher Education* darauf hin, dass die professionellen Doktorate weniger zeitaufwendig seien als das Ph.D., sich schnell ausbreiteten, keinerlei Standards unterlägen und in der Regel keine größere Forschungsarbeit beinhalteten.[54] In dieser Studie werden unter den Begriffen „Doktorandenausbildung", „Doktorgrad" etc. stets ausschließlich Programme verstanden, die forschungsorientiert sind und zum Abschluss ‚Ph.D.' führen (*research-oriented doctorate, academic doctoral degree*). Die *professional Ph.D.s* sowie die medizinischen Doktorgrade werden nicht berücksichtigt.[55]

2.2 Übergänge zur Promotion, Voraussetzungen und Auswahl

Übergänge

Der Übergang zur Promotion findet in den USA in der Regel nach einem vierjährigen *College*-Studium mit einem Bachelorabschluss statt, was international – durch den frühen Beginn der Promotion – als ein Wettbewerbsvorteil gewertet werden kann. Seltener findet der Übergang erst nach dem Masterabschluss statt, wobei ein Masterstudium in der Regel ein bis

---

[52] Vgl. Kultusministerkonferenz: Ländergemeinsame Strukturvorgaben, S. 10.

[53] Mündliche Mitteilung zu Gradbezeichnungen Susan Hill, Leiterin des *Doctorate Data Project* der *National Science Foundation* (NSF), Treffen in Washington D.C. am 19. Juni 2007.

[54] Vgl. Bollag: Credential Creep, S. 1. John D. Wiley, Kanzler der *University of Wisconsin at Madison*, warnt im selben Artikel vor zunehmendem Qualitätsverlust solcher Doktorate bzw. der sinkenden Ansprüche: „For the last 15 or 20 years […] we've been under pressure to take what is basically a master´s degree and call it a doctorate". Ebd.

[55] Vgl. „First professional degrees, though in most cases conferring upon the recipient the right to use the title ‚doctor', are not research graduate degrees in the sense of the traditional doctoral degree". Antony/Knaus: Graduate Education in the United States, S. 288.

zwei Jahre dauert. Die dritte Möglichkeit ist der Übergang zur Promotion nach einer Phase der beruflichen Praxis.

Die Länge der Phase zwischen dem Bachelorabschluss und dem Beginn der Promotion lässt sich in den USA, da alle Doktoranden während der gesamten Promotionszeit eingeschrieben sind, gut messen. Sie beträgt je nach Fach von etwas über zwei Jahren in den Naturwissenschaften und der Mathematik über drei bis vier Jahren in den Ingenieur-, Geistes- und Sozialwissenschaften bis zu zwölf Jahren in den Erziehungswissenschaften.[56] Als die drei wichtigsten Gründe für diese ‚Pause' vor dem Beginn der Promotion geben die befragten Doktoranden *„the need for work experience, the need for a break, and uncertainty about graduate school"* an.[57]

Die früher üblichere Knüpfung der Zulassung zur Promotion an einen vorhandenen Masterabschluss wird zunehmend zur Ausnahme,[58] ist jedoch bei manchen Programmen noch gängig, etwa bei dem *Doctor of Education*.[59] Viele Programme sind sogar an der Schnittstelle Master/Promotion gänzlich undurchlässig, indem der Übergang ins Ph.D.-Programm nach einer Einschreibung in einen Masterstudiengang nicht mehr möglich ist. Das führt, zusammen mit der generell besseren finanziellen Förderung der Doktoranden im Vergleich zu Masterstudierenden, zu dem Phänomen der ‚falschen Einschreibung', bei dem sich Studierende, die den Masterabschluss als Ziel haben, in der *graduate school* trotzdem mit dem Abschlussziel „Ph.D." einschreiben. Die meisten wollen dabei von der finanziellen Unterstützung für Doktoranden profitieren und verlassen die *graduate school* nach dem Masterabschluss, manche wollen sich den eventuellen Weg zur Promotion offen lassen. Dieses Phänomen führt zu verzerrten Zahlen im Bereich der Abbrecherquoten auf der Promotionsebene und lässt auf einen schwächeren Stellenwert des Masterstudiums (im Vergleich zum Ph.D. oder zum europäischen Master) schließen.[60]

---

[56] Vgl. Nettles/Millett: Three Magic Letters, S. 66. In der Studie wurden Aussagen von über 9.000 Doktoranden von den 21 bei der Doktorandenausbildung produktivsten US-Hochschulen über ihre Erfahrung während der Promotionsphase ausgewertet.

[57] Ebd., S. 67.

[58] „[…] there is a growing trend toward offering admission to doctoral programs to students who lack a master´s degree, awarding the master´s degree to these students en route toward the doctoral degree". Antony/Knaus: Graduate Education in the United States, S. 286.

[59] „Far more education students (79 %) than students in any other field completed master´s degrees before pursuing doctoral degrees. This again reveals the professional nature of the education doctoral degree". Nettles/Millett: Three Magic Letters, S. 65.

[60] Mündliche Mitteilung Daniel D. Denecke, Leiter der Abteilung *Best Practices* des *Council of Graduate Schools*, Gespräch am 19. Juni 2007, Washington D.C.

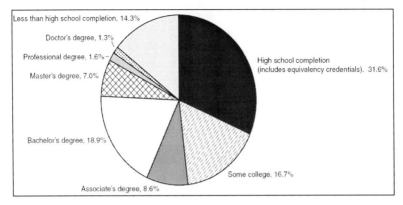

Abb. 2: Höchster erreichter Bildungsstand von über 24-Jährigen in den USA

Quelle: Snyder: Digest of Education Statistics 2007, S. 12.

Etwa 29 Prozent aller über 24-Jährigen US-Bürger haben mindestens einen Bachelorabschluss erworben, wenigstens sieben Prozent einen Master- und 1,3 Prozent einen Doktorabschluss (vgl. Abbildung 2).[61] Von allen Bachelorabsolventen beginnen nur etwa 40 Prozent ein weitergehendes *graduate degree program*.[62] Insofern stellt der Bachelor in den USA tatsächlich den ‚Regelabschluss' des Hochschulstudiums dar. Von den Studierenden, die zu einem weiterführenden Studium zugelassen werden, erwerben innerhalb von zehn Jahren nach dem Bachelorabschluss ca. die Hälfte (47 %) einen Master, zehn Prozent einen *first-professional degree* und fünf Prozent einen Doktorabschluss.[63]

Voraussetzungen und Auswahlverfahren

Im Allgemeinen bildet der Bachelorabschluss die formale Voraussetzung für die Zulassung zu einer *graduate school*. Darüber hinaus werden die Doktoranden in einem formalisierten Verfahren anhand einer Reihe von

---

[61] Eigene Berechnung nach Abbildung 2, wobei sowohl Master- als auch (professionelle) Doktorabschlüsse einen Bachelor voraussetzen und somit ihre Abschlussquoten zur Bachelorabschlussquote hier addiert werden. Masterabschlüsse hingegen sind nicht zwingend Voraussetzung für einen Doktorabschluss, weswegen die (professionellen) Promotionsquoten hier nicht zur Masterquote addiert werden (75 Prozent der Promovierten im Jahr 2006 hatten auch einen Masterabschluss, vgl. Hoffer *et al.*: Doctorate Recipients from United States Universities, S. 128).

[62] Vgl. Nevill/Chen: The Path Through Graduate School, S. iii.

[63] Vgl. ebd., S. vi.

festgelegten Kriterien und – im Vergleich zu früheren Schnittstellen bei der Ausbildung – relativ streng ausgewählt; im Durchschnitt bekommt nur jeder vierte Bewerber (25 %) einen Platz im Doktorandenprogramm.[64] Zu den Auswahlkriterien gehören dabei die Durchschnittsnote des Bachelorstudiums (*grade point average*, GPA) und das Ergebnis des allgemeinen, flächendeckend von den Hochschulen genutzten Aufnahmetests GRE (*graduate record examination) general test,* zum Teil ergänzt durch einen für acht Disziplinen existierenden fachspezifischen GRE *subject test,* die beide von der privaten Service-Stelle *Educational Testing Service* (ETS) angeboten werden.[65] Weitere übliche Kriterien sind Gutachten von Professoren aus dem Bachelorstudium, Motivationsschreiben der Kandidaten, deren Nachweis von bereits erfolgter Forschungstätigkeit, Auswahlgespräche und bei ausländischen Bewerbern das Ergebnis des *Tests of English as a Foreign Language* (TOEFL). Bei der Auswahl darf nicht nach Alter, Geschlecht oder ethnischer Zugehörigkeit diskriminiert werden.

Ein wichtiges Merkmal des Verfahrens ist – gerade im Unterschied zum vorherrschenden deutschen Modell – die Bewerbung bei der *graduate school* bzw. bei einem Doktorandenprogramm. Eine Bewerbung direkt bei einem individuellen Professor oder einem bereits ausgesuchten Labor ist nicht möglich. So haben z. B. in den Lebenswissenschaften die Bewerber 'ihr' Labor des Öfteren bereits im Auge, müssen jedoch in den meisten Programmen trotzdem im Sinne einer fundierten Wahl, der Ausbildung und der Horizonterweiterung erst auch andere Labore kennen lernen.[66] Diese 'entindividualisierte' Bewerbung korreliert später mit der mehrfachen Betreuung und Bewertung der Arbeit der Doktoranden sowie mit der generell stärker formalisierten und institutionalisierten Organisation der Promotionsphase in den USA.

---

[64] Vgl. Nerad: Promovieren in den USA, S. 85. Im Gegensatz zu der recht strengen Auswahl der Promotionskandidaten sind die meisten amerikanischen Hochschulen in den früheren Stufen des Hochschulsystems weniger selektiv (qualitativ gesehen und die ggf. hohen Studiengebühren außer Acht lassend): „at the undergraduate level, the majority of American higher education is unselective – community colleges for the most part are ‚open door' institutions offering entry to anyone with a secondary school qualification“. Altbach: Doctoral Education, S. 68.

[65] In dem allgemeinen GRE-Test werden Fähigkeiten in den drei Kategorien *verbal reasoning, quantitative reasoning* und *critical thinking and analytical writing* gemessen. Für weitere Informationen vgl. URL: http://www.ets.org/ (30.6.08).

[66] Dass es zu dieser Regel auch Ausnahmen gibt, belegt z. B. das Doktorandenprogramm der *Rockefeller University*, bei dem die Promovierenden nach ihrer Zulassung direkt im ausgewählten Labor beginnen können. Vgl. URL: http://www.rockefeller.edu/graduate/prospective/Ph.D..php (30.6.08).

Promotionsinteressierte können sich gleichzeitig an mehreren Einrichtungen bewerben, was zu einer Art ‚Bewerbungstourismus' führt, bei dem ein Hochschulabsolvent möglicherweise längere Zeit im Land unterwegs ist, im Schnitt an drei bis vier Auswahlverfahren teilnimmt und pro Bewerbung 25 bis 120 US-Dollar bezahlt.[67] Eine zentrale Handhabung der Mehrfachbewerbungen gibt es nicht. Das *Council of Graduate Schools* hat jedoch 2004 die so genannte *April 15th Resolution* als *best-practice*-Empfehlung erlassen, die den 15. April als verbindliches Stichdatum für Bewerber und Hochschulen für eine gegenseitige Zusage (der Hochschulen für die Annahme des Bewerbers in das Programm, des Bewerbers für die finanzielle Förderung durch eine dieser Hochschulen) festlegt.[68] Das komplette Auswahlverfahren dauert ca. sechs Monate, von einer Bewerbung im Oktober bis zur Entscheidung im April, und wird durch die gegenseitige Zusage und die Einschreibung in die *graduate school* abgeschlossen.

Stärken und Schwächen

Der im weltweiten Vergleich relativ hohe Anteil von Ausländern (37 % der Promotionen im Jahr 2006) belegt, dass die Rekrutierung der Doktoranden in den USA international geschieht bzw. das System insgesamt für Ausländer attraktiv und in sich durchlässig ist.[69] Natürlich spielen dabei – etwa im Vergleich zu Deutschland – auch die vorherrschende *lingua franca* Englisch und die vielfältige ethnische Zusammensetzung der Bevölkerung in den USA eine Rolle. Neben der internationalen Rekrutierung wird als eine weitere Stärke im Bereich der Auswahlverfahren der GRE-Test gesehen, vor allem aufgrund gleicher Standards für alle Bewerber. Der zusätzliche fachspezifische Test sichere zudem ein vergleichbares Niveau der Kenntnisse und Fähigkeiten in der jeweiligen Disziplin zum Zeitpunkt des Beginns der Promotion. Darüber hinaus ließen die Ergebnisse beider Tests recht sicher auf spätere Leistungen der Doktoranden schließen.[70] Dass Ergebnisse standardisierter Testverfahren mit dem späteren Promotionserfolg korellieren und diese ‚Vorhersagefunktion' auch

---

[67] Mündliche Mitteilung Susan Hill, Leiterin des *Doctorate Data Project* der *National Science Foundation* (NSF), Treffen in Washington D.C. am 19. Juni 2007.

[68] URL: http://www.cgsnet.org/portals/0/pdf/CGSResolutionJune2008.pdf (30.6.08).

[69] Vgl. Hoffer *et al.*: Doctorate Recipients from United States Universities, S. 20; Moes: USA, S. 26; sowie Abschnitt 2.6 „Mobilität, Internationalität, Kooperation".

[70] „Die amerikanischen Erfahrungen mit der *Graduate Record Examination* (GRE) sind gemischt, aber insofern positiv, als sie eine Aussonderung von eindeutig nicht qualifizierten Bewerbern gestatten und insgesamt eine robuste Korrelation mit dem späteren Studienerfolg aufweisen". Weiler: Promotion und Exzellenz, S. 4.

nicht durch die Test-Vorbereitung mancher Studierenden durch extra bestellte Berater (*test coaching*) beeinflusst wird, belegten Nathan Kuncel und Sarah Hezlett in einer 2007 in *Science* publizierten Studie an einer Reihe von amerikanischen Tests und studienbezogenen Erfolgsfaktoren (u. a. Abschlussraten und Forschungsproduktivität).[71] Da solche Tests jedoch nicht die Motivation und das Interesse der Bewerber messen können, die ebenfalls für den tatsächlichen Erfolg maßgeblich sind, werden diese im US-Verfahren durch nichtstandardisierte Instrumente wie Motivationsschreiben der Bewerber, informelle, persönliche Empfehlungsschreiben der Professoren aus dem Bachelorstudium, Einladungen der Studierenden auf den Campus oder Interviews ergänzt. Aus der Außenperspektive können als weitere Stärken des Auswahlverfahrens seine Kriterienbasiertheit und der hohe Grad an Formalisierung und Institutionalisierung betrachtet werden, die einer potenziellen subjektiven Fehlauswahl entgegenwirken. Darüber hinaus gibt es in den meisten Programmen die Möglichkeit, direkt nach dem Bachelorabschluss mit der Promotion zu beginnen.

Als Kritikpunkte werden die Kosten des Verfahrens genannt, die nicht sehr gut geregelten Mehrfachbewerbungen, bei denen sich die Universitäten im Wettbewerb ‚ihre' Kandidaten immer früher sichern wollen, sowie aktuell die zu großen Unterschiede in Länge und Inhalt der Empfehlungsschreiben der Professoren aus dem *undergraduate* Studium. Letzteres führte zu Überlegungen zur Standardisierung des Gutachtens der Bachelor-Betreuer über die Bewerber, eines der bisher traditionell nichtstandardisierten Instrumente. Die testanbietende Service-Stelle ETS entwickelte darauf hin ein solches standardisiertes Empfehlungsschreiben (*standardized letter of recommendation*), das sich derzeit in der Pilotphase der Erprobung befindet und dessen großflächige Implementierung geplant ist.[72] Unter dem Namen *Personal Potential Index* (PPI) sollen die standardisierten Gutachten eine möglichst vergleichbare Erfassung von nichtkognitiven Fähigkeiten der Bewerber ermöglichen. Promotionskandidaten werden dabei internetbasiert durch den Index auf einer Skala von eins bis fünf im Hinblick auf verschiedene Eigenschaften wie Kommunikations- und Teamfähigkeit oder Belastbarkeit bewertet.[73]

---

[71] Vgl. Kuncel/Hezlett: Standardized Tests Predict Graduate Students' Success, S. 1080-1081.

[72] Schriftliche Mitteilung Patrick Kyllonen, *Educational Testing Service*, E-Mails am 15.4.08.

[73] Für ausführliche Informationen zu dem Standardgutachten sowie für Reaktionen auf das Vorhaben ("*trying to quantify qualities?*") vgl. Jaschik: New Standard.

2.3 Promotionsstrukturen und deren Organisation

Das Grundkonzept der Doktorandenausbildung in den USA, gekennzeichnet durch die Verknüpfung von Forschung und Lehre, hat seine Ursprünge im Deutschland des 19. Jahrhunderts und wird heute von anderen Ländern als Vorbild im Hinblick auf den Ausbau ihrer Doktorandenausbildung gesehen.[74]

In den USA ergab die ‚Zugabe' einer formalen Ausbildungskomponente zum deutschen Modell[75] eine zweistufige Struktur der Promotion, die bis heute allen Doktorandenprogrammen gemeinsam ist. Sie besteht aus einer Kurs- und einer Dissertationsphase und umfasst zudem – ebenfalls bei allen Programmen – einige Prüfungen, meist eine am Anfang, eine bis zwei etwa in der Mitte und die Abschlussprüfung bzw. Verteidigung der Dissertation am Ende des Programms. Auf dem Weg zu einer Position in der universitären Wissenschaft ist in vielen Fächern eine anschließende Postdoc-Phase mittlerweile ein Bestandteil der Qualifizierung als eine faktische Erweiterung der Promotion. Die Dauer der Promotion ist ein regelmäßig wiederkehrendes, kritisch diskutiertes Thema und wird mit einer Reihe von Initiativen adressiert, von denen einige in den Unterkapiteln „Dauer der Promotion" bzw. „Ursachen und Lösungsansätze" dieses Abschnitts vorgestellt werden.

Kursphase

Die Kursphase (*course work*) dauert in den Geistes- und Sozialwissenschaften zwei bis drei, in den Ingenieur- und Naturwissenschaften meist zwei Jahre. Aufgrund der Diskussion über zu lange Promotionszeiten sind u. a. Pilotversuche entstanden, in denen die Kursphase auf ein Jahr verkürzt wurde.[76] Die Kursphase umfasst in der Regel Pflicht- und Wahlseminare, Vorlesungen, Kolloquien, spezielle Literaturseminare (*journal clubs*)

---

[74] Vgl. Nerad: Preparing for the next Generation, S. 7, sowie „other countries have looked to the United States as a model for expanding doctoral training. For example, Japan is currently expanding its doctoral training opportunities and is looking mainly to the U.S. for ideas". Altbach: Doctoral Education, S. 75.

[75] Vgl. Nerad: Preparing for the next Generation, S. 7-8.

[76] So etwa bei der 2006 gegründeten *Gerstner Sloan-Kettering Graduate School of Biomedical Sciences*, in welcher der sich normalerweise auf zwei Jahre erstreckende Kursumfang in einem verdichteten Curriculum innerhalb eines Jahres inklusive drei vierwöchiger Laborrotationen absolviert wird. Die darauf folgenden Jahre werden dann in Vollzeit der Dissertationsforschung und -verfassung gewidmet. Vgl. URL: http://www.sloankettering.edu/gerstner/html/51503.cfm (30.6.08).

und in den Naturwissenschaften so genannte Laborrotationen (*lab rotations*). Bei den Literaturseminaren werden über die zu belegenden Kurse hinaus aktuelle Fragestellungen der Disziplin anhand von neu erschienenen Publikationen diskutiert. Die Laborrotationen ermöglichen das Kennenlernen verschiedener für die anschließende Dissertationsforschung in Frage kommender Labore und Professoren durch die direkte Mitarbeit an deren Forschungsprojekten. Neben diesen Anteilen dient die Kursphase in manchen Fächern schon der Vorbereitung des späteren Dissertationsthemas und Ausarbeitung eines Exposés.

Mehrere positive Merkmale der Kursphase können festgestellt werden: Durch das gemeinsame Studieren in einer Gruppe haben die Doktoranden zum einen die Möglichkeit, sich gegenseitig kennen zu lernen, zum anderen können sie sich durch Rotationen und wechselnde Kurslehrer einen recht umfassenden Überblick über die Institution, ihr/e Department/s und Professoren verschaffen. Der aktive Austausch untereinander und mit den Professoren schafft Strukturen für das spätere Forschen ‚in Mehrsamkeit und Freiheit', fördert die Horizonterweiterung und bildet eine Grundlage für eine fundiertere Auswahl des Ortes und Themengebiets des eigentlichen Dissertationsprojektes in der zweiten Phase der Promotion. Die Literaturseminare im speziellen bieten die Vorteile einer gleichzeitigen fachlichen Qualifikation auf dem neusten Stand, der Vermeidung des ‚Tunnelblicks', der ausschließlich auf die eigene Forschung gerichtet ist, und dem Einüben von Schlüsselqualifikationen wie Teamarbeit und Präsentationstechniken. Als ein weiterer Vorteil der Kursphase wird das Erzielen einer fachtheoretischen Basis der wissenschaftlichen Qualifikation bzw. eines vergleichbaren Qualifikationsniveaus der Doktoranden erwähnt, das nach einem zuvor oft vollzogenen Hochschulwechsel sowie im Hinblick auf die mit einem Doktorgrad zu erreichenden vergleichbaren Kenntnisse und Kompetenzen sinnvoll sein kann. Dieses gemeinsame Kernniveau wurde bereits mit dem GRE-Test als Eingangsvoraussetzung angelegt und wird in der Kursphase als Basis der weiteren individuellen Forschung verfestigt.[77]

---

[77] Da jedoch im amerikanischen Hochschulsystem kaum eine Generalisierung ohne Gegenbeispiel möglich ist, kann hier noch einmal das Doktorandenprogramm der *Rockefeller University* genannt werden, in dem die Kurse weitgehend frei und individuell zusammengestellt werden: „There is no required core curriculum for the Ph.D. In consultation with the dean of graduate studies, students choose a flexible combination of courses totaling seven academic units. [...] If the Rockefeller curriculum does not meet a specific educational need, in many cases students can take courses offered outside the University". URL: http://www.rockefeller.edu/graduate/prospective/Ph.D..php und http://www.rockefeller.edu/graduate/current/courses.php (beide URLs 30.6.08).

Als ein Nachteil wird – allerdings mehr aus der europäischen Perspektive – die starke Strukturierung und Verschultheit dieses Promotionsabschnittes genannt. Gerade aus diesem Blickwinkel müsste die Kursphase jedoch vielmehr als das Pendant des europäischen Masters betrachtet werden, bei dem das Studium in einer ‚Kohorte' und die Teilnahme an Lehrveranstaltungen ebenfalls die Regel sind, die entstandenen förderlichen Strukturen sich jedoch systembedingt nicht auf die Promotionsphase übertragen.

Der selektive Übergang von Kurs- zur Dissertationsphase

Zu den Voraussetzungen des Übergangs in die Dissertationsphase gehört meist das Bestehen einer umfangreichen (schriftlichen und zum Teil auch mündlichen) Prüfung über das Wissen aus der Kursphase (*qualifying, preliminary, comprehensive* bzw. *field exam*). Gegebenenfalls kommen weitere Teilleistungen hinzu, z. B. ein publizierbarer Artikel, Rezensionen, Präsentationen bei Tagungen oder bestandene Hausarbeiten (*problem sets*). In manchen Programmen erfolgt der Nachweis der erworbenen Kenntnisse statt durch die Prüfung durch eine größere schriftliche Arbeit und manchmal ist der Erwerb des Masterabschlusses die Voraussetzung der Promotionsfortsetzung. Das Exposé der Dissertation wird meist anschließend (manchmal aber schon vor der Übergangsprüfung und als deren Voraussetzung) ausgearbeitet und aus Gründen der Qualitätssicherung in der Regel gesondert in einem formalisierten Prozess genehmigt. Nicht selten wird bereits zu diesem Zeitpunkt eine Kommission von mindestens drei Professoren des Fachbereichs (ausschließlich des Betreuers) gebildet, die das Exposé oft anhand einer Verteidigung durch den Kandidaten prüft und später zusammen mit dem Betreuer die Dissertation bei der Verteidigung begutachtet. Wer die Prüfung am Ende der Kursphase auch nach mehreren Anläufen nicht besteht, wird von der weiteren Promotion ausgeschlossen. In solchen Fällen, die nicht unüblich sind, wird dem Kandidaten vor seinem Verlassen der *graduate school* oft der Masterabschluss ‚mitgegeben'.[78]

In manchen Fächern gibt es im Rahmen der Kursphase zwei größere Prüfungen, eine als Orientierungsprüfung nach dem ersten Jahr, die das Ziel der engeren Auswahl der zur Promotion geeigneten Kandidaten hat, und die allgemeine Prüfung am Übergang zur Dissertationsphase. Die Zeitpunkte der Prüfungen entsprechen etwa den Schnittstellen zwischen dem

---

[78] Vgl. Altbach: Doctoral Education, S. 68.

ein- bzw. zweijährigen Masterstudiengang und der Promotion in Europa nach den Strukturen des Bologna-Prozesses. In der US-amerikanischen Diskussion werden die Prüfungen höchst positiv und – zusammen mit der obligatorischen Kursphase – als ein Instrument der Qualitätssicherung in der Promotion gewertet (vgl. Abschnitt 2.5. „Qualitätssicherung").

Dissertationsphase

In manchen Programmen ist der Übergang zwischen der Kurs- und Dissertationsphase fließend und einzelne Elemente gehen ineinander über. Die Mehrheit der Programme jedoch trennt die beiden Phasen strikt voneinander. In der Dissertationsphase werden gegebenenfalls die für die Doktorarbeit nötigen Experimente durchgeführt, Daten gesammelt etc. und die Dissertation angefertigt. Diese gilt als das zentrale Element der Promotion, in der durch originäre Forschung ein neuer Beitrag zur Wissenschaft geleistet werden soll.[79] In den Naturwissenschaften ist das Dissertationsthema oft eng an das Forschungsprojekt des Doktorvaters angelehnt bzw. bildet einen Teil davon. Dies impliziert meist eine Teamarbeit mit ihm und/oder anderen Doktoranden oder Postdocs und schließt eine Teamautorschaft etwa der begleitenden Artikel nicht aus. In den Geistes- und Sozialwissenschaften hingegen ist die Doktorarbeit in aller Regel ein eigenständiges Projekt mit einer individuellen Autorschaft. Neben der Dissertation werden in allen Fächern oft begleitend Artikel publiziert oder Poster auf Konferenzen vorgestellt und an manchen Hochschulen parallel weitere Wahlkurse belegt. Die Promotion wird mit einer Abschlussprüfung in Form der Verteidigung der Dissertationsarbeit abgeschlossen.[80]

In den Ingenieur- und Naturwissenschaften schließt an die Promotionszeit als zunehmend übliche Regel eine Einstellung als Post-Doktorand an, was nicht unumstritten ist. Philip Altbach führt etwa aus, dass die Postdoc-Phase in diesen Disziplinen mittlerweile zu den ungeschriebenen Voraussetzungen einer höheren wissenschaftlichen Anstellung gehört, wodurch der Anfang der Karriere verzögert und eine zusätzliche unsichere Stufe in die Laufbahn eingebaut wird.[81]

---

[79] Vgl. ebd., S. 69.

[80] Für nähere Informationen zur Abschlussprüfung vgl. 2.5, unter „Qualitätssicherung durch Prüfungen".

[81] Vgl. Altbach: Doctoral Education, S. 69, sowie ausführlicher im Abschnitt 2.7 unter „Die Postdoc-Phase".

Dauer der Promotion

Bei Angaben zur durchschnittlichen Dauer der Promotionen in den USA werden meist zwei Berechnungsgrundlagen gewählt. Die ‚Gesamtzeit bis zur Promotion' (*total time to doctorate* (TTD)) gibt die gesamte Zeit zwischen erstem Bachelorabschluss und erstem Promotionsabschluss an, einschließlich der Zeiträume ohne Immatrikulation in einem Graduierten-programm. Die ‚Zeit in der *graduate school* bis zur Promotion' (*graduate school time to doctorate* (GTD) bzw. *registered time to degree* (RTD)) hingegen gibt nur die Zeit zwischen dem erstmaligen Beginn eines Gradu-iertenprogramms und dem ersten Promotionsabschluss an (inklusive mög-licher Immatrikulationszeiten in anderen Programmen als dem erfolgreich absolvierten).

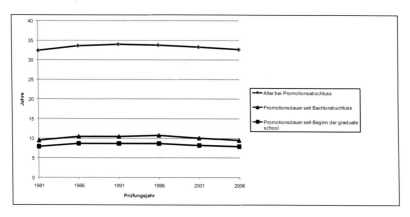

Abb. 3: Durchschnittliches Alter und durchschnittliche Dauer seit Bachelorabschluss bzw. seit Beginn der graduate school beim Promotionsabschluss 1981-2006 (Fünf-Jahres-Intervalle; Median von Jahren)
Quelle: Hoffer *et al.*: Doctorate Recipients from United States Universities, S. 30.

Im Prüfungsjahr 2006 betrug die *total time to doctorate* (TTD) fächerüber-greifend 9,5 Jahre und die *graduate school time to doctorate* (GTD) 7,9 Jahre (Median).[82] Im langjährigen Trend seit 1981 waren beide Werte bis 1996 kontinuierlich angestiegen (TTD von 9,5 auf 10,8 Jahre und GTD von 7,9 auf 8,7 Jahre) und sind seitdem wieder rückläufig (vgl. Abbildung 3). Diesem Trend folgt auch das durchschnittliche Alter beim Promotions-

---

[82] Für alle Angaben dieses Absatzes vgl. Hoffer *et al.*: Doctorate Recipients from United States Universities, S. 77 und 79, sowie Hoffer/Welch: InfoBrief - Time to Degree, S. 3.

abschluss, das 1981 32,4 Jahre betrug, zwischenzeitlich auf 34 Jahre stieg (1991) und nun bei 32,7 Jahren liegt.

Aus der Außenperspektive erscheint die durchschnittliche Promotionsdauer von 9,5 (TTD) bzw. 7,9 (GTD) Jahren sehr lang. Neben den strukturell bedingten Aspekten wie der zweistufigen Struktur mit Kurs- und Dissertationsphase oder der oft zwischen Bachelor und Promotion bzw. parallel zur Promotion ausgeübten Berufstätigkeit gibt es eine Reihe weiterer von der US-amerikanischen Hochschulforschung diskutierter möglicher Ursachen der langen Promotionsdauer, die im nächsten Abschnitt näher erläutert werden.

Ursachen und Lösungsansätze

Die Kritik an den langen Promotionszeiten ist in der US-amerikanischen Diskussion keineswegs neu. Bereits 1964 war die überlange Promotionsdauer Thema der nationalen Konferenz der Dekane der *graduate schools* und wird seitdem als ein ,zyklisches Problem' des Systems diskutiert.[83]

Als eine wichtige Ursache der langen Studiendauer wird die ungenügende Finanzierung der Doktoranden gesehen. Die generelle Abnahme der finanziellen Fördermittel für eine gleichzeitig steigende Anzahl der Doktoranden führe dazu, dass diese neben der Promotion oft arbeiten müssten und entsprechend weniger Zeit für die Doktorarbeit zur Verfügung hätten. Die Situation scheint insbesondere in den generell schlechter ausfinanzierten Geistes- und Sozialwissenschaften gravierend, wo viele Doktoranden nach der Promotion studienbedingte Schulden in Höhe von mehr als 20.000 US-Dollar akkumuliert haben: Nach der neuesten Absolventenstudie war dies bei ca. 40 Prozent der Geistes- und Sozialwissenschaftler der Fall.[84] Das arithmetische Mittel der Schulden aller geistes- und sozialwissenschaftlichen Absolventen betrug dabei mehr als 21.500 US-Dollar, was darauf zurückgeführt wird, dass ein großer Anteil der Befragten Schulden von über 50.000 US-Dollar angab (17 % der Geistes- und 23 % der Sozialwissenschaftler).[85]

Ein weiterer fachspezifischer Faktor in den Geistes- und Sozialwissenschaften sei zudem die Tätigkeit als Forschungs- und Lehrassistent. Die Assistenten in diesen Disziplinen seien überwiegend in Bereichen ohne engen Zusammenhang mit ihrem Dissertationsthema beschäftigt, was sich

---

[83] Vgl. Nerad: Cyclical Problems of Graduate Education, S. v.

[84] Eigene Berechnungen nach: Hoffer *et al.*: Doctorate Recipients from United States Universities, S. 83.

[85] Ebd.

entsprechend ungünstig auf ihre Promotionsdauer auswirke.[86] Von den Hochschulen und Fachbereichen werden als Grund für die längere Promotionsdauer die Expansion des Wissens und die zunehmende Komplexität der Methoden angeführt, bei der gleichzeitigen Notwendigkeit, diese zusammen mit weiteren wichtigen Fähigkeiten den Doktoranden während der Promotion zu vermitteln.[87] Bei diesen beiden Ursachen (dissertationsfremde Tätigkeiten und Expansion des zu vermittelnden Wissens) beziehen sich die Lösungsvorschläge auf die Interaktion zwischen der Kurs- und der Dissertationsphase. So werden positive Auswirkungen auf die Promotionsdauer von einem früheren Beginn der dissertationsrelevanten Forschung bzw. von der Verdichtung und Verkürzung der Kursphase erwartet, die in Pilotversuchen erprobt werden.[88] Auch könne das Thema der Dissertation bereits in die Prüfung nach der Kursphase integriert werden, etwa in Form der Verteidigung des Exposés.

Des Weiteren wird in der US-amerikanischen Diskussion über die lange Promotionsdauer auf das in manchen *graduate schools* mangelnde Monitoring der Leistungen bzw. der Fortschritte der Promovierenden verwiesen. Die Promotionsfortschritte der Doktoranden müssten aufmerksam verfolgt werden und bei Schwierigkeiten Hilfe angeboten werden. Diese Aufgabe müsse direkt von der *graduate school* wahrgenommen und dürfe nicht ausschließlich den Betreuern bzw. dem Fachbereich überlassen werden. Im Gegenteil – optimalerweise nimmt die *graduate school* beim Monitoring auch die Betreuer selbst und ihre Betreuungsleistungen in die Pflicht. Die Promotion sollte dabei in erbringbare Teilleistungen unterteilt werden, die mit Fristen versehen sind, deren Einhaltung verfolgt wird. Eine solche Begleitung der Promotion verspricht nicht nur eine Verkürzung der Promotionsdauer, sondern auch eine Verringerung der Abbrecherquoten.[89]

Das *Council of Graduate Schools* empfiehlt als weiteren Lösungsansatz im Hinblick auf die langen Promotionszeiten, die Dissertationsthemen im engen Zusammenhang mit den Themen aus der Kursphase zu wählen und

---

[86] Vgl. Nerad: Promovieren in den USA, S. 86 und 90; Altbach: Doctoral Education, S. 72; sowie Bosbach: U.S.Arts and Figures, S. 23-26.

[87] Vgl. Altbach: Doctoral Education, S. 77.

[88] Vgl. Fußnote 76.

[89] „Deadlines are cruical ingredients in getting jobs done. In doctoral research a 4-5 year time horizon is fatal for most young researchers. Breaking down the whole process into a realistic set of short-term objectives contributes to increased completion". Frijdal: Doctoral training in Europe, S. 10.

die Dissertation nicht als ‚opus magnum' hochzustilisieren.[90] Auch die unter 2.1. vorgestellte nationale Initiative *Professional Science Masters* kann als ein Lösungsangebot in Bezug auf die langen Promotionszeiten betrachtet werden, indem sie interessierten Bachelorabsolventen eine kürzere und praxisorientierte Alternative im *graduate* Bereich bietet.

Schließlich wird in den Diskussionen die mancherorts fehlende Transparenz über die Rahmenbedingungen und Anforderungen der Promotion angeführt. Wenn Doktoranden vor Beginn ihrer Promotion nicht genau wissen, was sie erwartet, können sie ihre Eignung dafür und die erforderliche Zeit nur schlecht einschätzen. Die Information über die Anforderungen eines Promotionsprogramms nach außen setzt eine interne Diskussion und Einigung über die Ziele sowie die Sammlung entsprechender Daten voraus. So unterstützt die *Carnegie Initiative on the Doctorate* ausgewählte Institutionen bzw. Fachbereiche dabei, in einem internen Verfahren zu klären, was die Doktoranden im zweiten und im vierten Jahr des Programms wissen und können sollen, was die Programmziele sind und wie das Qualifikationsprofil der Kandidaten auszusehen hat.[91] Das *Council of Graduate Schools* zielt mit dem *Ph.D. Completion Project* bei den in einem Wettbewerb ausgewählten Hochschulen u. a. auf eine bessere Sammlung von Daten zu den Themen Fertigstellung bzw. Abbruch der Promotion sowie auf die Entwicklung von *good practice*. Da sich das Programm auf die Vorbeugung des Promotionsabbruchs konzentriert, wird es zusammen mit dem Thema Erfolgsquoten im Abschnitt 2.7 vorgestellt. Die Förderung der Datensammlung als ein wichtiger Teil des Projekts zeigt, dass auch in den – im Vergleich zu Deutschland – im Bereich der Promotion empirisch sehr gut erforschten USA die Sammlung bestimmter Daten sowie deren zugängliche Bereitstellung als wichtig erachtet und weiter entwickelt werden. Gerade in einem großen und dezentralisierten System spielt Transparenz über die verschiedenen Promotionsmöglichkeiten, deren Rahmen-

---

[90] Council of Graduate Schools: The Role and Nature of Doctoral Dissertation, S. 19-20 bzw. 26-27 (doppelte Seitenzählung).

[91] Mündliche Mitteilung George E. Walker, *Vice President for Research and Dean of the University Graduate School* der *Florida International University*, Tagung „Form Follows Function – Comparing Doctoral Training in Europe and North America", Frankfurt am Main, 10.11.2006. Für die Präsentationen der Tagung vgl. URL: http://www.hrk.de/de/berichte_und_publikationen/125_3556.php (30.6.08). Die internationale Tagung ergänzte die nationale Konferenz „Quo vadis Promotion? Doktorandenausbildung in Deutschland im Spiegel internationaler Erfahrungen" am 19./20.6. 2006 in Bonn. Für Präsentationen dieser Tagung und weitere Informationen zum Thema Promotion vgl. Bosbach/Michalk: Quo vadis Promotion?. Für Details zur *Carnegie Initiative on the Doctorate* vgl. 2.5, unter „Rankings, Wettbewerbe und weitere Aktivitäten der Wissenschaftsorganisationen".

bedingungen, Kosten und Anforderungen eine wichtige Rolle und ist eine Voraussetzung der Qualitätssicherung durch Wettbewerb.

2.4 Doktorandenstatus und Finanzierung

Einschreibungspflicht, Forschungs- und Lehrassistenten

Doktoranden in den USA haben in der Regel den Status von eingeschriebenen Promotionsstudenten (*graduate student*), was in Kombination mit den etablierten umfangreichen Promoviertenumfragen detaillierte statistische Datenerhebungen z. B. über die Promotionsdauer, Finanzierungsquellen oder Verschuldungsraten einzelner Jahrgänge ermöglicht.

Sowohl in staatlichen als auch in privaten Universitäten arbeitet fast die Hälfte der Doktoranden während der Promotion als Lehr- oder Forschungsassistent: Von den Absolventen im Jahr 2006 gaben 29 Prozent *research assistantships* und 17 Prozent *teaching assistantships* als Hauptfinanzierungsquelle ihrer Promotion an.[92] Doktoranden erhalten durch ihre Tätigkeit als Assistent einen Status zwischen einem Studierenden und einer Lehrkraft bzw. einem Forscher und oftmals ist an die *assistantships* die Erlassung der Studiengebühren gekoppelt (*tuition waiver*). Forschungsassistentenstellen werden meist aus Drittmitteln, Lehrassistenten aus Mitteln der Universität oder aus speziellen öffentlichen Etats finanziert, die für diesen Zweck in manchen Bundesstaaten zur Verfügung stehen. Ein weiterer wichtiger Unterschied ist, dass Forschungsassistenten in den Ingenieur- und Naturwissenschaften meist an Forschungsvorhaben arbeiten, die mit ihrer eigenen Dissertation direkt zusammenhängen, während Lehr- und Forschungsassistenten in den Geistes- und Sozialwissenschaften überwiegend in Bereichen ohne engen Zusammenhang mit ihrem Dissertationsthema beschäftigt sind, was sich – wie unter 2.3 ausgeführt – entsprechend ungünstig auf ihre Promotionsdauer auswirkt.

Die Lehrassistenten tragen einen großen Teil der Lehre in der Bachelorausbildung mit und unterstützen darüber hinaus Professoren etwa bei Recherchen oder bei Korrekturen von Hausarbeiten. Die Tätigkeit als Lehrassistent ist bei vielen Doktorandenprogrammen (in unterschiedlichem Umfang) verpflichtend und hilft den Doktoranden, sich auf die spätere berufliche Realität als Lehrer bzw. allgemein als ‚Vermittler' in unterschiedlichen Kontexten durch Lehrpraxis vorzubereiten. Dies kann als ein

---

[92] Vgl. Hoffer *et al.*: Doctorate Recipients from United States Universities, S. 81.

Vorteil des US-amerikanischen Systems der Doktorandenausbildung hervorgehoben werden. Gleichzeitig wird in der periodisch wiederkehrenden Diskussion um die Qualifikation der Lehrassistenten aber auch ihre bessere Betreuung etwa durch Aufsicht und Rückmeldung erfahrener Professoren gefordert sowie eine didaktische und pädagogische Ausbildung oder gar die Überprüfung ihrer Englischkenntnisse, da sich sonst etwaige Mängel direkt auf die *undergraduate* Studierenden übertragen würden.[93] Neben den Lerneffekten in den Bereichen eigenständige Forschung, Teamforschung sowie Lehrerfahrung ist ein weiterer Vorteil dieser beiden Finanzierungs- und Statusformen – etwa gegenüber externen Stipendiaten – die enge Anbindung an das entsprechende Projektteam bzw. den Fachbereich. Diese wirkt der Isolation in der Promotionsphase entgegen und ermöglicht Einblicke in Projektmanagement, Drittmitteleinwerbung etc.

Da nicht alle Promovierenden als Lehrassistenten arbeiten und so gut wie keine Lehrassistenten Kurse in Pädagogik und Didaktik erhalten, gleichzeitig jedoch fast alle Promovierten in unterschiedlichen Kontexten später als Lehrer oder ‚Vermittler‘ arbeiten, wird in der aktuellen Diskussion kritisiert, dass nicht alle Doktoranden während der Promotion auf diese späteren Vermittlungs- bzw. Lehraufgaben ausreichend vorbereitet würden. Diesen Mangel äußerten Promovierte, aber auch Hochschulen, an denen diese später als Lehrer beschäftigt werden, wie drei große nationale Studien belegt haben.[94] Die Doktoranden wünschen sich dabei eine Vorbereitung auf alle Facetten der späteren wissenschaftlichen Aufgaben, zu denen auch Unterrichten, Schreiben von Anträgen oder Mitwirkung in Kommissionen und Verwaltung gehören.[95] Eine der Initiativen, die sich um Abhilfe in diesem Punkt bemühen, ist das Programm *Preparing the Future Faculty* des *Council of Graduate Schools*, bei dem Doktoranden in Lehr-Praktika in unterschiedlichen Institutionen unter Aufsicht eines Professors unterrichten, um sich besser auf ihre spätere Rolle als Hochschullehrer vorzubereiten. Zwischen 1993 und 2003 wurden solche Angebote in 45 Universitäten mit Promotionsausbildung etabliert, mit über 300 Partnerinstitutionen für die Lehr-Praktika. Eine finanzielle Förderung ist

---

[93] Melissa Anderson und Judith Swazey führen unter den Ergebnissen ihrer Befragung zu Erfahrungen der Doktoranden in der *graduate school* 1998 als allererste Empfehlung eine bessere Betreuung und Ausbildung der Lehr- und Forschungsassistenten auf. Vgl. Anderson/Swazey: Reflections on the Graduate Student Experience, S. 11.

[94] Vgl. (1) Golde/Dore: At Cross Purposes; (2) National Association of Graduate and Professional Students study: 2000 National Doctoral Program Survey; sowie (3) Nerad/Cerny: From Rumors to Facts.

[95] Vgl. Nerad: The Ph.D. in the U.S., S. 83.

derzeit nicht mehr erhältlich, das *Council of Graduate Schools* bietet den Universitäten jedoch weiterhin Unterstützung bei der Implementierung solcher Angebote für ihre Doktoranden.[96]

Weitere Finanzierungsquellen

Neben den beiden typischen Einstellungsformen der Doktoranden als Lehr- oder Forschungsassistent sind weitere Möglichkeiten der Finanzierung Kredite, Promotionsstipendien (*fellowships*) und private Finanzierungsquellen, darunter eigene Mittel, Finanzierung durch die Eltern oder Berufstätigkeit außerhalb der Wissenschaft.

Doktoranden im *graduate* Bereich erhalten im Vergleich zu Studierenden im *undergraduate* Bereich durchschnittlich öfter (83 % im Vergleich zu 63 %) und fast dreimal höhere (20.200 US-Dollar gegenüber 7.400 US-Dollar jährlich) finanzielle Unterstützung, die sich dabei aus diversen Quellen wie Anstellung, Stipendien oder Krediten zusammensetzen kann.[97] Speziell bei einer Anstellung als Assistent verdienen Doktoranden im Durchschnitt 13.300 US-Dollar pro Jahr. Stipendien in durchschnittlicher Höhe von 10.200 US-Dollar erhalten 55 Prozent der Doktoranden, zudem nimmt fast ein Drittel Kredite auf, welche sich im Durchschnitt auf 17.800 US-Dollar belaufen.[98]

Masterstudierende im *graduate* Bereich hingegen stehen finanziell eher den *undergraduates* nahe: Die durchschnittliche finanzielle Hilfe für Masterstudierende belief sich im Studienjahr 2003/2004 auf 11.800 US-Dollar.[99] Aufgrund der im Vergleich zu Promotionsstudierenden schlechteren finanziellen Förderung der Masterstudierenden ist der unter 2.2. beschriebene Effekt der ‚falschen Einschreibung' in Doktorandenprogramme zu beobachten.

Im Allgemeinen kann festgestellt werden, dass die Finanzausstattung der Geistes- und Sozialwissenschaften schlechter ist als diejenige der Naturwissenschaften.[100] Doktoranden der Geistes- und Sozialwissenschaften stehen insgesamt weniger Assistentenstellen zur Verfügung und etwa 30 Prozent finanzieren sich primär aus eigenen Mitteln, im Vergleich zu fünf

---

[96] Vgl. URL: http://www.preparing-faculty.org/ (30.6.08).

[97] Vgl. Berkner *et al.*: 2003–04 National Postsecondary Student Aid Study, S. 10-11 und 18-19. Die Untersuchung wird alle drei bis vier Jahre durchgeführt, derzeit ist die 2007/2008-Ausgabe in Vorbereitung. Vgl. URL: http://nces.ed.gov/surveys/npsas/ (30.6.08).

[98] Vgl. ebd., Berkner, S. 18-19.

[99] Vgl. ebd., S. 19.

[100] Vgl. 2.3 sowie Altbach: Doctoral Education, S. 72.

bis zehn Prozent der Natur- und Ingenieurwissenschaftler.[101] Geistes- und Sozialwissenschaftler studieren in der Folge öfter in Teilzeit. Die offensichtlich längeren Promotionszeiten und höheren Abbrecherquoten in diesen Disziplinen werden in der US-amerikanischen Diskussion – wie im Abschnitt 2.3 ausgeführt – im direkten Zusammenhang mit unzureichender Finanzierung betrachtet.[102] Fachunabhängig wird als ein wachsendes Problem die abnehmende bundesstaatliche finanzielle Förderung der öffentlichen Hochschulausbildung gesehen. Die ohnehin ungünstige Lage verschlechtere sich für die Studierenden zusätzlich durch die steigenden Studiengebühren, durch die nicht ausreichenden bzw. mit der Entwicklung nicht mithaltenden Kredit- und Darlehensangebote sowie durch die aktuelle Kreditkrise, die bereits zum Rückzug einiger Banken und weiterer Einrichtungen aus dem Geschäft mit studentischen Darlehen geführt habe.[103]

Auch das in den USA übliche Prinzip der personengebundenen Finanzierung wird im Zusammenhang mit dem Status der Doktoranden und deren eventueller Abhängigkeit vom Betreuer als Geldgeber kontrovers diskutiert. Die Initiative *Integrative Graduate Education Research and Traineeship* (IGERT) der *National Science Foundation* hat auf diesen Kritikpunkt reagiert, indem bei den IGERT-Programmen die Finanzierung der Doktoranden an das jeweilige Promotionsprogramm und nicht – wie bisher in den USA üblich – an den Professor gebunden ist. Neben der Finanzregelung hat die Initiative weitere Ähnlichkeiten mit den in diesem Punkt als Vorbild gesehenen deutschen DFG-Graduiertenkollegs.[104] Sie fördert etwa die Einrichtung von interdisziplinären aber zugleich themenbasierten Doktorandenprogrammen, bei denen die Promovierenden auch mit Fachkollegen in Kontakt kommen sollen, die außerhalb der Universität arbeiten. Darüber hinaus ist die Vermittlung von wissenschaftlichen Schlüsselqualifikationen wie Unterrichten, Teamarbeit, Publizieren oder Präsentationstechniken vorgesehen.[105]

---

[101] Hoffer *et al.*: Doctorate Recipients from United States Universities, S. 81-82.

[102] Vgl. Nerad: Promovieren in den USA, S. 90 sowie Altbach: Doctoral Education, S. 72.

[103] Vgl. Altbach: ebd., sowie DAAD Nordamerika Nachrichten vom 21. März 2008, URL: http://www.daad.org/page/46369/;jsessionid=tdvbyaekqmu7?a_v=ra&a_vh=true&a_mid=141582 (30.6.08).

[104] Vgl. Nerad: The Ph.D. in the U.S., S. 87.

[105] Vgl. ebd. Für weitere Informationen zur IGERT-Initiative vgl. URL: http://www.igert.org/ (30.6.08).

Fragen des Doktorandenstatus' und der Finanzierung sind wesentlich an das private und professionelle soziale Umfeld gebunden. Im Jahr 2006 waren 49 Prozent der Promovierten in den USA verheiratet, sieben Prozent lebten in eheähnlichen Beziehungen und sechs Prozent waren geschieden.[106] Was die Verschuldungsraten betrifft, hatte im selben Jahr fast die Hälfte aller Promovierten (48 %) studienbedingte Schulden. Bei einem Fünftel (20 %) betrugen sie weniger als 20.000 US-Dollar, jeder zehnte Promovierte (12,5 %) hatte jedoch mehr als 50.000 US-Dollar studienbedingte Schulden akkumuliert.[107]

Da Doktoranden in den USA vom formalen Status her Studierende sind, durchlaufen sie das Doktorandenprogramm nach der Studien- bzw. Promotionsordnung sowie nach den Handbüchern für Doktoranden und Betreuer und haben keine besonderen Promotionsverträge oder -vereinbarungen. Wenn Verträge abgeschlossen werden, dann nicht in Bezug auf die Promotion, sondern auf die Einstellung als Forschungs- oder Lehrassistent. In diesen Fällen handelt es sich um vollwertige, wenn auch meistens von Jahr zu Jahr zu verlängernde Verträge. Die Gehälter variieren stark nach Disziplinen.

Das Modell der Anstellung der Doktoranden als Forschungs- und Lehrassistenten wird in der US-amerikanischen Diskussion mit den beschriebenen positiven Effekten als eine klare Stärke des Systems gesehen. Ähnlich positiv wird die Tatsache bewertet, dass Nachwuchswissenschaftler bereits in der Promotionsphase möglichst viel publizieren, eindeutig Teil der Forschungskräfte der Universität sind und zur Wissenschaftsgemeinschaft gehören, obwohl sie formal Studierende sind. Dies hängt sicherlich auch mit der starken Selektion am Übergang von *undergraduate* zur *graduate* Ausbildung zusammen, die die Integration der (im Vergleich zu Deutschland anteilig wenigeren) Promovierenden in die Forschungsstrukturen der Universitäten erleichtert.[108]

Eine besondere Aufmerksamkeit wird zunehmend der Förderung von Frauen in der Promotionsphase und danach in wissenschaftlichen Positionen an Hochschulen gewidmet. So hat 2001 die *National Science Foundation* das Programm ADVANCE: *Increasing the Participation and Ad-*

---

[106] Hoffer *et al.*: Doctorate Recipients from United States Universities, S. 136.

[107] Ebd., S. 83. Für fachspezifische Informationen im Zusammenhang mit der Promotionsdauer in den Geistes- und Sozialwissenschaften vgl. 2.3, unter „Ursachen und Lösungsansätze" [der langen Promotionszeiten].

[108] Vgl. Moes: USA, S. 24-25.

vancement of Women in Academic Science and Engineering Careers gestartet, in dem Hochschulen mit fünfjähriger Förderung *good practice* zur Verbesserung der Arbeitsbedingungen für Wissenschaftlerinnen an Hochschulen in Ingenieur- und Naturwissenschaften entwickeln können.[109] Im Jahr 2006 wurden laut Hoffer *et al.* 45 Prozent aller Doktorgrade von Frauen erworben, gegenüber 40 Prozent 1996 und 23 Prozent 30 Jahre zuvor (1976).[110] Snyder *et al.* nennen aufgrund einer leicht unterschiedlichen Datenbasis für 2006 einen 49-prozentigen Anteil von Frauen an allen erworbenen Doktorgraden und prognostizieren für das Jahr 2007 zum ersten Mal einen Frauenanteil von über 50 Prozent.[111]

2.5 Qualitätssicherung, Evaluation und Betreuung

Qualitätssicherung im Kontext der Doktorandenausbildung umfasst alle Maßnahmen, die zur Sicherung qualitativ möglichst hochwertiger Promotionen beitragen, d. h. zu bestmöglichen Forschungsergebnissen und zur optimalen Qualifizierung der Doktoranden. Dazu gehören in den USA auf nationaler und bundesstaatlicher Ebene die Akkreditierung der Hochschulen und verschiedene Rankings und Bewertungen, auf der Ebene der einzelnen Promotionsangebote interne Qualitätsentwicklung, externe Vergleiche und Evaluationen sowie Sicherung der Qualität der individuellen Promotionen durch Auswahl, Betreuung der Doktoranden und verschiedene Prüfungen.

Akkreditierung

Eine systematische Qualitätskontrolle der Hochschulen oder Studien- bzw. Doktorandenprogramme gibt es in den Vereinigten Staaten auf nationaler Ebene nicht.[112] Stattdessen existiert eine Reihe von internen und exter-

---

[109] Für eine zusammenfassende Publikation des ADVANCE-Programms vgl. Stewart/Malley/LaVague-Manty: Transforming Science and Engineering. Beispiele für Initiativen einzelner Hochschulen sind das *New Jersey Institute of Technology* (URL: http://advance.njit.edu/index.html), die *Iowa State University* (URL: http://www.advance.iastate.edu/) oder die *University of Washington* (URL: http://www.engr.washington.edu/advance/; alle drei URLs 30.6.08). Die Programmkoordinatoren treffen sich zum regelmäßigen Informationsaustausch. Für weitere Informationen über die Initiative vgl. URL: http://www.nsf.gov/funding/pgm_summ.jsp?pims_id=5383 (30.6.08).

[110] Vgl. Hoffer *et al.*: Doctorate Recipients from United States Universities, S. 13.

[111] Vgl. Snyder *et al.*: Digest of Education Statistics 2007, Tabelle 258, S. 389.

[112] Vgl. Altbach: Doctoral Education, S. 70-71.

nen Evaluationen, Rankings und Benchmarkings sowie bundesstaatliche Autorisierungen und die Akkreditierung von Instituten oder einzelnen Programmen. Eine Akkreditierung ist die Voraussetzung für staatliche Zuschüsse zur Studienfinanzierung. Sie ist dezentralisiert und wird von regionalen privatrechtlichen Nichtregierungsorganisationen und Akkreditierungsagenturen durchgeführt, die ihrerseits vom *U.S. Department of Education* autorisiert werden.[113] In manchen Fächern wird die allgemeine Akkreditierung durch eine spezielle ergänzt, die von Berufsverbänden beaufsichtigt wird. Dies betrifft insbesondere die Ingenieurwissenschaften, die Rechtswissenschaft und die Lehrerausbildung. Zum Teil dürfen die Hochschulen ohne diese ,berufsspezifische' Akkreditierung bestimmte akademische Grade nicht vergeben. Bei den öffentlichen Hochschulen findet in manchen Bundesstaaten eine zusätzliche Autorisierung von staatlicher Seite statt. Die meisten Disziplinen bzw. Hochschulen unterliegen jedoch ausschließlich der allgemeinen institutionellen Akkreditierung, die „von der akademischen Gemeinschaft selbst kontrolliert wird".[114] Die institutionelle Akkreditierung wird von Regierungen der Bundesstaaten sowie auf der föderalen Ebene als maßgebliches Kriterium für die Vergabe von finanziellen Zuschüssen anerkannt. So können Studierende einer nicht akkreditierten Hochschule keinerlei öffentliche finanzielle Unterstützung für ihr Studium erhalten. Auch ist die Akkreditierung eine wichtige Orientierungshilfe für Studieninteressierte und Beratungslehrer und hat eine Signalfunktion für Arbeitgeber, die selten Hochschulzeugnisse von nicht akkreditierten Institutionen anerkennen. Für die Doktorandenausbildung ist die Akkreditierung von Bedeutung, da die meisten *graduate schools* nur Bachelorabsolventen von akkreditierten Hochschulen aufnehmen.[115]

Zur Akkreditierung gehören eine Selbstevaluation, eine Begehung und eine Begutachtung durch so genannte *peer committees*. Bei Erfolg wird sie meist für fünf Jahre (Folgeakkreditierungen für zehn Jahre) erteilt. Das Ziel ist die Sicherung von Minimalstandards der akademischen Qualität sowie eines Mindestmaßes an dazu nötigen Ressourcen. Zu den Standards gehören auch der Nachweis der erforderlichen Qualifikation der Lehrkräfte sowie ein bestimmter (Mindest-)Anteil von Lehrenden mit Doktorgrad.[116] Das *Department of Education*, dass die Akkreditierungs-

---

[113] Vgl. Fußnote 37.

[114] Vgl. Altbach: Doctoral Education, S. 70.

[115] Vgl. American Council on Education: A Brief Guide, S. 24.

[116] Vgl. Kupfer: DoktorandInnen in den USA, S. 81, sowie Cohen: The shaping of American higher education, S. 380-381.

agenturen autorisiert und auf Basis der Ergebnisse die öffentlichen Finanzierungszuschüsse für die Studierenden vergibt, formuliert als vorrangiges Ziel der Akkreditierung ein „annehmbares Qualitätsniveau"[117] und stellt eine Datenbank von fast 7000 akkreditierten Hochschulen und Programmen zur Verfügung.[118] Eine Akkreditierung bedeutet für die Institution einen Prestigezuwachs und ermöglicht den Erhalt staatlicher Zuschüsse zur Studienfinanzierung.[119] Das Recht, Abschlüsse zu vergeben, ist an die (allgemein-institutionelle) Akkreditierung allerdings nicht gekoppelt. So kann theoretisch eine private Institution, die über ausreichend eigene Finanzmittel verfügt (und damit unabhängig von der öffentlichen Förderung ist), auch ohne Akkreditierung bzw. ohne jegliche Qualitätskontrolle autonom Forschung und Lehre betreiben und akademische Grade verleihen.

Trotz dieser Freiwilligkeit der Akkreditierung wird sie als ein hoch effektives System der durch die Wissenschaft selbst durchgeführten Qualitätssicherung gesehen. Als eine Schwäche wird in der internen Diskussion angeführt, dass das existierende System der Qualitätssicherung kaum outputorientierte Qualitätsvergleiche der Lernerfolge der Studenten oder Doktoranden, kaum faktengebundene Messungen oder Beurteilungen ermögliche. Stattdessen beschränke es sich lediglich auf den Programminput, etwa auf die Anzahl der Publikationen der Lehrenden, die Anzahl der Bewerber oder deren Vorkenntnisse und Erfolgsraten anhand standardisierter Tests. So wurden 2007 seitens des *Department of Education* – wenn auch mehr im Hinblick auf die *undergraduate* Ausbildung und unter kontroverser Diskussion – verstärkt die Messung der Qualität der Lernergebnisse gefordert und die Akkreditierung dabei als ein mögliches Instrument vorgeschlagen.[120] Veränderungen des Verfahrens könnten dabei auch für

---

[117] Vgl. U.S. Department of Education: Accreditation, Overview.

[118] URL: http://www.ed.gov/admins/finaid/accred/accreditation_pg4.html#Diploma-Mills (30.6.08).

[119] „Und keine Hochschule kann es sich leisten, Zugang zu Bundesmitteln und den zu staatlicher Ausbildungsförderung für ihre Studierenden zu verlieren. Diese wird nur für das Studium an Institutionen gewährt, die durch eine vom Bundesbildungsministerium autorisierte Akkreditierungsagentur anerkannt [sind]". Grothus: New York 2006, S. 13. Vgl. auch Grothus: New York 2007, S. 80.

[120] Vgl. U.S. Department of Education: A Test of Leadership, sowie: „Am umstrittensten sind die Vorschläge der Kommission, die Lehrleistung der Hochschulen systematischer an den Lernfortschritten ihrer Studierenden zu messen. [...] Sie könnten möglicherweise für Spitzenuniversitäten peinlich ausfallen, wenn nicht nur der Leistungsstand, sondern auch die Lernfortschritte der sehr streng ausgewählten Studenten während des Studiums gemessen würden". Grothus: New York 2006, S. 12, sowie: „Auch und gerade den besten und selektivsten Hochschulen fällt es nicht leicht darzulegen, was sie denn eigentlich zum weiteren

die Zulassung zur Promotion und die Doktorandenausbildung relevante Implikationen haben, da die meisten *graduate schools* nur Bachelorabsolventen von akkreditierten Hochschulen aufnehmen und selbst Teil von zu akkreditierenden Institutionen sind.

Rankings, Wettbewerbe und weitere Aktivitäten der Wissenschaftsorganisationen

Ein weiteres Instrument des Qualitätsvergleichs sind Rankings, die in den USA eine über 100 Jahre lange Tradition haben. Das bekannteste populäre Ranking der Hochschulen und Disziplinen wird jährlich von der Wochenzeitschrift *U.S. News and World Report* publiziert. Es basiert auf mehreren Parametern wie Aufnahmeraten, Reputation oder Testergebnisse der aufgenommenen Studierenden und Doktoranden. In der aktuellen Ausgabe für 2009 werden auf 176 Seiten *graduate schools* in den elf Disziplinen Wirtschaftswissenschaften, Rechtswissenschaften, Medizin, Ingenieurwissenschaften, Erziehungswissenschaften, Naturwissenschaften, Bibliotheks- und Informationswissenschaften, Geistes- und Sozialwissenschaften, Gesundheitswissenschaften, Öffentlichkeitsarbeit und Bildende Kunst bewertet.[121] Weitere bekannte regelmäßig publizierte Rankings sind der *Guide to American Graduate Schools* und *Peterson's Graduate Schools in the U.S.*.[122] Einige Rankings können nach eigenen Kriterien online selbst vorgenommen werden, z. B. unter http://graduate-school.phds.org/ (30.6.08) oder http://www.graduateschool.com/ (30.6.08).

Das in der Wissenschaftsgemeinschaft meist beachtete, da recht komplexe und nicht auf alleiniger Forschungsproduktivität (Anzahl der Publikationen) basierende Ranking der Promotionsprogramme ist das Ranking des *National Research Council* (NRC). Es wurde bislang zweimal (1983 und 1995) in den fünf Bereichen Ingenieur-, Sozial-, Bio- und Geisteswissenschaften sowie Mathematik/‚physikalische Wissenschaften' (*physical sciences*) durchgeführt, wobei die ‚physikalischen Wissenschaften' Physik, Chemie, Astronomie, Geologie, Meteorologie etc. umfassen.[123] 2003

Lernfortschritt ohnehin hochbegabter und glänzend vorgebildeter Studierender beitragen". Grothus: New York 2007, S. 81.

[121] Vgl. U.S. News and World Report: America's Best Graduate Schools.

[122] Für die aktuellen Fassungen vgl. Doughty: Guide to American Graduate Schools und Oram: Peterson's Graduate Schools.

[123] Vgl. Goldberger *et al.*: Research Doctorate Programs.

erfolgte eine Überarbeitung der Methodik,[124] die bei der für Ende 2008 geplanten Neuausgabe des Gesamtrankings berücksichtigt wird.[125]

Neben dem *National Research Council* stellen weitere Wissenschafts- organisationen rankingähnliche Auflistungen und Bewertungen von Dok- torandenprogrammen sowie diverse Daten und Informationen zur Promo- tionsphase zur Verfügung. Exemplarisch seien hier die *National Science Foundation* (NSF) und die *Carnegie Foundation for the Advancement of Teaching* genannt. Die NSF lieferte mit einem Bericht über die Doktoran- denausbildung im zwanzigsten Jahrhundert umfassende Informationen, Daten und Trends aus diesem Zeitraum.[126] Die *Carnegie Foundation* klas- sifiziert seit 1973 amerikanische Hochschulen nach Typen[127] und wirkt bei Bemühungen um eine bessere Doktorandenausbildung aktiv mit. So haben sich bei der fünfjährigen *Carnegie Initiative on the Doctorate* (2000 – 2005) Vertreter von über 80 Promotionsprogrammen in sechs Disziplinen (Chemie, Erziehungswissenschaften, Englisch, Geschichte, Mathematik und Neurowissenschaften) selbst zur Verbesserung ihrer Doktoranden- ausbildung verpflichtet, Reformen erarbeitet und diese implementiert. Die *Carnegie Foundation* hat dabei u. a. für je zwei Vertreter des ausgewählten Fachbereichs die Teilnahme an Netzwerktreffen ermöglicht, bei denen sie sich austauschen und an Reformvorschlägen für ihre Disziplin arbeiten konnten. Die Initiative hat Ähnlichkeiten mit dem europäischen *TUNING Educational Structures of Europe*-Projekt, das die Implementierung der Ziele des Bologna-Prozesses auf fachspezifischer Ebene zum Ziel hat.[128] Die *Carnegie*-Initiative betraf jedoch im Gegensatz zu TUNING nicht die Bachelor- und Masterstudiengänge, sondern die Promotion als dritte Qualifikationsstufe. Sie zielte vorrangig auf die strukturellen Rahmenbe- dingungen einer effektiven Doktorandenausbildung sowie auf das Zusam-

---

[124] Vgl. Ostriker/Kuh: Assessing Research-Doctorate Programs.

[125] Mündliche Mitteilung Charlotte Kuh, stellvertretende Leiterin der *Policy and Global Affairs Division* der *National Academies (National Research Council)*, Treffen in New York City am 2. Juni 2007, sowie Information unter URL: http://www7.nationalacademies.org/ resdoc/Whats_new.html (30.6.08). Für weitere Informationen über das Projekt vgl. URL: http://www7.nationalacademies.org/resdoc/ (30.6.08).

[126] Vgl. Thurgood *et al.*: U.S. Doctorates in the 20th Century.

[127] Vgl. URL: http://www.carnegiefoundation.org/classifications/index.asp (30.6.08).

[128] Informationen zum TUNING-Projekt sowie eine deutschsprachige Informationsbro- schüre finden sich unter URL: http://tuning.unideusto.org/tuningeu/ (30.6.08).

menbringen der ‚Promotionsverantwortlichen' in einem Netzwerk auf der Ebene der Fachdisziplinen ab.[129]

Eine ähnliche Initiative ist das im Abschnitt 2.3 bereits erwähnte wettbewerblich organisierte *Ph.D. Completion Project* des *Councils of Graduate Schools*, das als Reaktion auf die hohen Abbrecherquoten in der Promotionsphase entstanden ist und deshalb ausführlich unter 2.7. beschrieben wird. In diesem Projekt – wie auch bei anderen in dieser Studie vorgestellten Förderinitiativen – bewerben sich Hochschulen mit Konzepten zur Verbesserung bestimmter Aspekte der Doktorandenausbildung und gleichzeitig mit Vorhaben zur Evaluation des Effekts der eingeführten Maßnahmen. Die ausgewählten Institutionen erhalten Förderung zur Entwicklung von *good practice*, die anschließend allen Hochschulen zur Verfügung gestellt wird. So ist die Ausschreibung von Wettbewerben und Förderprogrammen in den USA ein wichtiges Instrument zur Verbesserung der Doktorandenausbildung.

Evaluationen der Doktorandenprogramme

Neben den externen Begutachtungen durch die Akkreditierungsinstitutionen, diversen Rankings und Aktivitäten der nationalen Wissenschaftsorganisationen erfolgen verschiedene semiinterne Qualitätskontrollen der Doktorandenprogramme durch die einzelnen *graduate schools* bzw. durch das für diese Aufgabe vom akademischen Senat beauftragte *graduate council*. Dabei werden die Fachbereiche (*departments*) der Hochschulen, an denen die Doktorandenausbildung angesiedelt ist, regelmäßig etwa alle zehn Jahre evaluiert. Fachkollegen aus anderen Universitäten und benachbarten Fachbereichen derselben Einrichtung führen dabei eine quantitative und qualitative Begutachtung der Graduiertenprogramme durch und überprüfen z. B. Bestimmungen für die Auswahl der Bewerber oder das vergleichbare Niveau der Dissertationen in den einzelnen Doktorandenprogrammen. Darüber hinaus werden jährlich alle Professoren innerhalb des Fachbereichs zum Zweck ihrer Beförderung bewertet. Neben üblichen Kriterien wie Forschungsproduktivität, Preisen oder Präsenz bei internati-

---

[129] Ein im Rahmen des Projekts entstandener Band enthält Essays, in denen die Autoren auf die Frage antworten sollten: „Wenn sie noch einmal von Anfang an beginnen könnten, wie würde – in ihrem Fach – eine optimale Ausgestaltung der Doktorandenausbildung aussehen?". Vgl. Golde/Walker: Envisioning the Future of Doctoral Education. Die Abschlusspublikation des Projekts ist 2008 erschienen, vgl. Walker *et al.*: The Formation of Scholars. Für weitere Informationen vgl. URL: http://www.carnegiefoundation.org/programs/sub.asp?key=29&subkey=88&topkey=29 (30.6.08).

onalen Tagungen gehört dazu in der Regel auch die Evaluierung der Lehre durch Studenten und der Betreuung durch Doktoranden.

Qualitätssicherung durch multiple und systematische Betreuung

Die Promotion in den USA umfasst eine Kursphase und eine Dissertationsphase und die Doktorandenausbildung ist gleichzeitig in der zentralen *graduate school* und in den dezentralisierten Fachbereichen (*departments*) verankert. So ist ein gewisses Maß an Qualität (bzw. zumindest Quantität) der Betreuung der Doktoranden allein dadurch gesichert, dass immer mehrere Professoren beteiligt sind und die Verantwortung zwischen verschiedenen Hochschullehrern in der Kursphase und den Betreuern aus dem Fachbereich in der Dissertationsphase verteilt ist.

Am Anfang eines solchen Programms studieren alle Doktoranden zusammen und werden dabei von mehreren Professoren der Kursphase betreut. Durch das gemeinsame Arbeiten in der Gruppe erfolgt ein zusätzlicher Austausch und idealerweise eine gegenseitige Unterstützung der Doktoranden. Zusätzlich gibt es in den Naturwissenschaften meist Laborrotationen, die die Kursphase begleiten oder an sie anschließen. Dabei wechseln mit den Professoren und ihren Arbeitsgruppen die Anleiter und Ansprechpartner (vgl. 2.3). Erst in der letzten Phase der Promotion, in der die Dissertation geschrieben wird bzw. im ausgewählten Labor oder Fachbereich die dafür nötigen Experimente durchgeführt werden, wird die Betreuung stärker fokussiert. In dieser Phase fungiert meist ein Hochschullehrer als Hauptbetreuer (*supervisor*) des Doktoranden und ist oft zugleich sein Vorgesetzter, Geldgeber, Lehrer und wissenschaftlicher Berater. Chun-Mei Zhaoo *et al.* führen auf, wie die Auswahl des Betreuers und dessen Verhalten die Zufriedenheit der Doktoranden beeinflussen. Die Ergebnisse der Studie zeigen als wichtigste Kriterien bei der Auswahl des Betreuers seine Reputation (als Lehrer, Forscher und Betreuer), intellektuelle ,Kompatibilität' mit dem Doktoranden (wie seine Interessen und sein methodologischer Zugang zu denjenigen des Doktoranden passen sowie die Erwartungen hinsichtlich seiner Fähigkeit, eine qualitativ hochwertige Arbeit zu sichern) und den pragmatischen Nutzen (finanzielle Unterstützung, gute Arbeitsbedingungen).[130]

Auch in dieser Phase der fokussierten Betreuung erfolgt jedoch in vielen Fächern, besonders in den Naturwissenschaften, zusätzlich ein Austausch mit anderen Mitgliedern der Arbeitsgruppe und des Fachbereichs.

---

[130] Vgl. Zhaoo *et al.*: More than a Signature, S. 6.

Eine dadurch ermöglichte gute Integration in die institutionellen Strukturen resultiert nachweislich in einer Verminderung der Abbrecherquoten in der Promotionsphase. Umgekehrt ist fehlende Integration der wichtigste Grund für das Verlassen der *graduate school*, wie Barbara Lovitts 2001 in ihrer Studie über den Promotionsabbruch zeigte.[131]

In den meisten Hochschulen werden die Betreuer selbst ebenfalls ‚betreut': Sie werden von der *graduate school* in der Regel durch Nachschlagewerke, so genannte *guides for graduate advisors*, unterstützt, in denen u. a. deren Betreuungspflichten (wie oft sie sich mit dem Doktorand treffen müssen, welche schriftlichen Berichte an die *graduate school* abzugeben sind etc.) festgelegt sind.[132]

Ein Teil der Qualitässicherung durch Betreuung ist die Rückmeldung der Betreuer zur Arbeit der Doktoranden. Dazu fanden bei einer Studie von 1998 74 Prozent der Promovierenden, dass ihre Arbeit immer oder meistens konstruktiv evaluiert würde. 22 Prozent fanden dies „manchmal" und nur fünf Prozent „selten oder nie". Allerdings fanden 19 Prozent die Rückmeldung kaum oder nie detailliert und 28 Prozent zumindest manchmal erniedrigend.[133] Als positiv kann festgehalten werden, dass eine Evaluierung der Arbeit der Doktoranden an sich stattfindet, dass die Promovierenden die Evaluierung überwiegend als positiv bewerten sowie dass Rückmeldungen der Doktoranden über diese Evaluierung erhoben und präsentiert werden.

Über die direkte Betreuung durch Einzelpersonen im Rahmen der spezifischen Forschungsaktivitäten hinaus gibt es für die Doktoranden weitere zentrale Betreuungsangebote wie Anlaufstellen in den Fakultäten, den Leiter des Doktorandenprogramms (*director of graduate education*) und seine Mitarbeiter, oder den Dekan der *graduate school*. So haben die Promovierenden in der Praxis meist mehrere Ansprechpartner für ihre Anliegen. Diese förderliche ‚multiple' Betreuung findet in den USA nicht in allen Doktorandenprogrammen und allen Phasen der Promotion gleichermaßen statt und ihre flächendeckende Etablierung wird im Hinblick auf die Verbesserung der Doktorandenausbildung von Hochschulforschern gefordert.

---

[131] Vgl. Lovitts: Leaving the Ivory Tower, S. 262-263.

[132] Für ein Beispiel eines solchen Handbuches siehe Fußnote 44.

[133] Die Befragung wurde an 2.000 Doktoranden der Disziplinen Chemie, Bauingenieurwesen, Mikrobiologie und Soziologie in nach eigenen Angaben führenden Forschungsuniversitäten in den USA gesendet und hatte eine Rücklaufquote von 72 Prozent. Vgl. Anderson/ Swazey: Reflections on the Graduate Student Experience, Tabelle 1.2., S. 5-6.

Ergänzend zu diesen ‚doktorandenzentrierten' Strukturen existieren in der Regel weitere Angebote, die eine gute Betreuung der Promovierenden unterstützen. Dazu gehören z. B. Vortragsreihen, die sich nicht nur an Doktoranden richten, oder (zum Teil verpflichtende) Treffen der Doktoranden mit externen Vortragenden, etwa vor dem Vortrag zu einem Mittagessen mit Diskussion. Auch finden an vielen *graduate schools* Treffen mit anderen Doktoranden und Professoren in lockerer Atmosphäre in so genannten *student and faculty clubs* oder *student lounges* statt. Solche freiwilligen, aber organisierten und regelmäßig stattfindenden sozialen Aktivitäten bieten zusätzlich zu der Standardbetreuung ungezwungene Gelegenheit zum Kontaktknüpfen und Austausch über die aktuelle eigene Arbeit und darüber hinaus.

Zusammenfassend wird die Qualität der individuellen Promotion im US-amerikanischen System durch eine systematische, im Rahmen der *graduate school* institutionalisierte und inhaltlich vielfältige (fachliche und fachübergreifende, auf regelmäßige Interaktion, Monitoring der Lernfortschritte etc. ausgerichtete) Betreuung befördert, die auf ‚mehrere Schultern' verteilt ist (Doktorvater, weitere Professoren, administrative Hochschulmitarbeiter und im weitesten Sinne auch andere Doktoranden und Arbeitsgruppenmitglieder).

Qualitätssicherung durch Prüfungen

Die Überprüfung der individuellen Promotionsvoraussetzungen und die Sicherung der Promotionsqualität durch Prüfungen erfolgt meist an drei bis vier Stellen während der Promotionsphase: bei dem allgemeinen und manchmal zusätzlich fachspezifischen Aufnahmetest zur *graduate school* (*graduate record examination*, GRE, vgl. 2.2), bei einer Prüfung etwa in der Mitte der Promotion nach Abschluss der Kursphase (*qualifying, preliminary, comprehensive* bzw. *field exam*, vgl. 2.3), bei der Verteidigung des Exposés und bei der Abschlussprüfung. Letztere erfolgt mündlich mit einer Präsentation und Verteidigung der Dissertation vor einer Promotionskommission (*dissertation committee*). Die Kommission besteht meist aus drei bis fünf Hochschullehrern, von denen in der Regel einer nicht am konkreten Programm des geprüften Doktoranden beteiligt sein darf bzw. extern ist.[134] Diese Kommission von mehreren Professoren, die die Qualität der Dissertation am Ende beurteilen, wird in der internen Diskussion als eine Stärke des US-Systems der Doktorandenausbildung gewertet, wenn

---

[134] Vgl. Antony/Knaus: Graduate Students in the United States, S. 292.

auch die Hochschulforscher nach transparenten und vergleichbaren Kriterien der Bewertung der Dissertationen fragen und auch in diesem Bereich weiter nach *good practices* gesucht wird. So präsentierte Barbara Lovitts 2007 die Ergebnisse einer Befragung von über 270 Professoren aus zehn Disziplinen in den Natur-, Sozial- und Geisteswissenschaften nach deren Kriterien für die Bewertung der Dissertationen. Darauf basierend stellte sie praktische Hinweise für Professoren, Fachbereiche, Hochschulen, berufliche Vereinigungen, Akkreditierungsagenturen und Doktoranden zum Thema Dissertationsbeurteilung zusammen.[135]

Die Benotung ist unterschiedlich in der Kurs- und Dissertationsphase. In der Kursphase werden die einzelnen Module, Klausuren etc. sowie die Übergangsprüfung meist mit A, B, C bzw. F benotet, wobei F als ‚nicht bestanden' gilt und zum Weiterkommen oft ein Schnitt von B erreicht werden muss. Die Dissertation wird mit ‚bestanden' oder ‚nicht bestanden' bewertet. Die Dissertationsarbeit muss in den USA nicht verpflichtend extern veröffentlicht werden. Es besteht lediglich an den meisten Universitäten die Regel, Belegexemplare der Dissertationen intern in der Universitätsbibliothek abzulegen bzw. (zunehmend) in der elektronischen Datenbank der Bibliothek recherchierbar zu speichern. Darüber hinaus werden üblicherweise einige Exemplare der *graduate school* und dem Vorsitzenden der Promotionskommission bzw. einigen oder allen Mitgliedern gewidmet. Die fehlende Veröffentlichungspflicht für Dissertationen kann als ein klares Defizit der Qualitätssicherung der Promotion in den USA gewertet werden.

2.6 Mobilität, Internationalität, Kooperation

Ausländische Doktoranden in den USA

Ausländeranteil

Eine der anerkannten Stärken des US-amerikanischen Systems der Doktorandenausbildung ist der hohe Anteil der Promovierenden aus dem Ausland. So waren von den im Jahr 2006 Promovierten 37 Prozent Ausländer (*non-U.S. citizens*), wobei sich 33 Prozent mit einem zeitlich begrenzten Visum (*temporary visa*) und vier Prozent mit einem Dauervisum (*permanent visa*, *green card*) in den USA aufhielten.[136] Der Anteil der Ausländer

---

[135] Vgl. Lovitts: Making the Implicit Explicit.

[136] Vgl. Hoffer *et al.*: Doctorate Recipients from United States Universities, S. 20.

bei den Promovierten hat sich seit den frühen sechziger Jahren fast verdreifacht (1960-1964 lag der Durchschnitt bei 13 Prozent), wobei in den letzen zehn Jahren nur ein geringer Anstieg zu verzeichnen war: In der Zeit von 1995-1999 lag der Ausländeranteil bereits bei 31 Prozent.[137] Auch belegen die aktuellen Zahlen des *Councils of Graduate Schools* zu Bewerbungen ausländischer Interessenten an US-amerikanischen *graduate schools* eine Verlangsamung des Wachstums der Nachfrage in den letzten Jahren: Der Anteil der Bewerbungen ausländischer Studierender für Master- und Promotionsprogramme wuchs 2008 ‚nur' um drei Prozent, gegenüber einem Wachstum von neun Prozent im Jahr 2007 und 12 Prozent im Jahr 2006.[138] Neben den stagnierenden Bewerberzahlen aus Indien und Korea und dem deutlich niedrigeren Anstieg der Bewerbungszahlen aus China werden als einer der möglichen Gründe für diese Entwicklung die nationalen Anstrengungen in Australien, Großbritannien, Frankreich und Deutschland zur Erhöhung der Attraktivität ihrer *graduate* Programme genannt, z. B. nationale Marketingstrategien oder höhere finanzielle Förderung.[139]

Disziplinen

Die populärste Fächergruppe bei den ausländischen Doktoranden sind die Ingenieurwissenschaften, in denen 29 Prozent aller Ausländer promovieren und dabei gut zwei Drittel (68 %) aller Promovierten in dieser Fächergruppe stellen. Weitere beliebte Fächergruppen sind die *physical sciences* (24 Prozent der Ausländer bzw. 53 Prozent der Promovierten dieser Gruppe, die auch Mathematik und Informatik umfasst) und *life sciences* (20 Prozent der Ausländer bzw. 32 Prozent der Promovierten dieser Gruppe).[140]

Herkunftsländer und Wirtschaftsfaktor

Die meisten der ausländischen Doktorgradempfänger in den USA kamen 2006 aus China (10 Prozent aller Promovierten bzw. 30 Prozent aller ausländischen Promovierten), Indien (4 bzw. 11 %) und Südkorea (4 bzw.

---

[137] Eigene Berechnungen nach: Thurgood *et al.*: U.S. Doctorates in the 20th Century, S. 18.

[138] Vgl. Council of Graduate Schools: Findings 2008, S. 9. Die Rücklaufquote der Umfrage lag insgesamt bei 33 Prozent (verwendbare Antworten) und betrug 68 Prozent unter den 50 Institutionen mit den meisten ausländischen Studierenden und Doktoranden.

[139] Vgl. ebd., S. 5.

[140] Eigene Berechnungen nach: Hoffer *et al.*: Doctorate Recipients from United States Universities, S. 69. Berücksichtigt wurden dabei Promovierte, die ihren Aufenthaltsstatus angegeben hatten (ca. 94 % aller Befragten).

10 %).[141] Der generell hohe Ausländeranteil wird in der US-amerikanischen Diskussion unterschiedlich bewertet: Ausländische Doktoranden stünden auch mit bestimmten Zielgruppen inländischer Interessenten an der Promotion (z. B. mit Frauen oder ethnischen und sozialen Minderheiten) im Wettbewerb um die Promotionsplätze und die entsprechenden finanziellen Mittel sowie um spätere Positionen in der Gesellschaft. Auf der anderen Seite profitiere das System von den ausländischen Doktoranden, die einen wichtigen Wirtschaftsfaktor in den USA darstellten: Über 60 Prozent von ihnen brächten die Hauptfinanzierung des Promotionsaufenthaltes aus dem Heimatland in die USA mit.[142] Laut Berechnungen des *Institute of International Education* trugen 2006/2007 ausländische Studierende rund 14,5 Milliarden US-Dollar zur US-Wirtschaft bei.[143] Sogar miteingereiste Familienangehörige hätten in der Gesamtberechnung einen positiven Beitrag zur Wirtschaftsbilanz geleistet; dieser belief sich im gleichen Zeitraum auf 412 Millionen US-Dollar.[144]

Unter anderem aufgrund dieser Positiveffekte der hohen Ausländerrate unter den Doktoranden wird diskutiert, wie die nach den Anschlägen vom 11. September 2001 strenger gewordenen Sicherheitsbestimmungen für Einreisende und den Aufenthalt in den USA weiter ausgeglichen werden können. Ziel ist dabei, ein dramatisches Fehlen von Fachkräften v. a. in den Natur- und Ingenieurwissenschaften zu verhindern; ein auch aus der deutschen Diskussion bekanntes Thema. In den USA wird das Problem allerdings durch die Schwierigkeit, genügend eigene Doktoranden auszubilden, weiter verstärkt.[145]

Übergang, Bologna-Prozess

In den USA gibt es keine automatische Anerkennung von ausländischen Abschlüssen. Die Akzeptanz der dreijährigen Bachelorabschlüsse aus Europa (im expliziten Gegensatz zu solchen aus nichteuropäischen Ländern, etwa aus Indien) steigt jedoch, obwohl das zugrunde liegende Bachelorstudium zum Teil um ein Jahr kürzer ist als dasjenige in den USA. Wur-

---

[141] Eigene Berechnungen nach ebd., S. 69-70.

[142] Vgl. Institute of International Education: Open Doors 2007, Fast Facts, S. 2.

[143] Institute of International Education: Open Doors, Economic Impact Statement, S. 1.

[144] Ebd.

145 „[At] a time when national security policies are slowing the flow of foreign talent to our shores, our inability to develop a robust domestic talent pool for doctoral study in science and engineering is approaching a national crisis". Stewart: Current Issues in Doctoral Education, S. 7.

den europäische Bachelorabschlüsse 2005 noch von 29 Prozent der US-amerikanischen *graduate schools* nicht akzeptiert, betrug die Zahl 2006 nur noch 18 Prozent. Ebenfalls verringerte sich die Anzahl derjeniger, die ausländischen Bewerbern mit dreijährigen Abschlüssen nur eine provisorische Anerkennung gewähren, von neun auf vier Prozent.[146] Darüber hinaus setze sich bei den für die Zulassung zuständigen Hochschuladministratoren zunehmend die Erkenntnis durch, dass „die Anerkennung eines ausländischen Bachelors bei der Zulassung zu Graduiertenstudien nicht dessen Gleichartigkeit mit den eigenen Graden erfordert, sondern eine positive fachliche Prognose für den Erfolg im angestrebten Studium".[147] Mögliche Auswirkungen der künftig um ein Jahr kürzeren Schulzeit in Deutschland (und dadurch um ein Jahr kürzerer Qualifizierung bis zum Bachelor) sind dabei abzuwarten, die ‚Bologna-Architektur' des Studiums in Europa scheint aber den aktuellen Befragungen nach angekommen und grundsätzlich akzeptiert zu sein.[148]

Verbleib

Hinsichtlich des Verbleibs der Ausländer nach einer in den USA absolvierten Promotion kann festgestellt werden, dass ein großer Anteil von ihnen erst einmal in den USA bleibt. Die *National Science Foundation* belegte in einer Studie von 2003, dass sich in den Natur- und Ingenieurwissenschaften 71 Prozent der ausländischen Doktoranden drei Jahre nach ihrer Promotion noch in den USA befanden (Abschluss 1999, Umfrage 2002).[149] Ähnliche Ergebnisse hatte die Studie *Stay Rates of Foreign Doctorate Recipients from U.S. Universities* des *Oak Ridge Institute for Science and Education* von 2007: Von allen ausländischen Promovierten der Natur- und Ingenieurwissenschaften blieben zwei Jahre nach Promotionsabschluss 66 Prozent und zehn Jahre nach Promotionsabschluss 62 Prozent in den USA.[150] Dies gilt auch im Speziellen für Doktoranden aus Europa: Laut der Studie der Europäischen Kommission *Third European*

---

[146] Vgl. Council of Graduate Schools: Findings 2006, S. 6, sowie Council of Graduate Schools: Clarification of Acceptance, ohne Seitenangabe.

[147] Grothus: New York 2006, S. 21.

[148] Das *Council of Graduate Schools*, das *American Council on Education* und weitere US-amerikanische und kanadische Wissenschaftsorganisationen führen u. a. auf diesem Gebiet einen Dialog mit der *European Universities Association*, vgl. Fußnote 47. Für Darstellungen verschiedener Aspekte des Bologna-Prozesses mit Relevanz für die USA vgl. URL: http://www.wes.org/ewenr/bolognaprocess.htm (30.6.08).

[149] Vgl. Janson *et al.*: Wege zur Professur, S. 121-122.

[150] Vgl. Finn: Stay Rates, S. 1.

Report on Science & Technology Indicators von 2003 blieben im Jahr 1999 knapp drei Viertel (73 %) aller Europäer, die ihren Doktorgrad in den USA erworben hatten, anschließend in den Vereinigten Staaten. 1990 war es ‚nur' etwa die Hälfte (49 %).[151]

National betrachtet hat laut Angaben des BMBF von 2008 „[f]ast die Hälfte aller deutschen PhD-Absolventen in den USA [...] feste Pläne zum Verbleib jenseits des Atlantiks".[152] Die Anzahl der an US-Forschungsein-richtungen beschäftigten deutschen Wissenschaftler wird dabei auf 20.000 geschätzt.[153]

Mobilität der US-Doktoranden

Regelmäßige Erhebungen speziell zur Mobilität der US-amerikanischen Doktoranden werden nicht durchgeführt, vermutlich da Studierende und Doktoranden in den USA – zumindest was einen studienbezogenen Aus-landsaufenthalt betrifft – im Vergleich zu Studierenden in Europa ausge-sprochen wenig mobil sind. So haben im akademischen Jahr 2005/2006 von insgesamt 14,5 Millionen Studierenden aller Hochschulen in den USA lediglich 224.000 (1,5 %) einen studienbezogenen Auslandsaufenthalt ab-solviert.[154] In der langjährigen Perspektive stellt diese Zahl allerdings im-merhin fast eine Verdreifachung der *study abroad students* innerhalb der letzten zehn Jahre dar. Auch ergibt sich ein höherer Mobilitätswert, wenn die Auslandserfahrung nicht auf die Gesamtzahl der Studierenden sondern auf die ca. 1, 4 Millionen Bachelorabsolventen eines Abschlussjahrgangs bezogen wird: Dieser Berechnung nach sammeln mittlerweile ca. 15 Pro-zent eines Jahrgangs Auslandserfahrung.[155]

2005/2006 war die wichtigste Zielregion Europa mit knapp 60 Prozent der mobilen Studierenden (3,1 Prozent gingen dabei nach Deutschland). Beliebte außereuropäische Zielländer waren Australien (4,9 %), Mexiko (4.5 %) und die Volksrepublik China (4 %).

Einige der US-amerikanischen Elite-Universitäten haben sich explizit zum Ziel gesetzt, alle Studierenden im *undergraduate* Bereich einmal ins

---

[151] Vgl. European Commission: Third European Report, S. 225-228, sowie Snap Shot „Eu-ropean PhD holders in the US", S. 1-3.

[152] Bundesministerium für Bildung und Forschung: Deutschlands Rolle, S. 12.

[153] Vgl. ebd.

[154] Alle Angaben dieses Absatzes: Eigene Berechnungen nach: Institute of International Education: Open Doors 2007, Fast Facts, S. 1-2.

[155] Vgl. Grothus: New York 2007, S. 81-82.

Ausland zu schicken.[156] Möglichkeiten zu einem Auslandsstudium boten 2006 91 Prozent der über 1000 vom *American Council on Education* befragten Hochschulen in den USA, gegenüber 65 Prozent im Jahr 2001.[157] So scheint langsam das Bewusstsein zu wachsen, „dass mehr Amerikaner schon als Studierende die Welt ‚draußen' kennen lernen müssen, wenn sie durch ein ganzes Berufsleben global denken und handeln sollen".[158] Dieses Ziel unterstützen Empfehlungen von US-Hochschulforschern, nach denen Doktoranden einen Teil der Promotion in einem anderen Land absolvieren sollten und die internationale Zusammenarbeit in der Doktorandenausbildung insgesamt intensiviert werden sollte. Maresi Nerad führt beispielsweise das Absolvieren eines Teils der Promotion in einem anderen Land als eine der weltweit anwendbaren *best practices* für eine künftige Doktorandenausbildung auf.[159] Im selben Artikel weist sie auch auf die Bedeutung der internationalen Zusammenarbeit in der Doktorandenausbildung mit Blick auf die Erforschung globaler Themen und Probleme hin. Darüber hinaus wird die Wichtigkeit einer besseren Integration der ausländischen Doktoranden und ihres kulturellen Erfahrungsschatzes in die Programme unterstrichen, auch um vor Ort wenigstens indirekt Kontakt mit ausländischen Kulturen zu ermöglichen.[160]

Um US-amerikanische Studierende und Doktoranden für einen Auslandsaufenthalt oder gar die gesamte Promotion in Europa zu gewinnen, seien nach Auskunft der Mitarbeiter des *Councils of Graduate Schools* vor allem finanzielle Aspekte (Erlass eventueller Gebühren bzw. Gehalt), Reputation der Zielhochschule und hohe Qualität der Forschung sowie eine spätere Anerkennung der erbrachten Studien- bzw. Promotionsleistungen und der Abschlüsse bei Arbeitgebern in den USA ausschlaggebend.[161] Dazu seien Befragungen von bereits im Ausland gewesenen amerikani-

---

[156] Bei der Universität Yale heißt es z. B. im Rahmen der fünfjährigen Kampagne *Yale Tomorrow*: „Our most ambitious goal is to ensure that every Yale College student has a study or work experience abroad at least once during his or her undergraduate years, regardless of financial circumstances or the constraints of the particular major". URL: http://yaletomorrow. yale.edu/priorities/college2.html (30.6.08).

[157] Vgl. Fischer: New Report, S. 1.

[158] Grothus: New York 2006, S. 9. Vgl. auch Grothus: New York 2007, S. 81-82, unter „Steigendes Interesse am Ausland und an Fremdsprachen".

[159] Vgl. Nerad: Globalisation and its impact on research education, S. 10.

[160] Vgl. ebd.

[161] Mündliche Mitteilung Daniel D. Denecke, Leiter der Abteilung *Best Practices* des *Council of Graduate Schools*, Gespräch am 19. Juni 2007, Washington D.C.

schen Doktoranden, bilaterale Verträge der Hochschulen sowie ein aktiver Dialog mit Arbeitgebervertretern zu empfehlen.[162]

Zusammenfassend kann festgestellt werden, dass einerseits der Mobilitätswille amerikanischer Studierender und Doktoranden sehr niedrig ist, andererseits dies aber in der internen Debatte, wie das Mobilitätsziel der Eliteuniversitäten oder die Empfehlungen der Hochschulforscher zeigen, nicht tatenlos akzeptiert wird.

Internationalität der Programme und Kooperation

Die Internationalität der Doktorandenprogramme in den USA besteht hauptsächlich aus dem hohen Anteil der ausländischen Doktoranden, der im Einklang mit der ‚Politik der Diversität' im US-amerikanischen Bildungssystem steht.[163] Internationale Promotionsprogramme im europäischen Sinne, bei denen Universitäten zweier oder mehrerer Länder in einer festgelegten Art und Weise bei der Ausbildung ihrer Doktoranden – bis hin zu so genannten gemeinsamen Abschlüssen oder auch Doppelabschlüssen (*joint/double degrees*) – kooperieren, gibt es in den USA zwar auch, es bestünde über sie jedoch nach Auskunft der Mitarbeiter des *Councils of Graduate Schools* (CGS) bisher kein genauer Überblick. Das CGS hat bei seiner jährlichen Umfrage der Dekane der *graduate schools* 2007 zum ersten Mal auch nach existierenden Programmen mit gemeinsamen bzw. Doppelabschlüssen im Bereich der *graduate* Ausbildung (Master- und Promotionsstudiengänge) gefragt.[164] Elf Prozent der antwortenden Dekane gaben an, ein Programm mit einem Doppelabschluss etabliert zu haben, sieben Prozent ein Programm mit einem gemeinsamen Abschluss, ebenfalls sieben Prozent ein Programm mit einem anderen auf internationaler Zusammenarbeit beruhenden Abschluss und ca. drei Prozent einen oder mehrere Programme, die sowohl zu einem gemeinsamen als auch zu einem Doppelabschluss führen. Insgesamt bieten derzeit etwas weniger als ein Drittel (29 %) aller US-amerikanischen *graduate schools* mindestens ein Master- oder Promotionsprogramm an, bei dem ein auf internationaler Kooperation beruhender Abschluss vergeben wird. Bei den zehn größten Institutionen beträgt der Anteil sogar 56 Prozent. Der häufigste Partner

---

[162] Ebd.

[163] „Just as every effort is made to recruit faculty, staff, and administrators from the most qualified candidates, so, too, are students recruited with an eye to their qualifications and their *diversity*". NAFSA: U.S. Classroom Culture, S. 9.

[164] Für alle Angaben dieses Absatzes vgl. Council of Graduate Schools: Findings 2007, S. 6-10.

ist dabei Europa mit 18 Prozent aller kooperativen Promotionsprogramme (und 39 % aller kooperativen Masterprogramme), gefolgt von China mit vier Prozent (bzw. 24 %). Ingenieurwissenschaften und *physical sciences* (jeweils 13 %) sind für internationale Doktorandenprogramme die beiden populärsten Disziplinen. Interessanterweise gibt es (zumindest laut dieser Umfrage) auf der Promotionsebene keine Kooperationsprogramme in den Wirtschaftswissenschaften, die im Gegensatz dazu im Bereich der Masterstudiengänge mit 44 Prozent das häufigste Fach für internationale Kooperation sind.

Über die Umfrage des *Council of Graduate Schools* hinaus führen das John F. Kennedy Institut der Freien Universität Berlin und das US-amerikanische *Institute of International Education* derzeit eine webbasierte internationale Umfrage zu bestehenden transatlantischen *joint/double degree*-Programmen u. a. in der Promotionsphase durch. Die Umfrage wird vom *U.S. Department of Education* und der Europäischen Kommission gefördert und die Ergebnisse sollen Ende 2008 publiziert werden.[165]

Eine der Initiativen zur Intensivierung europäisch-amerikanischer Hochschulkooperationen ist das seit 2008 existierende ATLANTIS-Programm der EU-Kommission und des *U.S. Department of Education*. Bereits im Jahr 2008 sollten im Rahmen des Programms bis zu acht transatlantische Projekte für gemeinsame Abschlüsse bzw. Curricula auf Hochschulebene mit bis zu 400.000 Euro pro Konsortium gefördert werden, darüber hinaus vier transatlantische Mobilitätsprogramme für Studenten und Wissenschaftler mit bis zu 180.000 Euro pro Projekt.[166]

Der Kooperationswille der US-amerikanischen Hochschulen bei Festlegungen auf Austausch oder gemeinsame Gradvergabe mit anderen Hochschulen kann im Allgemeinen als begrenzt eingestuft werden. Als Gründe dafür werden die bereits diskutierte mangelnde ‚Mobilitätsfreude' der amerikanischen Studierenden genannt sowie die – auch aus der innereuropäischen Zusammenarbeit bekannte – Unsicherheit bis Skepsis über die Qualität der Forschung und Ausbildung an ausländischen bzw. generell anderen Hochschulen.

Auch das in Deutschland diskutierte und zum Teil implementierte Modell eines ‚Mobilitätsfensters' scheint in der intendierten curricular verankerten Form bis auf die Sprach- und Kulturwissenschaften in den USA

---

[165] Für weitere Informationen und einen Link zum Fragebogen der Umfrage vgl. URL: http://www.fu-berlin.de/en/veranstaltungen/einzel/fup_08_074_en/index.html (30.6.08).

[166] Für weitere Informationen über das ATLANTIS-Programm vgl. URL:http://ec.europa.eu/education/programmes/eu-usa/index_en.html (30.6.08).

kaum zu existieren. Wie bei den internationalen Programmen spielen auch hier der mangelnde Mobilitätswille der amerikanischen Studierenden und Doktoranden sowie fehlende Fremdsprachenkenntnisse und niedrige Bereitschaft zu festen Verbünden mit ausländischen Hochschulen eine Rolle, auch wenn der Trend zu Austauschangeboten im Allgemeinen zunimmt.

Bei der Frage nach Programmen in anderen Sprachen oder nach einem während der Promotion vorgesehenen Fremdsprachenerwerb ist die Datensituation in den USA mangelhaft. Wie in Europa existieren Doktorandenprogramme in den philologischen Disziplinen, bei denen der Unterricht zum (variierenden) Teil in der jeweiligen Sprache stattfindet (z. B. in den *Russian and Slavic Cultural Studies* oder den *German Studies and Critical Thought*, beide an der *New York University* (NYU)).[167] Außerhalb der Philologien werden nach Einschätzung des CGS jedoch kaum anderssprachige Programme oder Veranstaltungen angeboten und es gibt hierüber keinerlei Übersichten. Selten schreiben Promotionsprogramme Kenntnisse von Fremdsprachen vor,[168] was in der US-amerikanischen Diskussion kritisch wahrgenommen wird. So verweist Maresi Nerad auf die negativen Konsequenzen der nicht existenten Fremdsprachenanforderungen in der Doktorandenausbildung insbesondere der englischsprachigen Länder sowie auf die Notwendigkeit, diese erneut einzuführen.[169] Der Fremdsprachenerwerb wird in den USA generell weniger aus der Perspektive der Mobilität oder wissenschaftlicher internationaler Zusammenarbeit gesehen, sondern stärker unter dem Vorzeichen der nationalen demografischen Entwicklung (steigender Anteil der spanischsprachigen Bevölkerung) sowie der nationalen Sicherheit und der globalen politischen Entwicklungen. Dadurch gewinnen die so genannten *critical languages* wie Spanisch, Arabisch, Türkisch oder Chinesisch allgemein an Bedeutung.[170]

---

[167] Vgl. URL: http://www.nyu.edu/fas/dept/russian/graduate/index.html bzw. http://www.nyu.edu/fas/dept/german/graduate/index.html (beide URLs 30.6.08).

[168] So etwa das *German Studies*-Ph.D.-Programm an der NYU, bei dem alle Doktoranden Kenntnisse einer dritten Sprache (neben Englisch und Deutsch) nachweisen müssen, die für Forschungszwecke ausreichen. Vgl. URL: http://www.nyu.edu/fas/dept/german/graduate/requirements.html#Doctor%20of%20Philosophy%20Degree%20Requirements, dort unter "Doctor of Philosophy Requirements", "Language Requirement" (30.6.08).

[169] Vgl. Nerad/Heggelund: Forces and Forms of Change, S. 26-27.

[170] Als *critical languages* werden in den USA Sprachen bezeichnet, bei denen die Nachfrage nach den die Sprache beherrschenden Personen als deutlich höher als das Angebot bzw. die Anzahl der zur Verfügung stehenden Sprecher wahrgenommen wird. Vgl. URL: http://www.languages.umd.edu/Critical/ (30.6.08).

2.7 Erfolgsquoten, Absolventenverbleib und ‚Funktion' des Grades

Erfolgsquoten

Die Doktorandenausbildung kann quantitativ u. a. anhand der Promotionsquote, der Promotionsintensität, des Alters bei Promotionsabschluss und der Abbrecherquoten in der Promotionsphase beschrieben werden.

Als Promotionsquote wird im jährlichen Bericht des *U.S. Department of Education „Digest of Education Statistics"* der Anteil der Promovierten an der über 24-jährigen Gesamtbevölkerung der USA angegeben; sie betrug 2007 1,3 Prozent.[171] Den gleichen Wert ergab für das Jahr 2005 auch die etwas andere Berechnungsmethode der OECD in ihrer Studie *„Education at a Glance".*[172] Dort wird die Promotionsquote als Anteil der Promovierten an einer Altersstufe ermittelt.[173]

Die Promotionsintensität kann für die USA als Anteil der Promovierten an der Kohorte der Bachelorabsolventen zehn Jahre zuvor berechnet werden und beträgt etwa fünf Prozent.[174]

Das Alter bei Promotionsabschluss hat sich in den USA seit den 80er Jahren nicht signifikant geändert und liegt bei ca. 33 Jahren (vgl. 2.3, unter „Dauer der Promotion").

Beim Thema Abbruchquoten auf Promotionsebene weisen Fred L. Hall *et al.* auf einen klaren Zusammenhang langer Promotionszeiten mit der steigenden Wahrscheinlichkeit des Abbruchs hin.[175] Darüber, dass eine signifikante Anzahl der Doktoranden in den USA ihre Promotion abbrechen, und dies erst zu einem Zeitpunkt, nachdem sie alle Voraussetzungen bis auf das Fertigstellen der Dissertation erfüllt haben, zeugt eine eigene informelle terminologische Kategorie solcher Doktorandenabbrecher in der US-amerikanischen Debatte, die „ABDs" (*all but dissertation*): „The proportion of ABDs varies by institution and discipline, but it is high and growing".[176]

---

[171] Vgl. Snyder *et al.*: Digest of Education Statistics 2007, S. 12, sowie Abbildung 2 in dieser Arbeit.

[172] Vgl. OECD: Education at a Glance, Table A3.1., S. 67.

[173] Vgl. ebd., S. 65.

[174] Vgl. Nevill/Chen: The Path Through Graduate School, S. vi (Stand 2007).

[175] Vgl. Hall *et al*: Feasibility of international comparisons, S. 12.

[176] Altbach: Doctoral Education, S. 69. Vgl. auch das Glossar der diplomatischen Vertretungen der USA in Deutschland unter URL: http://german.germany.usembassy.gov/germanyger/austausch/glossar.html (30.6.08).

Gleichzeitig als eine Reaktion auf die hohen Abbrecherquoten in der US-amerikanischen Promotionsphase und als ein Projekt zu deren zahlenbasiertem Nachweis wurde das *Ph.D. Completion Project* des *Council of Graduate Schools* gestartet. 29 US-amerikanische und kanadische Forschungsuniversitäten, die in einem Wettbewerb ausgewählt wurden, werden von *Pfizer Inc.* und der *Ford Foundation* mit jeweils 80.000 US-Dollar gefördert, um Daten zur Fertigstellung bzw. zum Abbruch von Promotionen zu sammeln. Darüber hinaus implementieren sie *good practice* in den Bereichen Auswahl, Betreuung und finanzielle Unterstützung der Doktoranden, um dem Promotionsabbruch vorzubeugen, und entwickeln Mechanismen zur Evaluation der eingeführten Maßnahmen.[177]

Die Abbrecherquoten auf Promotionsebene werden im *Ph.D. Completion Project* in einer Längsschnittstudie verfolgt.[178] Dabei wurden bisher Abbrecherquoten und Abschlussraten von Doktoranden in den Kohorten der Jahre 1992 bis 1995 (Eintritt in die *graduate school*) in einzelnen Fächern der Fächergruppen Ingenieur-, Geistes-, Sozial- und Lebenswissenschaften sowie Mathematik und *physical sciences* (Chemie, Physik und Informatik) über zehn Jahre der Promotion verfolgt.

Laut der neusten Zwischenergebnissen des Projekts betragen die Abbrecherquoten auf Promotionsebene in den USA je nach Fächergruppe im Durchschnitt maximal 36 bis 51 Prozent. Diese Maximalzahlen ergeben sich aus der nach zehn Jahren Promotion erreichten Abschlussrate, die je nach Fächergruppe zwischen 64 und 49 Prozent beträgt (vgl. Abbildung 4). Sie kann sich noch in Abhängigkeit davon ändern, wie viele Doktoranden der jeweiligen Fächergruppe erst nach den bisher erfassten zehn Jahren ihre Promotion zum Abschluss bringen werden. Während zum Beispiel 64 Prozent der Ingenieurwissenschaftler nach spätestens zehn Jahren Promotion ihren Doktorgrad erworben haben, ist dies nach derselben Zeitspanne nur bei 55 Prozent der Doktoranden in Mathematik und physical sciences (Chemie, Physik und Informatik) und bei 49 Prozent der Doktoranden in den Geisteswissenschaften der Fall. Entsprechend haben innerhalb von zehn Jahren ‚nur' 27 Prozent der Doktoranden in den Ingenieurwissenschaften die Promotion endgültig abgebrochen, im Vergleich zu 32 Prozent in den Geisteswissenschaften oder sogar 37 Prozent in Mathematik und

---

[177] Für weitere Informationen zu dem Projekt vgl. URL: http://www.phdcompletion.org/ (30.6.08).

[178] Für alle Angaben bis Ende dieses Unterkapitels vgl. Sowell: Ph.D. Completion and Attrition. Für ausführliches Datenmaterial und Auswertungen des *Ph.D. Completion Projects* vgl. die erste zusammenfassende Publikation nach der ersten Projektphase: Council of Graduate Schools: Ph.D. Completion & Attrition.

physical sciences. Auch innerhalb der Fächergruppen weisen einzelne Disziplinen eine große Bandbreite der Abbrecherquoten bzw. Abschlussraten auf: Innerhalb der Fächergruppe Sozialwissenschaften beträgt die Zehn-Jahres-Abschlussrate beispielsweise 65 Prozent in der Psychologie aber nur 44 Prozent in der Politikwissenschaft. In den Ingenieurwissenschaften liegt die Bandbreite zwischen 78 Prozent Abschlussrate im Bauingenieurwesen gegenüber 56 Prozent in der Elektrotechnik. Die Abbrecherquoten sind in den Lebens-, Ingenieur- und Naturwissenschaften höher bei Frauen als bei Männern, in den Geistes- und Sozialwissenschaften umgekehrt.

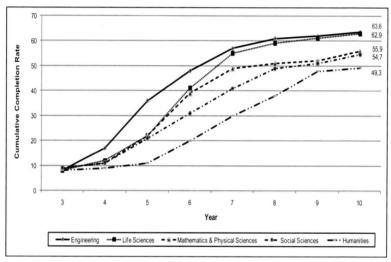

Abb. 4: Promotionsabschlussraten einer Kohorte über 10 Jahre nach Fächergruppen

Quelle: Council of Graduate Schools: Ph.D. Completion and Attrition, Folie Nr. 6.

Ausländische Doktoranden schließen ihre Promotion in allen Fächern zu einem höheren Anteil ab als US-Amerikaner. Die Unterschiede sind zum Teil sehr markant, so etwa in Mathematik und den *physical sciences*, wo nach dem zehnten Promotionsjahr 68 Prozent der ausländischen aber nur 51 Prozent der US-Doktoranden den Doktorgrad erworben haben. Interessant ist auch der Zeitpunkt des Abbruchs, der in den Disziplinen unterschiedlich ausfällt. Sind z. B. die meisten Abbrecher in der Mathematik nach dem vierten Jahr aus dem Programm ausgeschieden (die Abbrecherquote beträgt bereits 31 Prozent nach vier Jahren und mit 37 Prozent nur unwesentlich mehr nach zehn Jahren), erfolgt der Abbruch geisteswissenschaftlicher Doktoranden im Durchschnitt deutlich später während der Promotionszeit (Abbrecherquote 18 Prozent nach vier Jahren und 32 Prozent nach zehn Jahren).

Sowohl das speziell den Themen Abschlussraten und Abbrecherquoten gewidmete *Ph.D. Completion Project* als auch die Tatsache, dass neue Fragen zu diesem Themenkomplex im Fragebogen für die nächste Auflage des Rankings der Doktorandenprogramme vom *National Research Council* aufgenommen wurden, [179] belegen den hohen Stellenwert, der den Reformbereichen Dauer und Abschlussraten auf Promotionsebene in den USA beigemessen wird.

Absolventenverbleib und Funktion des Grades

Als traditionelle Funktion des Doktorgrads in den USA gilt vielerorts die Vorbereitung auf eine Hochschullaufbahn, manchmal auch auf eine Position in der angewandten Forschung. Die Promotion ist tatsächlich nach wie vor zusammen mit weiteren wissenschaftlichen Leistungen (aber keiner weiteren Prüfung) während der Tätigkeit als Postdoc und/oder als *Assistant professor* die Voraussetzung für die beiden höheren Professorpositionen, die des *Associate* und *Full professors*.[180] Zunehmend kann jedoch beobachtet werden, dass Promovierte später in ihrer Karriere minimal eigenständig forschen. Sie sind entweder hauptsächlich in die Lehre für Bachelorstudierende involviert, etwa als Lehrpersonal an den vierjährigen oder zweijährigen *Colleges*, oder sie arbeiten in mit der Wissenschaft nicht direkt zusammenhängenden Berufen: „A significant and growing number of Ph.D. recipients are employed outside academe".[181] Laut Angaben der 2006 Promovierten mit definitiver Beschäftigungsperspektive blieben 54 Prozent von ihnen im Hochschulsektor, 26 Prozent gingen in die Industrie oder wurden selbständig und sechs Prozent nahmen Tätigkeiten in föderalen, bundesstaatlichen oder kommunalen US-Regierungsstellen an. 14 Prozent gaben an, Anstellungen außerhalb dieser drei Hauptbeschäftigungsfelder gefunden zu haben.[182]

Was eine spätere Beschäftigung der Promovierten in der Wissenschaft betrifft, waren nach der Statistik der *National Science Foundation* im Jahr 2006 45 Prozent der Promovierten in Ingenieur- und Naturwissenschaf-

---

[179] Vgl. URL: http://www7.nationalacademies.org/resdoc/Questionnaires.html (30.6.08), Program Questionnaire FINAL Version, Fragen C16-C18.

[180] Vgl. Janson *et al.*: Wege zur Professur, S. 79-80.

[181] Altbach: Doctoral Education, S. 77.

[182] Vgl. Hoffer *et al.*: Doctorate Recipients from United States Universities, S. 42.

ten an Hochschulen (*2- or 4-year Colleges or universities*) tätig.[183] Laut einer Auswertung der „Ph.D.'s-Ten Years Later"-Studie, einer nationalen Befragung über Karrierewege von Promovierten zehn Jahre nach Promotionsabschluss, waren 1996/1997 zwei Drittel der Promovierten der Fächer Englisch, Mathematik und Politikwissenschaften, aber nur rund ein Drittel in Informatik und Elektromechanik zehn Jahre nach der Dissertation in „professoralen oder Fakultäts-Positionen" beschäftigt.[184]

Dies entspricht etwa den Vorstellungen der Studierenden über ihre beruflichen Ziele vor der Promotion. Nach diesen hatten im Jahre 1999 bei einer Umfrage von über 4.000 Doktoranden aus den Disziplinen Kunstgeschichte, Philosophie, Englisch, Geschichte, Soziologie, Psychologie, Ökologie, Molekularbiologie, Chemie, Geologie und Mathematik im Durchschnitt 63 Prozent Interesse an einer späteren wissenschaftlichen Beschäftigung an einer Hochschule und weitere 24 Prozent „vielleicht".[185] Dies variierte jedoch stark nach den einzelnen Fächern, von 89 Prozent Ja-Anteile in der Philosophie bis zu 36 Prozent in der Chemie. Auch veränderten sich die Vorstellungen über die spätere wissenschaftliche Laufbahn während der Promotionszeit. Über ein Drittel der Doktoranden (35 Prozent) berichtete über eine Abnahme dieses Wunsches im Laufe der Promotion. Die Autoren der Studie schreiben diese Veränderung der zunehmend besseren Kenntnis des professoralen Lebens durch die Doktoranden während ihrer Zeit in der *graduate school* zu.

So kann in den USA zusammenfassend eine Diskrepanz zwischen der ursprünglichen und vielerorts beabsichtigten, traditionellen Funktion des Doktorgrads als Vorbereitung auf eine Hochschullaufbahn einerseits und den Vorstellungen und Erwartungen der Doktoranden bzw. der realen Funktion des Grades nach der Ausbildung andererseits festgestellt werden. Zum einen wollen die Promovierenden nicht mehr ausschließlich Professor werden (z. B. nur 32 Prozent der Doktoranden in der Biochemie). Zum anderen sind die realen Positionen, die Promovierte nach dem Abschluss

---

[183] Vgl. National Science Board: Science and Engineering Indicators 2008, S. 5-7 und 5-55.

[184] Vgl. Nerad: The Ph.D. in the U.S., S. 85 und 106. An der Umfrage der von der *Mellon Foundation* und der *National Science Foundation* geförderten Studie haben 1996/1997 knapp 6000 zwischen 1982 und 1985 promovierte Wissenschaftler aus den Fächergruppen Geistes-, Lebens-, Ingenieur- und Sozialwissenschaften sowie den *Physical Sciences* teilgenommen. Dadurch waren ca. 60 Prozent aller 1982 bis 1985 in diesen Disziplinen verliehenen Doktorgrade abgedeckt, mit einer Rücklaufquote von 66 Prozent (US-Staatsbürger) bzw. 52 Prozent (ausländische Promovierte). Vgl. Nerad/Cerny: From Rumors to Facts.

[185] Für alle Angaben dieses Absatzes vgl. Golde/Dore: At Cross Purposes, S. 6, sowie Golde/Dore: The Survey of Doctoral Education, S. 21.

einnehmen, zu einem beträchtlichen Teil keine Positionen mehr in der Wissenschaft (z. B. nur ein Drittel in der Informatik).

Diese Diskrepanz hat zu einiger Kritik des Ausbildungsmodells seitens der Studierenden, Arbeitgeber und zum Teil auch der *graduate deans* selbst geführt, aber nach Einschätzung der Hochschulforscher bisher zu relativ wenigen Veränderungen in der Praxis.[186] Dies könnte sich in Zukunft ändern, denn es gab in jüngster Zeit einige Initiativen, die Veränderungen in der US-amerikanischen Graduiertenausbildung angestoßen haben. Zu den Zielen gehört dabei gerade auch eine Annäherung der Ausbildungsinhalte an die späteren beruflichen Anforderungen an die Promovierten. Neben dem im Abschnitt 2.4 vorgestellten Programm *Integrative Graduate Education Research and Traineeship* (IGERT) der *National Science Foundation* zählt dazu z. B. die Initiative *The Responsive Ph.D.* der *Woodrow Wilson National Fellowship Foundation*. In sechs Jahren von 2000 bis 2006 haben 20 Universitäten, die Doktoranden ausbilden, in 41 Fallstudien innovative Elemente für die Promotionsphase erarbeitet und Grundprinzipien identifiziert, mit denen die Inhalte und Strategien der Promotion besser der späteren Berufsrealität gerecht werden könnten. Dazu gehörten u. a. eine ‚weltoffene' Doktorandenausbildung (*cosmopolitan doctorate*), die mit der außeruniversitären Gesellschaft interagiert und auf ihre Fragestellungen eingeht, oder eine Bewertung der Doktoranden mit angemessenen Folgen, etwa der Honorierung von bestimmten Fortschritten im Rahmen einer leistungsorientierten Vergabe der Stipendien.[187]

Schlüsselqualifikationen: Defizite und Lösungsansätze

Als Kern jeder Promotion muss auf der einen Seite ein neuer, spezialisierter Beitrag zur Wissenschaft entstehen. Auf der anderen Seite sollte ebenfalls die Vorbereitung auf einen späteren Arbeitsmarkt erfolgen, der mit hoher Wahrscheinlichkeit von dieser konkreten Spezialisierung grundverschieden sein und sich zudem weiter verändern wird. Diese auf den ersten Blick kollidierenden Ziele der Doktorandenausbildung erfordern Flexibilität und eine teilweise Umgestaltung der existierenden Programme. Neben der Kernqualifikation Forschung sollte, den Empfehlungen von Hochschulforschern und den Vorstellungen der Promovierten nach, zu *good practice* eines Doktorandenprogramms auch Auslandserfahrung

---

[186] Vgl. Altbach: Doctoral Education, S. 68.

[187] Vgl. Woodrow Wilson Foundation: The Responsive Ph.D. Für weitere Informationen zu der Initiative vgl. URL: http://www.woodrow.org/policy/responsivephd/index.php (30.6.08), für weitere nationale Initiativen vgl. Nyquist: The Ph.D., S. 15 (National Initiatives).

gehören, die intersektorielle Mobilität, die Erwerbung der Fähigkeit zum ‚lebenslangen Lernen' sowie wissenschaftliche Schlüsselqualifikationen, die von den Promovierten später im beruflichen Alltag benötigt werden. Eine solche komplexere Qualifizierung würde eine Vorbereitung auf spätere wissenschaftliche Führungspositionen in professioneller, ethischer, moralischer und gesellschaftspolitischer Hinsicht beinhalten. Zu den Schlüsselqualifikationen zählen dabei zusammenfassend: Teamarbeit, Projektmanagement, Flexibilität und Lernfähigkeit, Fremdsprachenkompetenz, interkulturelle Kommunikation und Auslandserfahrung, Führungskompetenz, wissenschaftliches Schreiben und Präsentieren, sowie Forschungsethik.

Nach der *Ph.D. 's-Ten Years Later*-Studie (1999) empfehlen Doktoranden explizit, das Curriculum breiter und interdisziplinärer anzulegen und um Schlüsselqualifikationen wie Teamarbeit oder Führungskompetenz zu ergänzen.[188] Zwei große weitere Studien haben ähnliche Ergebnisse geliefert: Im *2000 National Doctoral Program Survey* (2001) berichtete nur rund die Hälfte der insgesamt mehr als 32.000 befragten Doktoranden, ihr Programm unterstütze sie aktiv dabei, ein breites Spektrum an Karrieremöglichkeiten kennen zu lernen, bzw. bereite sie gut auch auf eine Karriere außerhalb der Wissenschaft vor.[189] Laut des *Survey of Doctoral Education and Career Preparation* (durchgeführt 1999, publiziert 2001 und 2004) waren zwar 61 Prozent der Doktoranden stark an Teamarbeit und Interdisziplinarität interessiert, nur 27 Prozent berichteten aber, dass sie bei der Promotion auf eine solche Arbeitsart vorbereitet wurden.[190]

Eine der Initiativen, die konkret auf die Kritik der fehlenden Vermittlung von Schlüsselqualifikationen reagiert haben, ist das Programm IGERT der *National Science Foundation*, das im Abschnitt 2.4 vorgestellt wurde. Eine Teilinitiative des Programms betrifft konkret den Kritikpunkt der fehlenden Vermittlung der Fähigkeit zur Teamarbeit. Beim Doktorandenprogramm der Stadtökologie der Universität Washington, Seattle, das Antonia Kupfer als „Fallbeispiel einer gelungenen DoktorandInnenausbildung" beschreibt, müssen alle Promovierenden in Teamarbeit in einem Forschungsprojekt ein gemeinsames Kapitel ihrer Dissertation und einen Aufsatz erstellen sowie eine gemeinsame Lehrveranstaltung vorbereiten.[191]

---

[188] Vgl. Nerad: The Ph.D. in the U.S., S. 83.

[189] Vgl. URL: http://cresmet.asu.edu/nagps/compare.php?category=0&page=3 (30.6.08).

[190] Golde/Dore: The Survey of Doctoral Education, S. 23 und Tab. 2.2, S. 24.

[191] Kupfer: DoktorandInnen in den USA, S. 110, 113-114 und 121.

Des Weiteren kann ein Lösungsansatz zum Kritikpunkt mangelhafte Vermittlung der Forschungsethik (*Responsible Conduct of Research*) während der Ausbildung genannt werden. Entsprechend dem Motto von Debra Stewart, dass „eine moderne Doktorandenausbildung mehr bieten muss als die intensive Beschäftigung mit einer speziellen wissenschaftlichen Frage",[192] nämlich auch die Vermittlung bestimmter wissenschaftlicher Schlüsselqualifikationen wie der Forschungsethik, führt das *Council of Graduate Schools* eine Initiative durch, um gezielt die Ausbildung der Doktoranden in Forschungsethik zu fördern. Zehn Mitgliedshochschulen des *Councils* entwickeln und implementieren mit finanzieller Förderung des *Office of Research Integrity* (ORI) innovative Maßnahmen zur Ethik-Ausbildung in den *behavioral and biomedical sciences*. Acht weitere Hochschulen werden mit Mitteln der *National Science Foundation* (NSF) für den Bereich der Natur- und Ingenieurswissenschaften gefördert. Neben der Einführung von Ethik-Kursen an ausgewählten Hochschulen und der Herausbildung von *best practice*, die andere Hochschulen nutzen können, soll im Laufe des Projekts ein Team von Dekanen der *graduate schools* entstehen, die anderen *deans* speziell als Experten und Ansprechpartner für dieses Thema zur Verfügung stehen.[193]

Die Initiativen IGERT, *The Responsive* Ph.D. und *Responsible Conduct of Research Initiatives* können neben einer Reihe weiterer in dieser Arbeit vorgestellter Förderprogramme[194] als weitere Belege für die Feststellung gelten, dass in den USA Wettbewerbe und Förderprogramme als wichtige Instrumente der Qualitätsentwicklung in der Doktorandenausbildung eingesetzt werden.

Im Zusammenhang mit der Diskussion um die oft verbesserungswürdige Vermittlung von wissenschaftlichen Schlüsselqualifikationen wird auch auf die mangelnde Information über Karrieremöglichkeiten hingewiesen. So belegen alle drei zitierten nationalen Studien,[195] dass sich Doktoranden in den USA schlecht über Karrieremöglichkeiten außerhalb der Hochschulen informiert fühlen. Dies hänge mit dem Problem zusammen, dass das Konzept der Promotion insgesamt zu stark in den Händen von Professoren läge, die selbst nicht wüssten, wie die ‚Welt draußen' aussieht

---

[192] Debra Stewart, Präsidentin des *Council of Graduate Schools*, im Interview mit Martin Spiewak am 22.3.2007. Vgl. Spiewak: Gefragt, S. 90.

[193] Für weitere Informationen über die Initiative und einzelne Fallstudien vgl. URL: http://www.cgsnet.org/Default.aspx?tabid=123 (30.6.08).

[194] Vgl. 3.5, unter „Folgerungen", Fußnote 389.

[195] Vgl. Fußnote 94.

(die Kontakte dorthin nicht hätten, den Bewerbungsprozess außerhalb der Universität nicht kennen würden etc.) und entsprechend über diese nicht beraten könnten.[196] Maresi Nerad argumentiert darüber hinaus, dass die Ursache der fehlenden Beratung zudem in der Befürchtung liegen könnte, dass die Doktoranden auf eine solche Beratung hin tatsächlich vermehrt Berufe außerhalb der Universität aufnehmen könnten. Dies werde dann als Misserfolg der Professoren bewertet, die es nicht geschafft hätten, ‚ihre' Doktoranden für eine wissenschaftliche Laufbahn zu gewinnen.[197]

Abhilfe bei diesem Problem könnte ein verstärkter Dialog mit der Wirtschaft und anderen potenziellen späteren Arbeitgebern der Promovierten schaffen, u. a. durch Intensivierung der intersektoriellen Mobilität der Hochschullehrer und der Doktoranden. Hierfür bieten sich z. B. Praktika, externe Doktorarbeiten oder Vorträge der Firmenmanager in den Hochschulen an. Anhand einer Reihe von Studien plädieren auch Steven Campbell et al. für die Etablierung einer besseren Verbindung zwischen Institutionen, die Doktoranden ausbilden, und denjenigen, die diese später einstellen. Darüber hinaus sollte der Fokus der Promotion von einer rein auf die Dissertation zugeschnittenen Forschung hin zu einer breiteren Konzeption mit Blick auf spätere berufliche Möglichkeiten verschoben werden.[198]

Wichtig ist dabei allerdings die Wahrung der Unabhängigkeit der Hochschulen, v. a. in inhaltlicher und finanzieller Hinsicht. Beobachter der US-amerikanischen Hochschulszene warnen vor dem sich zuspitzenden Problem der ‚Auftragsforschung für die Wirtschaft': Insbesondere in den Ingenieur- und Naturwissenschaften würde der Druck bei Versuchen der Einflussnahme auf Inhalte oder Ausrichtung der Forschung durch die Wirtschaft steigen, um anwendungsrelevante Patente und Innovationen zu erzielen.[199] Die Situation verschärfe sich durch die Abnahme der staatlichen Förderung und dadurch steigende Abhängigkeit der Hochschulen von den Fördermitteln der Wirtschaft sowie deren Kopplung an bestimmte Forschungsergebnisse. So seien die Hochschulen zunehmend von den sich verändernden Arbeitsmarkttrends abhängig und in ihrer Planungssicherheit hinsichtlich Dauer, Gebiete und Umfang der Unterstützung eingeschränkt. Diese Situation hängt mit der geschichtlichen Entwicklung der Doktorandenausbildung in den USA zusammen: „The expansion of spon-

---

[196] Vgl. Altbach: Doctoral Education, S. 76, sowie Nerad: The Ph.D. in the U.S., S. 85.

[197] Vgl. Nerad: The Ph.D. in the U.S., S. 85.

[198] Vgl. Campbell et al.: Looking beyond research, S. 153.

[199] Vgl. Altbach: Doctoral Education, S. 75.

sored research in the universities was coupled with the expansion of doctoral training"[200] und scheint diese heute unmittelbar zu gefährden: „[It] is not clear how either basic research or the provision of funds for doctoral students will survive".[201]

Die Postdoc-Phase

In manchen Fächern, v. a. in den Naturwissenschaften, gilt die Postdoc-Phase über die USA hinaus als die Karrierestufe nach der Promotion bzw. hat sich zu einer faktischen Erweiterung dieser entwickelt. Dies gibt Anlass zu der Annahme, dass während der Promotion doch noch nicht alle nötigen Kompetenzen (oder das Alter) für höhere wissenschaftliche Ränge bzw. sonstige Positionen erworben werden. Es entsteht so der Eindruck einer Verlagerung aller Stufen der Ausbildung um eine nach unten, indem – überspitzt formuliert – die Postdoc-Phase die eigentliche Funktion der Promotion übernimmt, die Promotion die des Studiums und der (US-amerikanische) Bachelor die Allgemeinbildung der deutschen gymnasialen Oberstufe.

Andere Gründe für die Expansion der Postdoc-Phase könnten der Mangel von ausreichenden bzw. passenden Stellen für Promovierte auf dem Arbeitsmarkt sein, die finanziell bedingte Angewiesenheit der Hochschulen auf Postdocs als günstige Arbeitskräfte und schließlich visumsrelevante Vorteile, da sich in den USA „[d]as Studenten-Visum […] um zwei Jahre [verlängert], sofern diese für ein weiteres Studium/Training nach dem Doktorgrad genutzt werden".[202] Dies ist nicht unrelevant, da ausländische Postdoktoranden über 50 Prozent aller Postdocs in den USA ausmachen.[203]

Laut Definition der amerikanischen *National Postdoctoral Association* wird eine Postdoc-Phase „for the purpose of acquiring the professional skills needed to pursue a career path of his or her choosing" absolviert.[204] Ihre Expansion in den USA und darüber hinaus wird mit Sorgen verfolgt. So kritisiert Philip Altbach, dass die Postdoc-Phase den Karrierestart verzögere und eine zusätzliche Stufe der Unsicherheit in die Laufbahn

---

[200] Vgl. Gumport: Graduate Education and Research, S. 407.

[201] Vgl. Altbach: Doctoral Education, S. 75-76.

[202] Janson *et al.*: Wege zur Professur, S. 78.

[203] Vgl. Davis: Doctors Without Orders, S. 3.

[204] URL: http://www.nationalPostdoc.org/site/c.eoJMIWOBIrH/b.1509181/k.3AC2/Postdoctoral_Scholars_Factsheet.htm (30.6.08).

bringe.[205] Maresi Nerad ergänzt, dass die Zeit zwischen dem Promotionsabschluss und der Einstellung im Schnitt vier Jahre dauere und zwei bis drei ‚Postdocs' eher die Normalität als die Ausnahme seien.[206] Dies sei insbesondere für Frauen ein Problem, da sich die Postdoc-Phase oftmals zeitlich mit der Familienplanung quere; „so while the family might grow, women´s careers stagnate"[207] – was auch umgekehrt gelten dürfte.

Ein großes Problem der Postdoktoranden ist ihre relative Statuslosigkeit sowie, dass es meist weder innerhalb noch außerhalb der Hochschulen für sie Zuständige oder Ansprechpartner gibt. So sind auch die Wissenschaftsorganisationen – mit Ausnahme der selbstgegründeten *National Postdoctoral Association* – für die Postdocs nicht zuständig. Diese fallen somit aus dem Raster, haben keine Anlaufstellen und z. B. zum Teil keine Krankenversicherung, was gerade in den USA ein hohes Risiko darstellt.

Zusammenfassend kann festgestellt werden, dass sich die Postdoc-Phase so einerseits – vor allem in den Naturwissenschaften – zu einem ‚verlängertem Arm' der Promotion entwickelt und mittlerweile meistens eine Voraussetzung für weitere Karrierestufen der wissenschaftlichen Laufbahn ist. Andererseits fehlen alle für die Promotionsphase etablierten Strukturen wie zentrale Anlaufstellen, eine multiple Betreuung oder strukturierte Programme. Das Fehlen dieser Strukturen bei der Postdoc-Phase wird in den USA zunehmend kritisiert, was an die aktuelle deutsche Diskussion über die Doktorandenausbildung erinnert und den Eindruck einer zeitlich versetzten Folge der Reformbemühungen in beiden Ländern hervorruft.

---

[205] Vgl. Altbach: Doctoral Education, S. 69, sowie Abschnitt 2.3.

[206] Vgl. Nerad: Cyclical Problems of Graduate Education, S. 86.

[207] Vgl. ebd.

3. Doktorandenausbildung in Deutschland

Die Reform der Doktorandenausbildung steht in Deutschland spätestens seit der Einrichtung der ersten Graduiertenkollegs in den 1990er Jahren auf der hochschulpolitischen Agenda. Diese ist zurzeit geprägt von auch für die Promotionsphase relevanten Veränderungen wie dem Bologna-Prozess, der Exzellenzinitiative, dem Pakt für Forschung und Innovation und indirekt der Etablierung der Juniorprofessur und der Internationalisierungsstrategie der Bundesregierung.

Im Rahmen des Bologna-Prozesses soll die Promotionsphase als ein dritter Zyklus in die Reform einbezogen werden und strukturierte Doktorandenprogramme mit transparenten Betreuungs- und Beurteilungsstandards entstehen, die neben der Kernqualifikation Forschung weitere Schlüsselqualifikationen vermitteln und auf einen „weiter gefassten" Arbeitsmarkt vorbereiten.[208] So werden auch in Deutschland vermehrt strukturierte Promotionsprogramme eingerichtet und deren Ausgestaltung und Ausweitungsmöglichkeiten diskutiert.

Einer der Motoren dieser Bewegung ist die Exzellenzinitiative des Bundes und der Länder zur Förderung von Wissenschaft und Forschung an deutschen Hochschulen. Sie umfasst die drei Säulen Graduiertenschulen, Exzellenzcluster und Zukunftskonzepte zum Ausbau universitärer Spitzenforschung. Im Rahmen der ersten Säule wurden in zwei Förderrunden insgesamt 39 Graduiertenschulen prämiert, die bis 2011 jeweils eine Förderung von durchschnittlich einer Million Euro pro Jahr erhalten werden.[209]

Der von Bund und Ländern beschlossene Pakt für Forschung und Innovation garantiert den großen Forschungs- und Wissenschaftsorganisationen im Zeitraum von 2006 bis 2010 jährlich einen Mittelzuwachs von mindestens drei Prozent, mit dem u. a. zusätzliche Promotionsstellen geschaffen werden können.[210]

---

[208] Vgl. Bergen-Kommuniqué, S. 4.

[209] Für eine Auflistung aller prämierten Graduiertenschulen sowie für weitere Informationen zur Exzellenzinitiative vgl. URL: http://www.bmbf.de/de/1321.php (30.6.08).

[210] Die zu fördernden Organisationen sind: die Helmholtz-Gemeinschaft, die Max-Planck-Gesellschaft (MPG), die Fraunhofer-Gesellschaft (FhG), die Leibniz-Gemeinschaft (Wissenschaftsgemeinschaft Gottfried Wilhelm Leibniz e.V., WGL) sowie die Deutsche Forschungsgemeinschaft (DFG). Vgl. URL: http://www.bmbf.de/de/3215.php (30.6.08).

Durch den teilweisen Wegfall und Bedeutungsverlust der Habilitation im Zuge der Einführung der Juniorprofessur gewinnt die Promotion im Umkehrschluss an Bedeutung. Sie wird zunehmend zur zentralen Eingangsstufe und Voraussetzung der eigenverantwortlichen Tätigkeit als Wissenschaftler, in der Regel als Juniorprofessor oder Juniorprofessorin. Eine zweite Prüfung auf dem Weg zum Beruf des Professors ist – wie in den USA üblich – dann auch in Deutschland nicht mehr vorgesehen. In diesem Sinne sowie mit Blick auf die Einsatzfelder vieler Promovierter außerhalb der Forschung sind die im Laufe der Promotion erworbenen Kenntnisse und Kompetenzen besonders wichtig.

Die 2008 vom Bundeskabinett beschlossene Internationalisierungsstrategie der Bundesregierung verfolgt u. a. die Ziele, den Forschungsstandort Deutschland auch für ausländische Doktoranden attraktiver zu machen und der Abwanderung der hochqualifizierten deutschen Doktoranden ins Ausland entgegenzuwirken.[211]

Eckdaten

Die Doktorandenausbildung in Deutschland obliegt offiziell den Hochschulen mit Promotionsrecht, das heißt Universitäten und ihnen gleichgestellten Hochschulen. Im Juni 2008 hatten in der Bundesrepublik mit ihren rund 82 Millionen Einwohnern 132 Hochschulen das Promotionsrecht.[212] Insgesamt wurden für das Sommersemester 2008 350 Hochschulen aufgelistet, davon sind 109 Universitäten, 186 Fachhochschulen und 55 Kunst- und Musikhochschulen.[213] Nach ihrer Trägerschaft teilen sich die Hochschulen in staatliche (233) und staatlich anerkannte Institutionen (106) auf. Die zweite Gruppe umfasst dabei private (64) und kirchliche (42) Einrichtungen.[214] Die Mehrheit der Hochschulen (258) ist in der Mitgliederorganisation Hochschulrektorenkonferenz (HRK) zusammengeschlossen. In den HRK-Mitgliedshochschulen sind etwa 98 Prozent aller Studierenden in Deutschland immatrikuliert.[215]

---

[211] Vgl. Bundesministerium für Bildung und Forschung: Deutschlands Rolle, S. 12.

[212] Hochschulrektorenkonferenz, Referat B1: Liste der Hochschulen mit Promotionsrecht (Stand: Juni 2008). Für die Angaben zur Bevölkerung Deutschlands vgl. URL: http://www.destatis.de/jetspeed/portal/cms/Sites/destatis/Internet/DE/Navigation/Statistiken/Bevoelkerung/Bevoelkerungsstand/Bevoelkerungsstand.psml;jsessionid=D11DA10A6A73EA3CE90F7FF2D285DF8D.internet (30.6.08).

[213] Hochschulrektorenkonferenz: Hochschulkompass, Sommersemester 2008.

[214] Ebd.

[215] URL: http://www.hrk.de/de/hrk_auf_einen_blick/hrk_auf_einen_blick.php (30.6.08).

Im Prüfungsjahr 2006 wurden in Deutschland insgesamt 24.287 Doktorgrade vergeben (9 % aller vergebenen Hochschulabschlüsse), 16.727 ohne Medizin und Gesundheitswissenschaften.[216] Von den 132 Hochschulen mit Promotionsrecht sind bei der Verleihung der Doktorgrade nicht alle gleich aktiv. Über die Hälfte aller Doktorgrade (inklusive Medizin) wurden 2006 von nur 20 Hochschulen verliehen. Dies entspricht etwa 15 Prozent aller promotionsberechtigten Hochschulen. Die meisten Doktorgrade (1.041; 4,3 % aller verliehenen Doktorgrade) wurden dabei von der Universität München verliehen, gefolgt von der Universität Heidelberg (978; 4 %) und der Universität Hamburg (913; 3,8 %). Das Bundesland mit den meisten verliehenen Doktorgraden war Nordrhein-Westfalen (4.919; 20 %). Nach Fächergruppen wird – abgesehen von der Medizin und den Gesundheitswissenschaften – mit Abstand am meisten in der Mathematik und den Naturwissenschaften promoviert (6.658 Doktorgrade; 27 % aller Promotionen bzw. 40 % der Promotionen ohne Medizin), die nächste Gruppe sind Rechts-, Wirtschafts- und Sozialwissenschaften (3.785 Doktorgrade, 16 % aller Promotionen bzw. 23 % ohne Medizin).

Die Zahl der gegenwärtig Promovierenden in Deutschland kann auf ca. 100.000 geschätzt werden: Von insgesamt fast zwei Millionen Studierenden strebten im Wintersemester 2006/2007 3,9 Prozent eine Promotion an,[217] was etwa 76.000 Doktoranden entspräche. Andere Quellen sprechen von einem „hohen fünfstelligen Bereich",[218] von 50.000-100.000[219] sowie von „around 100.000 students [...] at doctoral level".[220] Über die genaue Zahl der Doktoranden gibt die amtliche Statistik keine Auskunft – ein oft bemängeltes Problem der fehlenden Transparenz in der Doktorandenausbildung in Deutschland.[221] Dies hängt mit dem uneinheitlichen Status der

---

[216] Von insgesamt 265.704 im Jahr 2006 verliehenen Hochschulabschlüssen waren 15.050 Bachelor- und 11.268 Masterabschlüsse sowie 215.099 Diplom-, Staatsexamens- und Magisterabschlüsse. Alle Angaben dieses Absatzes: Eigene Berechnungen nach: Statistisches Bundesamt: Fachserie 11 / Reihe 4.2., S. 19-20 und 140-141.

[217] Wissenschaftsrat: Basisdaten Hochschulen, S. 1.

[218] Wissenschaftsrat: Empfehlungen zur DoktorandInnenausbildung, S. 7.

[219] Moes/Tiefel: Promovieren mit Perspektive, S. 13.

[220] Bundesministerium für Bildung und Forschung und Partner: German National Report, S. 7. Für Vergleichszahlen zu den USA vgl. Beginn des Abschnitts 2 dieser Arbeit.

[221] Vgl. Moes/Tiefel: Promovieren mit Perspektive, S. 12, Janson et al.: Wege zur Professur, S. 61, sowie: „An den deutschen Hochschulen fehlt es uns an Promotionsstatistiken. Wir sagen zwar alle, dass das viel zu lange dauert, aber keiner kann sagen, wenn jemand angefangen hat, wann jemand aufgehört hat, und wie viele an der einzelnen Hochschule promovieren". Kommentar von Gerd Köhler in Gasch: Podiumsdiskussion: Die Promotion als Schnittstelle, S. 259.

Doktoranden und mit ihrer fehlenden Einschreibungspflicht direkt zu Beginn der Promotion zusammen.

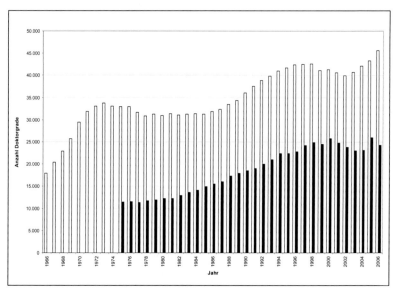

Abb. 5: Anzahl der in den USA (seit 1966) und Deutschland (seit 1975) pro Jahr verliehenen Doktorgrade

Quellen: Eigene Darstellung nach Hoffer *et al.*: Doctorate Recipients from United States Universities, S. 57 und Statistisches Bundesamt: Lange Reihen, Bildung, Bestandene Prüfungen insgesamt (online), URL: http://www.destatis.de/jetspeed/portal/cms/Sites/destatis/Internet/DE/Content/Statistiken/Zeitreihen/LangeReihen/Bildung/Content100/lrbil11a,templateId=renderPrint.psml (30.6.08). Daten für Deutschland stehen ab 1975 zur Verfügung.[222]

Auch weitere wichtige Informationen, etwa über die Promotionsdauer, die Abbrecherquoten, den Status der Doktoranden, ihre Finanzierung oder anschließende Beschäftigung werden in Deutschland bisher nicht systematisch erhoben. Aufgrund des generellen Mangels an Studien, Statistiken und sonstigen detaillierten datenbasierten Materialien über die Promotionsphase in Deutschland können Aussagen über die Doktorandenausbildung nicht so gut wie diejenigen über die Situation in den USA mit statistischen Daten belegt werden. Gerade anhand des Vergleichs mit den

---

[222] Nach der Verabschiedung des Hochschulstatistikgesetzes 1971 konnten Erhebungen für die Prüfungs-Individualstatistik „[wegen] umfangreicher Umstellungsarbeiten, die zum Teil durch die Verknüpfung der statistischen Erhebungen mit Verwaltungsabläufen und durch die Einführung der maschinellen Datenverarbeitung an vielen Hochschulen bedingt waren, [...] erst ab 1975 beginnen". Statistisches Bundesamt: Prüfungen an Hochschulen (1977), S. 4.

empirisch sehr gut erforschten USA werden eine umfangreichere Datenerhebung mit dem Ziel einer besseren statistischen Datenbasis im Bereich
der Promotion, auch durch eine Einschreibung aller Doktoranden direkt
bei Promotionsbeginn, dringend empfohlen. Als erste wichtige Schritte
können dabei die erstmalige Erstellung des Bundesberichtes zur Förderung des Wissenschaftlichen Nachwuchses (BuWiN) 2008 erwähnt werden, sowie die Einrichtung der Internetplattform „Kommunikations- und
Informationssystem „Wissenschaftlicher Nachwuchs‟‟ im selben Jahr.[223]

3.1 Gesetzlicher und institutioneller Rahmen, existierende Modelle

Gesetze, Regelungen

Den wichtigsten gesetzlichen Rahmen der Doktorandenausbildung bilden
die Hochschulgesetze der einzelnen Bundesländer. Das seit 1976 existierende Hochschulrahmengesetz (HRG) enthielt zum Thema Promotion nur
eine kurze Zeit bundesweite Regelungen, darüber hinaus ist sein Außerkrafttreten zum 1. Oktober 2008 vorgesehen.[224] Die Ländergesetze regeln
unterschiedliche Aspekte der Promotionsphase, u. a. Fragen des Promotionsrechts der Hochschulen des jeweiligen Bundeslandes, Promotionsvoraussetzungen, Ziele der Promotion oder Vergabe der Doktorgrade.[225] Auf
der Grundlage der Landeshochschulgesetze beschließen die promotionsberechtigten Hochschulen bzw. deren Fakultäten oder Fachbereiche kon-

---

[223] Vgl. Bundesministerium für Bildung und Forschung: Bundesbericht, sowie URL: http://
www.kisswin.de/ (30.6.08). Für Informationen zu einigen datenbasierten Darstellungen über
die Doktorandenausbildung in Deutschland sowie ausführlicher zu Empfehlungen einer besseren statistischen Datenbasis im Bereich der Promotion und der Einschreibungspflicht der
Doktoranden vgl. 3.4, unter „Fehlende Einschreibungspflicht, wenige empirische Studien"
sowie „Folgerungen".

[224] Am 9. Mai 2007 hat die Bundesregierung den „Entwurf eines Gesetzes zur Aufhebung
des Hochschulrahmengesetzes" zustimmend beschlossen. Der Entwurf wurde am 20.9.2007
im Bundestag als Drucksache 16/6122 beraten und kann unter URL: http://dip.bundestag.de/
btd/16/061/1606122.pdf (30.6.08) abgerufen werden.

[225] Für eine aktuelle Synopse der Landeshochschulgesetzpassagen zur Regelung der Promotion vgl. Hochschulrektorenkonferenz, Referat B1: Auszüge aus den Hochschulgesetzen
der Länder der Bundesrepublik Deutschland zur Regelung der Promotion (Stand: Juni 2008).
Für eine Synopse der landeshochschulgesetzlichen Regelungen zur Nachwuchsförderung
(auch für den Bereich Promotion) vgl. Bundesministerium für Bildung und Forschung: Bundesbericht, S. 148-158. Die Synopse basiert auf der kommentierten Zusammenstellung der
landesgesetzlichen Regelungen zur Promotion, vgl. Moes: Promotionsreform in der Landesgesetzgebung.

krete Promotionsordnungen.[226] Des Weiteren wird in Bezug auf die Promotion auf das höherrangige Recht des Grundgesetzes verwiesen, konkret auf den Artikel 5 Absatz 3 und Artikel 12 Absatz 1. Dabei ermöglichen die Grundrechte der Freiheit von Kunst, Wissenschaft, Forschung und Lehre sowie der freien Wahl des Berufes und der Ausbildungsstätte auch das Recht der Universitäten (bzw. Fakultäten oder Fachbereiche) zur eigenverantwortlichen Durchführung der einzelnen Promotionen und das Recht zur Ordnung des Promotionswesens in ihrem Bereich.[227]

Institutioneller Rahmen: Universitäten, Fakultäten und Fachbereiche

Das Promotionsrecht haben in Deutschland Universitäten und ihnen gleichgestellte Hochschulen.[228] Diese gehören – im Gegensatz zu den USA – im Wesentlichen (noch) derselben wissenschaftlichen Qualitätsebene, was Janson *et al.* anhand der Forschungsmitteleinwerbung belegen.[229] Diese relative Gleichmäßigkeit der deutschen Hochschullandschaft im Vergleich zu den USA scheint sich einerseits mittelfristig durch die Annäherung der Universitäten und Fachhochschulen im Rahmen des Bologna-Prozesses zu verfestigen. So können beide Hochschultypen sowohl Bachelor- als auch forschungs- und anwendungsorientierte Masterstudiengänge anbieten und strukturell gesehen unterscheiden nur noch das Promotionsrecht, das etwa halb so hohe Lehrdeputat der Professoren sowie deren maximal erreichbare Besoldungsgruppe (H4, C4 oder W3) und die primär unterschiedliche laufbahnrechtliche Zuordnung der Masterabsolventen die Universitäten von den Fachhochschulen. Andererseits werden jedoch die aktuell zunehmende Profilierung der einzelnen Hochschulen sowie die Fusionen und Gründung strategischer Allianzen eine stärkere Differenzierung der Hochschulen in Deutschland hervorbringen. Insbesondere zeichnet sich dies als

---

[226] Die Hochschulrektorenkonferenz führt eine Datenbank von Promotionsordnungen der Fakultäten und Fachbereiche mit derzeit über 800 Promotionsordnungen, vgl. Hochschulrektorenkonferenz, Referat B1: Regelungen bezüglich der Zulassung zur Promotion von Bachelorabsolventen – Auszüge aus den Promotionsordnungen (Stand: Juni 2008, ohne Anspruch auf Vollständigkeit).

[227] Vgl. Hochschulrektorenkonferenz: Ungewöhnliche Wege zur Promotion?, S. 11. Das Grundgesetz für die Bundesrepublik Deutschland vom 23.5.1949, zuletzt geändert durch Gesetz vom 28.8.2006, m.W.v. 1.9.2006, kann online unter URL http://dejure.org/gesetze/GG (30.6.08) abgerufen werden.

[228] Für die Thematik der Zusammenarbeit mit außeruniversitären Forschungseinrichtungen sowie die Diskussion um eine eventuelle Erweiterung des Promotionsrechts auf weitere Einrichtungen als Universitäten vgl. Abschnitt „Existierende Modelle".

[229] Vgl. Janson *et al.*: Wege zur Professur, S. 41.

Folge der Exzellenzinitiative des Bundes und der Länder ab, an der sich nur Universitäten beteiligen durften.[230]

Die wachsende Hochschulautonomie und die gleichzeitigen Bemühungen um intensivere Kooperation im Rahmen des Bologna-Prozesses haben auch Auswirkungen auf die Doktorandenausbildung, deren institutionellen Rahmen die promotionsberechtigten Hochschulen bzw. deren Fakultäten und Fachbereiche bilden.

Die wachsende Autonomie der Hochschulen und steigende Dezentralisierung des Hochschulsystems erinnern an die Situation in den USA. Viele frühere Unterschiede des deutschen und amerikanischen Hochschulsystems sind mittlerweile kaum noch vorhanden. So wurde etwa das frühere Fehlen der *undergraduate* Ausbildung in Deutschland durch die Einführung der Bachelorstudiengänge im Rahmen des Bologna-Prozesses aufgehoben oder das Vorhandensein einer zusätzlichen Qualifikationsstufe nach der Promotion zum Teil durch die Einführung der Juniorprofessur und den einhergehenden Bedeutungsverlust der Habilitation nivelliert. Auch wurden bestimmte Unterschiede in der Doktorandenausbildung (in Deutschland etwa die ausschließliche Betreuung durch die Person, die den Doktoranden zur Promotion aufgenommen hat oder fehlende Kursanforderungen) durch die Einführung von strukturierten Promotionsangeboten zumindest für einen Teil der Promovierenden behoben.[231] Der institutionelle Rahmen der Promotion bleibt hingegen in den beiden Ländern nach wie vor diametral unterschiedlich: Während in den USA die *graduate school* verschiedene Aufgaben in der Doktorandenausbildung koordiniert und selbst wahrnimmt,[232] fehlt eine solche institutionelle Dachstruktur nach wie vor an den meisten Hochschulen in Deutschland.[233] Somit gibt es in Deutschland – im Vergleich zu den USA – an den meisten Hochschu-

---

[230] Auf den Internetseiten der DFG zur Exzellenzinitiative heißt es: „Universitäten konnten in zwei Ausschreibungsrunden Förderanträge einreichen. Die Beteiligung außeruniversitärer Einrichtungen war erwünscht". Über Fachhochschulen werden keine Aussagen gemacht. URL: http://www.dfg.de/forschungsfoerderung/koordinierte_programme/exzellenzinitiative/allgemeine_informationen.html (30.6.08).

[231] Für eine Liste der früheren Unterschiede der beiden Systeme vgl. Nerad: Preparing for the next Generation, S. 10.

[232] Vgl. 2.1 und 2.5.

[233] So bleibt als einziger an den meisten Hochschulen nicht veränderter Unterschied aus der Liste von Maresi Nerad von 1994 (vgl. Fußnote 231) das Fehlen der *graduate school*: „[…] there is no designated administrative unit or person responsible for doctoral education [in the German system]. There is no graduate school or graduate dean. It is only the individual faculty vis-a-vis his or her doctoral student". Nerad: Preparing for the next Generation, S. 10.

len keine zentrale Einrichtung, die für das Verfolgen des Promotionsfortschritts der Doktoranden in Ergänzung zum Betreuer verantwortlich wäre, sich um die Sicherung des Qualitätsmanagements speziell der Promotionsphase kümmern würde, Informationen an Fachbereiche, Studierende und Promotionsinteressierte (etwa durch Rundschreiben und Handbücher) zu diesem Thema verteilen würde oder statistische Daten und weitere Informationen zur Promotion an der jeweiligen Hochschule erfassen und veröffentlichen würde.

Ebenfalls fehlt noch an den meisten Hochschulen die in den USA übliche Verknüpfung der Doktorandenausbildung mit der Forschungsplanung der Hochschule, die sich dort oft in der personengleichen Besetzung des Vizepräsidenten für Forschung und des Dekans der *graduate school* spiegelt und die Doktorandenausbildung zu einem institutionellen Bestandteil der Forschungsstrategie der Hochschule macht.

Zusätzlich erschwert die ‚doppelte Zugehörigkeit' des Themas Promotion sowohl zur Forschung als auch zur Lehre die Promotionsreformen in den Hochschulen und die politische Handlung, indem die Promotion oft „zwischen die Stühle politischer Zuständigkeiten" etwa der Prorektoren für Lehre bzw. Forschung fällt.[234]

Existierende Modelle

Das Spektrum der möglichen Qualifizierungsstrukturen bis zum Doktorgrad reicht in Deutschland von dem Extrem einer Individualpromotion ‚in Einsamkeit und Freiheit' mit genau zwei Kontakten des Doktoranden zur Universität bzw. zum Betreuer (bei der Annahme zur Promotion und bei der Verteidigung der Dissertation) zum anderen Extrem eines durchstrukturierten vorwiegend curricularen Promotionsstudiengangs.[235] Die meisten Ausbildungsstrukturen bewegen sich zwischen diesen beiden Polen und können in zwei Grundkategorien aufgeteilt werden.

---

[234] Vgl. Kommentar von Jürgen Enders in Gasch: Podiumsdiskussion: Die Promotion als Schnittstelle, S. 249.

[235] Dabei gibt es auch Überlegungen, die Messung von *Workload* und die Vergabe von Kreditpunkten nach dem *European Credit Transfer and Accumulation System* (ECTS) auch auf die Promotionsebene zu übertragen. Dies ist z. B. von der Zentralen Evaluations- und Akkreditierungsagentur (ZEvA) vorgesehen: „Im Rahmen der fachwissenschaftlichen Ausbildung, für die ein Workload von 30 Leistungspunkten [...] (ECTS) angesetzt wird, könnte z. B. ein Forschungsseminar angeboten werden, in dem die Doktoranden ihren Kommilitonen und den am Programm beteiligten Professoren die (Teil-)Ergebnisse präsentieren" sowie „Die Niederschrift der Dissertation, für die [...] 90 CP bzw. 18 Monate angesetzt werden". Arnold: Akkreditierung der Doktorandenprogramme?, S. 9.

Die erste Kategorie bildet die traditionelle Form der Promotion ‚bei' einem Doktorvater oder einer Doktormutter. Als zweite Kategorie etablieren sich zunehmend Modelle einer stärker strukturierten Promotion. Zu diesen gehören Graduiertenkollegs der DFG, Helmholtz-Kollegs, *Research* bzw. *Graduate Schools* oder *Center* der Leibniz-Gemeinschaft (WGL), *International Max Planck Research Schools* (IMPRS) sowie Internationale Promotionsprogramme (IPP) im Rahmen des von DFG und DAAD durchgeführten Förderprogramms „Promotion an Hochschulen in Deutschland" (PHD), das ab 2008 durch das PhD-Net-Programm des DAAD fortgesetzt und mit einer Neuausrichtung verbunden wird. Darüber hinaus gehören zu dieser Kategorie in einigen Bundesländern (z. B. in Bayern, Niedersachsen und Nordrhein-Westfalen) sowie im Rahmen der Exzellenzinitiative neu entstandene Graduiertenschulen, Einzelprojekte wie die von der Volkswagen-Stiftung geförderte *Graduate School of Social Sciences* an der Universität Bremen und einzelne Promotionsstudiengänge einiger Universitäten.

Diese verschiedenen strukturierten Promotionsangebote bieten den Hochschulen die Möglichkeit, Forschung, die zum Teil im Zuge der „politischen, finanziellen und strukturellen Krisen des universitären Wissenschaftssystems der Vergangenheit"[236] an außeruniversitäre Forschungseinrichtungen ausgelagert wurde, durch die Bildung strategischer Allianzen mit diesen Einrichtungen – etwa bei der Doktorandenausbildung – wieder zurückzuholen und gegenseitige Synergien in Forschung, Lehre und Ausbildung zu erzielen. Als Beispiele für solche ‚strategischen Allianzen' können neben den *International Max Planck Research Schools* (IMPRS) z. B. die Promotionskooperation des Forschungszentrums Jülich mit der RWTH Aachen im Rahmen der *Jülich-Aachen Research Alliance* (JARA) oder des Deutschen Krebsforschungszentrums und der Universität Heidelberg angeführt werden, sowie die gemeinsame Heidelberger Graduiertenschule *Fundamental Physics* der Universität und der Max-Planck-Institute für Astronomie und Kernphysik oder das Zusammengehen der Universität Karlsruhe mit dem Forschungszentrum Karlsruhe im Karlsruher Institut für Technologie (KIT), in dem eine „umfassende Förderung des wissen-

---

[236] Vgl. Hochschulrektorenkonferenz: Zur Situation und Perspektiven der Universitäten in Berlin, S. 1. Als Resultat dieser Krisen werden in dieser HRK-Pressemitteilung vom Juli 2007 die außeruniversitären Forschungseinrichtungen bezeichnet. Forschung dürfe nicht noch weiter aus den bestehenden Universitäten ausgegliedert, sondern die außeruniversitären Forschungseinrichtungen sollten gezielt näher und sichtbarer an die Universitäten herangeführt werden. Siehe auch weitere Ausführungen in diesem Unterkapitel sowie die Fußnote 238.

schaftlichen Nachwuchses [...] von zentraler Bedeutung und das Ziel" ist.[237]

In diesem Kontext wird in Deutschland regelmäßig die Frage des Promotionsrechts und seiner möglichen Erweiterung auf außeruniversitäre Forschungsinstitute bzw. besonders forschungsstarke Fachhochschulen diskutiert. So wurde z. B. Ende 2007/Anfang 2008 kontrovers der Plan diskutiert, ein (mittlerweile zunächst für fünf Jahre eingerichtetes) „*Max-Planck-Graduate-Center*" an der Johannes Gutenberg-Universität Mainz" zu gründen, eine aus der Universität ausgegliederte Graduiertenschule als GmbH, die über das Promotionsrecht verfügt und bei der die Max-Planck-Gesellschaft und die Universität Mainz Gesellschafter sind. Der Plan wurde von Kritikern als Präzedenzfall bezeichnet, im Zuge dessen die Universitäten das bisher exklusive Promotionsrecht schrittweise verlieren könnten und die Forschung aus den Universitäten weiter ausgelagert würde. Eine Abkoppelung der Forschung (und der besten Forscher) von der Lehre (und der Studierenden) bärge die Gefahr der künftigen Transformation der Universitäten zu reinen Lehreinrichtungen. Die Diskussion verschärfte sich im Januar 2008 durch den Vorschlag einer Gruppe namhafter deutschen Naturwissenschaftler, eine Neuorientierung der Grundlagenforschung in Deutschland durch eine stärkere Eingliederung der Max-Planck-Institute in die Universitäten zu realisieren. Ein weiterer Faktor ist die Konkurrenz der Forschungsgelder und damit des forschungspolitischen Einflusses in Deutschland: Die Universitäten werden mehrheitlich aus Landeshaushalten finanziert, die Max-Planck-, Frauenhofer- und Helmholtz-Institute vom Bund. So bieten Kooperationen neben wissenschaftlichen Aspekten auch in finanzieller Hinsicht Vorteile durch Zugriff auf weitere Geldquellen. Als vorläufiges Ergebnis der Debatte kann neben der Einrichtung des *Centers* das „*Memorandum of Understanding*" zwischen der HRK und der MPG festgehalten werden, das das Ziel einer deutlichen Vereinfachung der Regelungen für gemeinsame Promotionseinrichtungen sowie einer stärkeren Einbindung der Nachwuchswissenschaftler der MPG in die universitäre Lehre – bei Wahrung des exklusiven Promotionsrechtes der Universitäten – verfolgt.[238]

---

[237] Vgl. URL: www.kit.edu und http://www.kit.edu/fzk/idcplg?IdcService=KIT&node=4196 (beide URLs 30.6.08).

[238] Vgl. Hochschulrektorenkonferenz und Max-Planck-Gesellschaft: Memorandum of Understanding sowie URL: http://www.mpg.de/bilderBerichteDokumente/dokumentation/pressemitteilungen/2008/pressemitteilung200803121/index.html (30.6.08).

Hinsichtlich der Diskussion über ein mögliches Promotionsrecht forschungsstarker Fachhochschulen sollen beispielsweise im Rahmen eines Modellversuchs in Hamburg „ausgewiesene Bereiche" der Hochschule für Angewandte Wissenschaften (HAW) das Promotionsrecht erhalten.[239] Grundsätzlich haben sich jedoch Wissenschaftsrat, HRK, DFG, der Deutsche Hochschulverband und weitere Organisationen gegen die Ausweitung des Promotionsrechtes auf weitere Einrichtungen als die Universitäten ausgesprochen. Auch fanden die Vorschläge einer möglichen Befristung des Promotionsrechtes bzw. seiner Knüpfung an positive Ergebnisse regelmäßiger interner oder externer Qualitätsüberprüfung bisher keine Zustimmung. Manche Fachhochschulen beteiligen sich an der Promotion durch kooperative Vereinbarungen mit promotionsberechtigten Universitäten, oder, was nicht unumstritten ist, durch einschlägige Verträge mit Universitäten im Ausland. Ein Beispiel für ersteres ist das mit sieben Millionen Euro von der DFG geförderte Graduiertenkolleg „Prozessketten in der Fertigung", das gemeinsam von der Universität Karlsruhe und der Hochschule Karlsruhe – Wirtschaft und Technik getragen und zum Wintersemester 2008/2009 an beiden Hochschulen eingerichtet wird. Rund ein Drittel der Doktoranden wird dabei ihre wissenschaftliche Arbeit an der Fachhochschule ausführen.[240] Weitere Kooperationsvereinbarungen zwischen Fachhochschule und Universität gibt es z. B. in Jena oder Bielefeld. Beispiele für Kooperationen deutscher Fachhochschulen mit ausländischen Universitäten sind der Kooperationsvertrag über gemeinsame Promotionen der Berliner Fachhochschule für Wirtschaft (FHW) mit der *South Bank University* in London oder die Zusammenarbeit der Hochschule Ravensburg-Weingarten mit der Universität *Zielona Góra* in Polen. Zur Führung ausländischer Doktorgrade vgl. Abschnitt „Gradbezeichnungen". Über diese Kooperationsformen hinaus können Fachhochschulabsolventen unter bestimmten Voraussetzungen an Universitäten promovieren (vgl. 3.2 „Übergänge zur Promotion").

Auf einzelne Aspekte der beiden Grundformen der Promotion in Deutschland (Individualpromotion und strukturierte Promotionsangebote) wird näher im Abschnitt 3.3 eingegangen. Einige Anhaltspunkte für mögliche Reformansätze können jedoch bereits festgehalten werden: Es gibt bislang in der Bundesrepublik keine gemeinsame Plattform, keine Dachorganisation oder Netzwerk, welches – ähnlich dem *Council of Graduate Schools* in den USA – eine Datensammlung und einen Austausch

---

[239] Vgl. URL: http://idw-online.de/pages/de/news257771 (30.6.08).

[240] Vgl. URL: http://idw-online.de/pages/de/news260133 (30.6.08).

von Verantwortlichen der einzelnen Promotionsformen ermöglichen würde. So gibt es bisher auch keine vollständige und regelmäßig aktualisierte Übersicht über Promotionsmöglichkeiten in Deutschland. In Zukunft ist eine solche Übersicht als Teil des Hochschulkompasses der Hochschulrektorenkonferenz geplant.[241] Teilweise erfüllen diesen Zweck auch die Promotionsübersicht des DAAD,[242] die Internetseite von Johannes Moes[243] und die seit 2008 online geschaltete Internetplattform „Kommunikations- und Informationssystem „Wissenschaftlicher Nachwuchs"" (KISSWIN), die u. a. zum ersten Bundesbericht zur Förderung des Wissenschaftlichen Nach-wuchses (BuWiN) führt.[244]

Neben der bisher fehlenden Plattform zur Datensammlung und zum Austausch speziell von Promotionsverantwortlichen kann als weiterer Anhaltspunkt für mögliche Reformansätze basierend auf existierenden Umfrageergebnissen geschätzt werden, dass bisher nur ca. 20 Prozent aller Doktoranden in Deutschland im Rahmen von strukturierten Angeboten promovieren.[245]

Schließlich kann in diesem Zusammenhang auf Hochschulebene beobachtet werden, dass die vorhandenen strukturierten Promotionsformen in der Regel in der Hochschule keine Dachstruktur darstellen, die alle Doktoranden einbeziehen würde. Dies fällt als Defizit des deutschen Systems besonders im Vergleich mit den USA auf, wo keine ‚Zweiklassenpromotion' mit Promovierenden innerhalb und außerhalb der Strukturen existiert, da alle Doktoranden einer *graduate school* angehören.

---

[241] Der Bereich Promotion im HRK-Hochschulkompass wurde 2007/2008 neu programmiert und aktualisiert. Folgende Angaben bezüglich der Promotion und des Promotionsverfahrens sind nach der Onlineschaltung im Sommer 2008 über das Internet recherchierbar: Name der Hochschule, Bundesland, Fakultät/Fachbereich, Zuordnung zu Sachgebieten, Abschlussgrade (Doktorgrade), Angaben zu der aktuellen Promotionsordnung, Zulassungsvoraussetzungen zur Promotion, Anforderungen an die Dissertation (Gruppenarbeit, kumulative Promotion etc.), sowie Angaben zu der Möglichkeit einer Promotion in Kooperation/Cotutelle mit ausländischen Hochschulen/Fakultäten. URL: http://www.hochschulkompass.de/, dort unter „Promotionen". An den Stellen, die Angaben zur Promotion von Fachhochschulabsolventen enthalten, wird im Hochschulkompass des Weiteren auf das Informationssystem unter http://www.fh-promotion.de/ hingewiesen. Schriftliche Mitteilung Karina Dudek, Hochschulrektorenkonferenz, Referat B1, E-Mails am 23.4.08, 24.6.08 und 27.6.08.

[242] URL: http://www.daad.de/deutschland/studienangebote/promotion/06546.de.html (30.6.08).

[243] URL: http://www.promovieren.de.vu/Material/index.html (30.6.08).

[244] Vgl. Bundesministerium für Bildung und Forschung: Bundesbericht sowie URL: http://kisswin.de/ und http://www.buwin.de/ (beide URLs 30.6.08).

[245] Vgl. ausführlicher in 3.3, unter „Verhältnis der strukturierten Modelle zur traditionellen Promotionsform".

Masterstudiengänge

Eine klare Trennlinie zwischen der *graduate* und *undergraduate* Ausbildung wie in den USA gibt es in Deutschland (bislang) nicht. Masterstudiengänge sind vergleichsweise neue Studienformen in der Bundesrepublik, die bestenfalls als eigenständige zwei-, drei-, oder viersemestrige Studiengänge nach dem Bachelorabschluss konzipiert werden.[246] Selten gibt es eine USA-ähnliche Verzahnung der Master- und Promotionsphase und oft eine gemeinsame, ‚konsekutive' Konzeption von Bachelor- und Masterstudiengängen. Bei dieser liegt die eigentliche Zäsur im Studienverlauf oft erst nach dem Masterabschluss und nicht, wie im Rahmen des europaweiten Bologna-Prozesses intendiert, nach dem Bachelor.

Neben der Unterscheidung der neuen Masterstudiengänge als konsekutiv, nichtkonsekutiv und weiterbildend werden diese in forschungs- und anwendungsorientierte Masterstudiengänge aufgeteilt.[247] Die „Deskriptoren" für die Zuordnung der beiden Profile, die für die Akkreditierung der Masterstudiengänge eine Voraussetzung ist, hat der Akkreditierungsrat 2004 verabschiedet und die Stiftung zur Akkreditierung von Studiengängen in Deutschland 2005 übernommen.[248]

Die Rolle des Masters ist somit zurzeit bestenfalls eine eigenständige Stufe bzw. ein zweiter Zyklus des Studiums zwischen dem Bachelorstudium und der Promotion, für die wiederum der Masterabschluss (oder ein vergleichbarer Hochschulgrad, vgl. 3.2) die Regelvoraussetzung ist. Promotionsnachfragen von besonders qualifizierten Bachelorabsolventen aus dem In- und vor allem aus dem Ausland werden bisher nur unzureichend über besondere Eignungsfeststellungsverfahren adressiert (vgl. 3.2). Dadurch entsteht Deutschland – weniger in inhaltlich-qualitativer Hinsicht als vielmehr im Hinblick auf den Zeitpunkt der Rekrutierung der Doktoranden – gegenüber dem US-amerikanischen Hochschulsystem ein klarer Wettbewerbsnachteil.

---

[246] Die „Erprobung [von Studiengängen], die zu einem Bachelor- oder Bakkalaureusgrad und zu einem Master- oder Magistergrad führen", ermöglichte in Deutschland erstmals die Novellierung des Hochschulrahmengesetzes (HRG) vom 20. August 1998. Vgl. HRG: Viertes Gesetz zur Änderung des Hochschulrahmengesetzes (1998), § 19. Im Sommersemester 2008 lag der Anteil der Bachelor- und Masterstudiengänge an allen Studiengängen in Deutschland bei 67 Prozent, in den Fachhochschulen bei 89 Prozent. Vgl. Hochschulrektorenkonferenz: Statistische Daten, S. 7 und 8.

[247] Vgl. Kultusministerkonferenz: Ländergemeinsame Strukturvorgaben, S. 6-7.

[248] Vgl. Akkreditierungsrat: Deskriptoren für die Zuordnung der Profile „forschungsorientiert" und „anwendungsorientiert".

Gradbezeichnungen

In Deutschland existiert keine Unterscheidung zwischen forschungsorientierten und berufsfeldbezogenen oder professionellen Doktorgraden. Es gibt derzeit 50 unterschiedliche Doktorgrade, die jeweils die ‚Mutterdisziplin' des Gradtragenden (z. B. Dr. rer. nat. – Doktor der Naturwissenschaften) spezifizieren.[249] In den USA wird demgegenüber ein Ph.D. – Doktor der Philosophie – auch in den Naturwissenschaften verliehen. Je nach Disziplin kann in Deutschland eine Fakultät oder ein Fachbereich mehrere unterschiedliche Gradbezeichnungen verleihen, so z. B. die landwirtschaftliche Fakultät der Universität Bonn den Dr. oec. troph., Dr. agr. und Dr.-Ing.[250] Genaue gesetzliche Vorschriften über das Führen der in- und ausländischen Doktorgrade variieren nach Bundesland,[251] es gibt jedoch länderübergreifende „Grundsätze", die durch die Beschlüsse der Kultusministerkonferenz definiert sind. Durch eine Änderung der Beschlusslage im März 2008 können Inhaber eines in den USA verliehenen Doktorgrades „Doctor of Philosophy" (Ph.D.) nun anstelle der „im Herkunftsland zugelassenen oder nachweislich allgemein üblichen Abkürzung" (also „Ph.D.") auch die in Deutschland übliche Abkürzung „Dr." ohne Herkunftsbezeichnung und ohne fachlichen Zusatz verwenden, sofern die verleihende Universität der sog. Carnegie-Liste angehört.[252]

Folgerungen

Insgesamt kann in Deutschland im Vergleich zu den USA momentan noch eine tendenziell stärkere rechtliche Regelung des Hochschulsystems und der Doktorandenausbildung festgestellt werden, die jedoch – mit den fortlaufenden Auswirkungen des Wegfalls der nationalen rechtlichen Grundlage (HRG) und der zunehmenden Autonomie und Profilbildung der Hochschulen – künftig eher weiter abnehmen wird. So kann für die Zukunft

---

[249] Vgl. Hochschulrektorenkonferenz, Referat B1: Doktorgrade die in Deutschland verliehen werden können (Stand: Juni 2008). Vgl. auch Powell: Models for Doctorates, S. 14.

[250] Vgl. Rheinische Friedrich-Wilhelms-Universität Bonn: Promotionsordnung, § 1, Allgemeines, S. 2.

[251] Für eine Übersicht vgl. Braunfels: Der Doktormacher (Stand 2004).

[252] Ebenfalls können Doktorgrade aus den Mitgliedstaaten der EU, die in einem „wissenschaftlichen Promotionsverfahren" erworben wurden, wahlweise in der deutschen Form der Abkürzung „Dr." ohne Herkunftsbezeichnung und ohne fachlichen Zusatz geführt werden. Davon ausgenommen sind sog. Berufsdoktorate sowie Doktorgrade, die „nach den rechtlichen Regelungen des Herkunftslandes nicht der dritten Ebene der Bologna-Klassifikation der Studienabschlüsse zugeordnet sind". Vgl. Kultusministerkonferenz: Vereinbarung der Länder, S. 2 und 4.

von einer Annäherung der formalen Rahmenbedingungen für die Doktorandenausbildung in Deutschland und den USA ausgegangen werden. Der mit dem Außerkrafttreten des HRG endgültige Verlust einiger wichtiger in früheren Fassungen des Gesetzes zeitweise enthaltener Richtlinien zur Promotion sollte durch anderweitige Regelungen aufgefangen werden, um Qualität und Transparenz im Diversifizierungsprozess sicher zu stellen. Dabei sind vor allem die in der fünften Gesetzesänderung vom Februar 2002 vorgesehene Immatrikulationspflicht aller Doktoranden sowie Angebote zu wissenschaftlichen Schlüsselqualifikationen durch die Universitäten nach wie vor sinnvoll. Obwohl die HRG-Regelungen zur Promotion mit dem Urteil des Bundesverfassungsgerichts vom Juli 2004 gemeinsam mit den Regelungen zur Juniorprofessur weggefallen sind, sind diese Vorgaben zum Teil bereits in die Landesgesetzgebung übernommen worden und dort auch in den aktuellen Fassungen der Hochschulgesetze vorhanden. So heißt es z. B. im aktuellen Hamburgischen Hochschulgesetz: „Personen, die promovieren, werden als Doktorandinnen und Doktoranden der Hochschule immatrikuliert. Die Hochschule wirkt auf die wissenschaftliche Betreuung ihrer Doktorandinnen und Doktoranden hin. Sie soll für sie forschungsorientierte Studien anbieten und ihnen den Erwerb von akademischen Schlüsselqualifikationen ermöglichen".[253]

Eine Einschreibung aller Doktoranden direkt bei Promotionsbeginn ist die Voraussetzung sowohl der im Abschnitt 3 geforderten Verbesserung der statistischen Datenbasis über die Promotionsphase als auch der Einführung eines effektiven Monitorings der Promotionsfortschritte (vgl. 3.3) jedes einzelnen Doktoranden. Dadurch könnte auch eine Verkürzung der Promotionsdauer und Verringung der Abbrecherquoten erzielt werden. Die Verantwortung für die systematische Datenerhebung mit dem Ziel einer Verbesserung der statistischen Datenbasis kann aufgrund der Bildungsberichterstattungskompetenz auch nach der Föderalismusreform beim Bund liegen und könnte an die Aktivitäten im Rahmen der Erstellung des ersten Bundesberichtes zur Förderung des Wissenschaftlichen Nachwuchses (Februar 2008) anknüpfen.[254]

Zur besseren Einbettung der Doktorandenausbildung in die institutionelle Struktur und Forschungsstrategie der Universitäten empfiehlt sich in Deutschland in Ergänzung der existierenden und weiter auszubauenden Formen der strukturierten Promotion die flächendeckende Einrichtung von Doktorandenzentren bzw. Doktorandenschulen. Diese sollten für alle

---

[253] Hamburgisches Hochschulgesetz, § 70, (5), S. 614.

[254] Vgl. Fußnote 223.

Promotionsvorhaben einschließlich der Individualpromotionen und der Stiftungsstipendiaten zuständig sein und verschiedene Aufgaben im Bereich der Betreuung und Koordination wahrnehmen. Dazu gehören das Verfolgen der Promotionsfortschritte der Doktoranden, Information der Fachbereiche, Doktoranden und Promotionsinteressierten, die Sammlung und Veröffentlichung statistischer Daten zur Promotion an der jeweiligen Hochschule auch zu Benchmarking-Zwecken oder die Vernetzung der Doktoranden innerhalb des Fachbereichs und der Hochschule. Jedes Doktorandenzentrum sollte personell mindestens durch einen hauptamtlichen Koordinator für Doktorandenausbildung (ähnlich dem Dekan der *graduate school*) besetzt werden, und die Verknüpfung des Doktorandenzentrums mit der Forschungsplanung der Hochschule sichergestellt werden. Über den Koordinator hinaus sollten den Promovierenden nach Möglichkeit weitere Ansprechpartner zur Verfügung stehen. Die Struktur der Doktorandenzentren sollte hochschul- und disziplinübergreifend sein und könnte ähnlich den Zentren für Lehrerbildung aufgebaut werden.[255]

Um einen Austausch solcher Doktorandenzentren über *good practice* in der Promotion zu etablieren, sollte ein stabiles Netzwerk der Koordinatoren für die Doktorandenausbildung entstehen. Hierfür kann entweder eine eigenständige Dachorganisation ähnlich dem seit 1961 in den USA bestehenden *Council of Graduate Schools* gegründet werden, oder aber das Netzwerk durch eine bereits existierende Wissenschaftsorganisation in Deutschland betreut werden. Diese könnte das Netzwerk einberufen und eine Informationsplattform mit Rundmails, regelmäßigen Treffen etc. bieten, ähnlich dem Netzwerk der Bologna-Koordinatoren deutscher Hochschulen. Ein Austausch im Rahmen eines solchen Netzwerks ist sowohl auf fachübergreifender (Koordinatoren der Doktorandenzentren der Hochschulen) als auch auf fachspezifischer (Promotionsansprechpartner in den Fachbereichen) Ebene wünschenswert. Mit Blick auf den Bologna-Prozess und darüber hinaus ist ein europäischer bzw. transatlantischer Dialog anzustreben. Als erste wichtige Schritte können dabei die Einrichtung des europaweiten *Council for Doctoral Education* der *European University*

---

[255] Eine ähnliche Struktur schlug der Wissenschaftsrat unter dem Begriff „Zentren für Graduiertenstudien" bzw. „Graduiertenzentren" als Dach über den Promotionskollegs vor sowie die Hochschulrektorenkonferenz als „Zentren für Doktorandenstudien" bzw. „Doktorandenkollegs". Vgl. Wissenschaftsrat: Empfehlungen zur Doktorandenausbildung, S. 56 und Hochschulrektorenkonferenz: Zum Promotionsstudium (ohne Seitenangaben, unter B. Empfehlungen, II. Doktorandenstatus und Zentren für Doktorandenstudien, 2. Zentren für Doktorandenstudien).

Association (EUA) im Januar 2008[256] sowie die regelmäßigen Treffen im Rahmen des sog. Transatlantischen Dialogs[257] genannt werden.

Einige Promotionen in Deutschland erfolgen in Kooperation mit außeruniversitären Forschungseinrichtungen oder der Industrie, indem Doktoranden an der Forschungseinrichtung bzw. im Betrieb forschen und die Hochschule den Doktorgrad verleiht. Dies eröffnet die Möglichkeit eines verstärkten Dialogs zwischen den Hochschulen und den außeruniversitären Forschungsinstituten bzw. der Wirtschaft. Doktoranden können durch Lehre, Tutorate etc. in den Hochschulen neue Erkenntnisse von außerhalb an Studierende vermitteln. Um eine ‚Zweiklassenpromotion' von universitären und außeruniversitären Doktoranden zu vermeiden, sollte das Promotionsrecht auch in Zukunft bei den Universitäten verbleiben und vielmehr die Kooperationen, der Dialog und der Wissenstransfer zwischen Universitäten und außeruniversitären Forschungseinrichtungen sowie Fachhochschulen verstärkt werden.

Ergänzend zu einem ‚Bologna-konformen' Qualifizierungsmodell mit drei eigenständigen Stufen ist in Deutschland eine stärkere Verzahnung der forschungsorientierten Masterstudiengänge mit der Promotionsphase denkbar. Die (forschungsorientierten) Masterstudiengänge könnten dabei die Rolle einer prädoktoralen Probezeit oder eines Propädeutikums übernehmen.[258] Da es sich dabei vor allem um neue Möglichkeiten des Übergangs zur Promotion handelt, werden die diesbezüglichen Perspektiven und Reformansätze für die Doktorandenausbildung in Deutschland im folgenden Abschnitt näher erläutert.

---

[256] Die EUA hat das EUA-*Council for Doctoral Education* (EUA-CDE) als „europaweite Plattform für die Doktorandenausbildung" gegründet, das „in Europa eine ähnliche Rolle wie das Council [of] Graduate Schools in den Vereinigten Staaten spielen soll". Vgl. URL: http:// www.eua.be/fileadmin/user_upload/files/newsletter/2008_02_01_Roundtable_MIT_GW_final__Compatibility_Mode_.pdf , Folie 3, S. 4 (30.6.08). Die konstituierende Sitzung des Councils fand in Juni 2008 in Lausanne statt. Dabei wurden von den knapp 300 Teilnehmern folgende Prioritäten für die nächsten zwei Jahre ermittelt: Verbesserung der Betreuung von Doktoranden, insbesondere durch eine verbesserte Ausbildung und -Monitoring der Betreuer; Förderung der institutionellen Kooperation, v. a. durch die Entwicklung von gemeinsamen Promotionsprogrammen und *joint degrees*; Einführung neuer institutioneller Strukturen (bspw. Doktorandenschulen); Verbesserung des *skills training* (insbesondere der *transferable skills*) für Doktoranden; sowie Förderung der Qualitätskontrolle und Evaluation von Promotionsprogrammen. Vgl. URL: http://www.lehre.unibe.ch/unibe/lehre/content/e3425/e3951/e3952/Tagungsber_EUA-CDE_Jun08_ger.pdf (Tagungsbericht auf Deutsch).

[257] Vgl. Fußnote 47.

[258] Vgl. Weiler: Promotion und Exzellenz, S. 1.

3.2 Übergänge zur Promotion, Voraussetzungen und Auswahl

Übergänge

Die Übergangszeit zwischen Ende des Studiums und Beginn der Promotion lässt sich aufgrund der fehlenden Einschreibungspflicht zur Promotion in Deutschland schwierig messen. Befragungen von Doktoranden ergeben eine Übergangszeit von durchschnittlich ein bis eineinhalb Jahren, sie erstreckt sich von ca. sechs Monaten in den Naturwissenschaften bis zu ca. drei Jahren bei Doktoranden in den Sozialwissenschaften, die oft extern promovieren und die Promotion erst nach einiger Zeit der beruflichen Praxis beginnen.[259]

Der Übergang zur Promotion erfolgt üblicherweise nach einem der Universitätsabschlüsse Master, Magister, Staatsexamen oder Diplom. Gemäß dem Beschluss der Kultusministerkonferenz von Oktober 2003 in der Fassung von Juni 2007 berechtigen zur Promotion grundsätzlich auch Masterabschlüsse, die an Fachhochschulen erworben wurden.[260] Zunehmend sind auch zwei weitere Zugangswege möglich: die Aufnahme von Fachhochschulabsolventen mit einem Diplomgrad und die von Bachelorabsolventen. Diese beiden Zugangswege sind mit unterschiedlicher Verbindlichkeit in den Landeshochschulgesetzen und Promotionsordnungen der Universitäten vorgesehen.[261] Die Aufnahme von Bachelorabsolventen wird dabei meist an ein „Eignungsfeststellungsverfahren" geknüpft, dass in der Regel besonders gute Leistungen im Bachelorstudium voraussetzt und zusätzliche Leistungen nach der Aufnahme (dies auch etwa bei Fachwechslern) auferlegen kann. Zu den allgemeinen Merkmalen der Zulassungsregelungen zur Promotion für Bachelorabsolventen gehören u. a. die

---

[259] Vgl. Bundesministerium für Bildung und Forschung: Bundesbericht, S. 83-84.

[260] Vgl. Kultusministerkonferenz: Ländergemeinsame Strukturvorgaben, S. 5.

[261] So sieht z. B. das Hochschulgesetz von Rheinland-Pfalz die Aufnahme von FH- bzw. Bachelorabsolventen folgendermaßen vor: „Promotionsordnungen sollen Bestimmungen über die Zulassung besonders befähigter Fachhochschulabsolventinnen und Fachhochschulabsolventen sowie über die Zulassung von besonders qualifizierten Absolventinnen und Absolventen mit Bachelorabschlüssen zur Promotion enthalten" (§ 26, Abs. 4). Vgl: Hochschulrektorenkonferenz, Referat B1: Auszüge aus den Hochschulgesetzen der Länder der Bundesrepublik Deutschland zur Regelung der Promotion (Stand: Juni 2008), S. 12. Für Auszüge aus Promotionsordnungen von Fakultäten und Fachbereichen, die anhand von verschiedenen Eignungsfeststellungsverfahren einen Zugang zur Promotion für Bachelorabsolventen vorsehen, vgl. Hochschulrektorenkonferenz, Referat B1: Regelungen bezüglich der Zulassung zur Promotion von Bachelorabsolventen – Auszüge aus den Promotionsordnungen (Stand: Juni 2008, ohne Anspruch auf Vollständigkeit).

Kopplung der Zulassung primär an die Gesamtabschlussnote und dann erst an den Erfolg eines obligatorischen Eignungsfeststellungsverfahrens oder die übliche zweisemestrige Dauer solcher Verfahren.[262]

Selten gibt es bislang in Deutschland Modelle der Doktorandenausbildung, die einen Übergang zur Promotion direkt nach dem Bachelorabschluss regulär vorsehen, obwohl sowohl der Wissenschaftsrat als auch die Hochschulrektorenkonferenz (HRK) auf die Möglichkeit einer engeren Verbindung der Master- und Promotionsphase hingewiesen haben. So hat der Wissenschaftsrat in seinen Empfehlungen zur Doktorandenausbildung 2002 festgestellt, dass „[m]ittelfristig [...] Masterprogramme an Universitäten zu bestimmten, thematisch anschließenden Promotionskollegs hinführen [sollten]. Die internationale Attraktivität einer akademischen Ausbildung in Deutschland würde dadurch erhöht, Übergangszeiten könnten verkürzt und die Vorbereitung auf eine Promotion verbessert werden. Besonders begabte Nachwuchskräfte sollen auch unmittelbar nach Abschluss eines Bachelor-Studiums in ein Promotionskolleg aufgenommen werden können".[263] Die HRK formulierte 2003 ähnlich, dass „[i]n einem dreistufigen und auf individuelle Forschungsqualifikation angelegten Studienmodell [...] die zweite Ausbildungsphase systematisch enger mit der ersten Stufe oder mit der dritten Stufe verbunden werden [kann]. Weltweit scheint sich das U.S.-Modell der integrierten Graduiertenausbildung, die als solche auf dem College-Abschluss bzw. der ersten Studienphase aufbaut, als eine Variante immer mehr durchzusetzen".[264]

Auch auf der europäischen Ebene sehen zwei zentrale Vereinbarungen im Rahmen des Bologna-Prozesses (das Sorbonne-Kommuniqué, das den Beginn des Bologna-Prozesses markiert, und die namensgebende Bologna-Erklärung) im Anschluss an das Bachelorstudium nach US-amerikanischem Vorbild alternativ die Master- oder die Promotionsphase vor, mit einer expliziten Übergangsmöglichkeit zwischen diesen Wegen und mit eigenständiger Forschung im angemessenen Umfang als Charakteristikum für beide.[265]

---

[262] Für die vollständige Auflistung vgl. Hochschulrektorenkonferenz: Ungewöhnliche Wege zur Promotion?, S. 34.

[263] Wissenschaftsrat: Empfehlungen zur Doktorandenausbildung, S. 72.

[264] Hochschulrektorenkonferenz: Zur Organisation des Promotionsstudiums, S. 2.

[265] „Im Postgraduiertenzyklus könnte zwischen einem kürzeren Master-Studium und einer längeren Promotion mit Übergangsmöglichkeiten zwischen beiden gewählt werden. Bei beiden Postgraduiertenabschlüssen wird besonderes Gewicht auf Forschung und eigenständiges Arbeiten gelegt". Sorbonne-Erklärung, S. 2, sowie „Der zweite Zyklus sollte, wie in vielen

Neun Einzelbeispiele, die in diese Richtung weisen und durch eine Verzahnung der Master- und Promotionsphase bzw. einen möglichen Direkteinstieg von Bachelorabsolventen gekennzeichnet sind, können in Deutschland bereits genannt werden:

So bietet die von der Stiftung Mercator geförderte *NRW School of Governance* der Universität Duisburg-Essen seit 2006 den Masterstudiengang „Politikmanagement, Public Policy und öffentliche Verwaltung" an, der bereits parallel zum Studium einen Promotionseinstieg ermöglicht.[266]

An der Universität Bayreuth wird im Rahmen der Graduiertenschule „Mitteleuropa und angelsächsische Welt 1300 – 2000" eine neuartige Form der Graduiertenausbildung im Bereich der Geschichts- und Kulturwissenschaften angeboten, die in einer auf fünf Jahre angelegten Studienphase ein Master- und ein Promotionsprogramm umfasst. Beide Studiengänge sind inhaltlich eng aufeinander abgestimmt und organisatorisch miteinander verzahnt.[267]

Der Lehrplan des im Rahmen der Exzellenzinitiative entstandenen Promotionsprogramms der Graduiertenschule AICES *(Aachen Institute for Advanced Study in Computational Engineering Science)* ist sowohl für Bachelor- als auch für Master- und Diplomabsolventen geeignet. Beim Einstieg mit einem Bachelorabschluss wird nach einem Jahr Kursprogramm ein Exposé für das Promotionsvorhaben angefertigt, das als der Masterarbeit gleichwertig anerkannt wird. Master- und Diplomabsolventen steigen direkt in die dreijährige Promotionsphase ein.[268]

In der *Greifswald Graduate School in Science* (GGSS) können auch Bachelorabsolventen aus dem In- und Ausland promovieren. Nach einem Eingangstest und einer einjährigen „Aufbauphase" bereits mit Doktorandenstatus schließt eine Promotionsphase an, die mindestens zwei Jahre dauert. Eine zusätzliche (Master-)Prüfung ist nicht vorgesehen.[269]

Ganz ähnlich sieht das Promotionsprogramm der *International Max Planck Research School for Molecular and Cellular Life Sciences: From Biology to Medicine* (IMPRS-LS) in München neben dem regulären Einstieg für Bewerber mit einem Masterabschluss für hochqualifizierte Ba-

---

europäischen Ländern, mit dem Master und/oder der Promotion abschließen". Bologna-Erklärung, S. 3.

[266] URL: http://www.stiftung-mercator.de/cms/front_content.php?idcat=69 (30.6.08).

[267] URL: http://www.interconnections.de/id_46081.html (30.6.08).

[268] URL: http://www.aices.rwth-aachen.de/hauptseite/view?set_language=de (30.6.08).

[269] URL: http://www.uni-protokolle.de/nachrichten/id/7142/ sowie http://www.uni-greifswald.de/~mnfak/Road_Map.htm (beide URLs 30.6.08).

chelorabsolventen ein Vorbereitungsjahr vor, nach dem direkt eine *fast track* Promotion anschließt.[270]

In der *Graduate School for Biological Sciences* der Universität zu Köln können Bachelorabsolventen entweder in das Ph.D.-Programm einsteigen und im ersten Jahr zusätzliche Kurse belegen (dies betrifft ausgewiesen hochqualifizierte Absolventen: „students with an excellent BSc (1st class honours)"), oder aber in das regulär für Bachelorabsolventen vorgesehene *Fast Track Masters/Doctoral Programme* einsteigen, in dem die Teilnehmer im Laufe des Programms anhand einer regelmäßigen Evaluation ihrer Leistung in Masterstudenten und Doktoranden aufgeteilt werden.[271]

Die Universität Düsseldorf bietet im Fach Chemie besonders qualifizierten Bachelorabsolventen einen direkten Wechsel in den Promotionsstudiengang an.[272]

Ebenfalls ermöglicht die neue internationale Graduiertenschule für Informatik an der Universität des Saarlandes hervorragenden Informatik-Studenten, direkt nach dem Bachelorabschluss mit der Promotion zu beginnen.[273]

Schließlich kann der Einstieg in das drei- bis vierjährige Doktorandenprogramm der *Graduate School of Chemistry and Biochemistry* an der Universität Bochum sowohl mit einem *Bachelor of Science* bzw. Fachhochschulabschluss als auch mit einem *Master of Science* bzw. Diplom-Abschluss erfolgen. Im ersten Fall werden die dreijährigen so genannten *research studies* durch ein einjähriges *preparatory training* ergänzt. Nach dem Abschluss des ‚Vorbereitungsstudiums' können die Doktoranden entweder mit einem zweiten Jahr eines Masterstudiengangs oder mit dem ‚Forschungsstudium' in der Promotion fortsetzen.[274]

Auch wenn es mittlerweile sicherlich noch mehr Beispiele gibt, handelt es sich bisher um vereinzelte Angebote. Die allgemeine Praxis des Übergangs zur Promotion in Deutschland sieht eine Aufnahme erst nach dem Mastergrad oder einem vergleichbaren Abschluss vor und ist – gerade im Vergleich mit den USA – nicht ausreichend geeignet, hochqualifi-

---

[270] URL: http://www.imprs-ls.de/index.php?option=com_content&task=view&id=8&Itemid=32 (30.6.08).

[271] URL: http://www.gs-biosciences.uni-koeln.de/mdp_programme.html (30.6.08).

[272] URL: http://www.chemie.uni-duesseldorf.de/Studium/Studiengaenge/Chemie_Bachelor Master (30.6.08).

[273] URL: http://www.uni-protokolle.de/nachrichten/id/158594/ (30.6.08).

[274] Vgl. Sander: Fast-Track zur Promotion, Folien 6 und 9.

zierten Bachelorabsolventen aus dem In- und vor allem aus dem Ausland rechtzeitige attraktive Promotionsangebote machen zu können.

So entsteht Deutschland im internationalen Wettbewerb ein klarer Nachteil. Der Wissenschaftsrat hat bereits 2002 auf das Fehlen attraktiver Angebote für diese Zielgruppe sowie auf die mangelnde Kompatibilität des deutschen und des angelsächsischen Systems hingewiesen.[275]

Voraussetzungen und Auswahlverfahren

Die Entscheidung über die Aufnahme zur Promotion erfolgt in Deutschland in der Regel anhand des vorzulegenden Hochschulabschlusszeugnisses (Abschlussart, Fach, Note etc.) und einer Stellungnahme zum skizzierten Promotionsvorhaben durch den bzw. die künftigen Betreuer. Somit ist das traditionelle Aufnahmeverfahren zur Promotion wenig strukturiert und basiert auf der subjektiven Begutachtung durch oft einen einzigen Wissenschaftler. Neben diesem traditionellen Weg einer Aufnahme zur Promotion gibt es bei den strukturierten Promotionsangeboten transparente kriterienbasierte Auswahlverfahren. In diesen durchlaufen die Bewerber einen qualitätsorientierten Auswahlprozess, in dem die im Wettbewerb überprüfte Eignung der Kandidaten und nicht die Ansicht eines bestimmten Professors die zentrale Rolle spielt. Dadurch kann zudem bereits in der Aufnahmephase einem eventuellen künftigen Abhängigkeitsverhältnis zum Betreuer vorgebeugt werden. Solche objektiveren bzw. formelleren und vergleichsweise entindividualisierten Verfahren sind in Deutschland z. B. bei den *International Max Planck Research Schools* (IMPRS) üblich. So verwendet etwa die *International Max Planck Research School for Molecular and Cellular Life Sciences: From Biology to Medicine* (IMPRS-LS) in München ein dreistufiges Verfahren mit standardisierten Empfehlungsschreiben von Professoren des vorangehenden Studiums, einem dem US-amerikanischen GRE *subject test* ähnlichen fachspezifischen Aufnahmetest, sowie einer Auswahlwoche mit Gesprächen und Interviews vor Ort. Die Kosten der international ausgewählten Kandidaten für das Bewerbungsverfahren werden inklusive Reise- und Übernachtungskosten von der *Research School* übernommen.

Mit der Zunahme der strukturierten Promotionsangebote in Deutschland ist davon auszugehen, dass auch strukturierte, formelle Zulassungsverfahren zunehmen werden. Die bisherige mehrheitliche Aufnahmepraxis sieht jedoch keine transparenten kriterienbasierten Auswahlverfahren

---

[275] Vgl. Wissenschaftsrat: Empfehlungen zur Doktorandenausbildung, S. 4 und 34-35.

für Doktoranden vor,[276] was als Defizit des derzeitigen Systems betrachtet werden kann. Darüber hinaus zeichnet sich bereits jetzt bei den strukturierten Promotionsformen ein aus den USA bekanntes Phänomen ab: In Folge der Konkurrenz um die besten Promotionskandidaten versuchen die einzelnen *schools*, sich ‚ihre' Bewerber immer früher zu sichern, was die Gefahr einer Wettbewerbsverzerrung birgt.

Folgerungen

Hinsichtlich des Übergangs zur Promotion in Deutschland haben sowohl die Hochschulrektorenkonferenz als auch der Wissenschaftsrat und die europäischen Bildungsminister im Sorbonne-Kommuniqué und in der Bologna-Erklärung auf die Möglichkeit einer systematischen engeren Verbindung der Master- und Promotionsphase hingewiesen. Trotzdem gibt es in Deutschland bisher eine Angebotslücke mit Blick auf hochqualifizierte Bachelorabsolventen aus dem In- und Ausland. Um wettbewerbsfähige Promotionsangebote für diese Zielgruppe vorzuhalten, ist die Durchführung von Pilotprojekten integrierter Doktorandenstudien zu empfehlen. Diese sollen durch die Integration von forschungsorientierten Masterstudiengängen in die Promotionsphase sowohl exzellenten Bachelorabsolventen in Deutschland den direkten Forschungsweg mit dem Ziel Promotion ermöglichen als auch begabten ausländischen Bewerbern den rechtzeitigen Einstieg in das deutsche Promotionssystem. Darüber hinaus würde eine klare Zäsur nach dem Bachelor in Deutschland die sachgerechte Umsetzung der Ziele des Bologna-Prozesses unterstützen: Eigenständig konzipierte Bachelorstudiengänge bieten den Absolventen eine realistischere Möglichkeit, nach dem Studium in den Arbeitsmarkt zu wechseln. Die Pilotprojekte sind mit attraktiver Förderung und Beteiligung an herausragenden Forschungsprojekten zu verbinden.

Des Weiteren erscheint das traditionelle Aufnahmeverfahren zur Promotion in Deutschland reformwürdig; es ist mehrheitlich wenig strukturiert und basiert auf der subjektiven Begutachtung durch oft einen einzigen Wissenschaftler. Dies ist ein großer Unterschied zu dem Auswahlprozess in den USA, der stark formalisiert und institutionalisiert ist und bei dem die Bewerbung stets primär bei der *graduate school* und nicht bei einem Professor, einer Abteilung oder einer Arbeitsgruppe erfolgt. Zur Qualitäts-

---

[276] In der exemplarisch für Bayern durchgeführten Studie von Ewald Berning und Susanne Falk gaben z. B. nur 15 Prozent der Doktoranden an, „über eine Bewerbung und ein formelles Auswahlverfahren zur Promotion gelangt zu sein". Vgl. Berning/Falk: Promovieren an den Universitäten in Bayern, S. 47.

sicherung der Promotionsphase wird deshalb in Deutschland die flächendeckende Einführung von Auswahlverfahren zur Promotion empfohlen. Sie sollten ein tatsächliches Verfahren umfassen, d. h. eine Prüfung oder mindestens eine vor Dritten begründete Auswahl anhand von festgelegten, transparenten Kriterien. Die Auswahlverfahren sollten formalisiert und institutionalisiert und möglichst international angelegt sein. Die Bewerbung von Promotionsinteressenten sollte dabei beim Doktorandenzentrum erfolgen, mit Angabe der Präferenz für einen bestimmten Professor, Labor etc. zwecks Koordination der Platzvergabe. Um der sich abzeichnenden und aus den USA bekannten Gefahr der Wettbewerbsverzerrung vorzubeugen, sollte im Einklang mit den neuen Semesterzeiten[277] im Rahmen einer Stichtagregelung ein verbindliches Datum für Bewerber und Hochschulen für eine gegenseitige Zusage für die Promotion festgelegt werden. Gegebenenfalls sind dabei zwei Stichdaten pro Jahr sinnvoll, um einen flexiblen Promotionseinstieg sowohl im Winter- als auch im Sommersemester zu ermöglichen. Allgemein könnte als Orientierung die Stichtagregelung in den USA (dort zum 15. April jedes Jahres) dienen.[278]

Hinsichtlich der Notwendigkeit der Einführung von Auswahlverfahren – inklusive der Bewerbung beim Doktorandenzentrum und nicht beim individuellen Betreuer – scheint bei den Wissenschaftsorganisationen und Hochschulleitungen Konsens zu herrschen. Zum Beispiel hat die Hochschulrektorenkonferenz in ihren Empfehlungen zur Promotionsphase von 2003 explizit auf die Notwendigkeit entindividualisierter Aufnahmeverfahren hingewiesen: „Über die Aufnahme als Doktorand in das Zentrum soll das Zentrum als Organisationseinheit entscheiden (nicht der ‚Doktorvater' alleine)".[279] Die zentrale Herausforderung besteht vielmehr in der Operationalisierung und tatsächlichen Realisierung dieser Maßnahmen in den Hochschulen. Hierfür bedarf es vor allem zusätzlicher Mittel zum Aufbau der nötigen Organisationseinheiten.[280]

---

[277] In einer Entschließung vom 4. Mai 2007 sprach sich die Mitgliederversammlung der Hochschulrektorenkonferenz für die Vorverlegung der Vorlesungszeiten aus, die bis zum September 2010 umgesetzt werden soll. Demnach sollen „[in] einem Herbst-/Wintersemester, das den Zeitraum vom 1. September bis 28. Februar des Folgejahrs umfasst, [...] diese Kernzeiten am ersten Montag des Septembers beginnen und spätestens Mitte/Ende Januar enden. In einem Frühjahrs-/Sommersemester, das den Zeitraum vom 1. März bis 31. August umfasst, sollen diese Kernzeiten am ersten Montag des März beginnen und spätestens Ende Juni enden". Hochschulrektorenkonferenz: Empfehlung zur Harmonisierung, S. 2.

[278] Vgl. 2.2, unter „Voraussetzungen und Auswahlverfahren".

[279] Hochschulrektorenkonferenz: Zur Organisation des Promotionsstudiums, S. 12.

[280] Vgl. ebd., S. 3.

Davon unabhängig könnte ein Wettbewerb zur Entwicklung von *good practice* bei einer hochschulweiten Einführung von Auswahlverfahren auf der Promotionsebene die Strukturreform katalysieren und Leitlinien für eine effektive flächendeckende Umsetzung liefern.

3.3 Promotionsstrukturen und deren Organisation

Die Formen und Strukturen der Doktorandenausbildung in Deutschland dienten Ende des 19. Jahrhunderts, wie im Abschnitt 2.3 erläutert, als Vorbild für die Konzeption des US-amerikanischen Modells. Die Universitäten in den USA haben die aus Forschung und Lehre bestehende Promotionsform durch eine formale Komponente – die verpflichtende Kursphase – ergänzt. Interessanterweise sind es gerade die formalen – und zum Teil curricular verankerten – Elemente der amerikanischen Doktorandenausbildung, die in Deutschland im Rahmen der aktuellen Strukturreform der Promotionsphase verstärkt eingeführt werden. Manche Beobachter sprechen von einer Nachahmung des amerikanischen ‚Ausbildungselements'.[281] Allerdings handelt es sich hierbei um einzelne Elemente des US-amerikanischen Modells, die in Deutschland in den meisten Fällen nicht im Sinne einer Kursphase der Dissertationsforschung und -erstellung vorgeschaltet werden, sondern parallel zu dieser laufen. Als Beispiel können begleitende Kurse zu Schlüsselqualifikationen genannt werden.

Die zwei Grundmodelle der Doktorandenausbildung in Deutschland wurden bereits im Abschnitt 3.1 kurz vorgestellt. Der traditionellen Promotion ‚in Einsamkeit und Freiheit' bei einem Doktorvater oder einer Doktormutter stehen zunehmend verschiedene stärker strukturierte Wege der Doktorandenausbildung gegenüber. Von der Promotionsform unabhängig ist – wie in den USA – die Dissertation als eigenständige Forschungsleistung der Kern jeder Promotion.

Strukturierte Promotionsmodelle

Als den Anfang der strukturierten Promotionswege seit etwa 1990 führen Janson *et al.* die Graduiertenkollegs der Volkswagen-Stiftung an.[282] Den weiteren Ausbau der Graduiertenkollegs hat die Deutsche Forschungs-

---

[281] „It is exactly this training component which Germany has emulated 100 years later". Nerad: Preparing for the next Generation, S. 8.

[282] Vgl. Janson *et al.*: Wege zur Professur, S. 73.

gemeinschaft (DFG) vorangetrieben. So existieren derzeit bundesweit insgesamt 238 DFG-Graduiertenkollegs, darunter 55 internationale Graduiertenkollegs.[283] Die Graduiertenkollegs können als befristete und thematisch begrenzte Einrichtungen der Hochschulen beschrieben werden, mit dem Ziel der Förderung des wissenschaftlichen Nachwuchses durch die Beteiligung an der Forschung und infolgedessen einer forschungsorientierten Integration von Forschung und Ausbildung. Laut Maresi Nerad wurde die Grundidee der Graduiertenkollegs durch die Ausbildungskomponente der amerikanischen Ph.D.-Programme inspiriert.[284] In einem Graduiertenkolleg sind in der Regel 10-15 (manchmal aber nur sechs bis acht) Hochschullehrer eingebunden und es umfasst bis zu 30 Kollegiaten, von denen 12-15 Promotionsstipendien der DFG erhalten.[285] Für die erste ‚Generation' der DFG-Graduiertenkollegs stellte Maresi Nerad anhand einer Umfrage fest, dass sich die Promotionsdauer der Doktoranden im Kolleg gegenüber der traditionellen Form im Durchschnitt um ein bis zwei Jahre verringerte (von fünf bis sechs auf drei bis fünf Jahre) und die Abbrecherquote sich im Vergleich zur traditionellen Promotion fast auf Null reduzierte. Insbesondere Doktoranden in den Geistes- und Sozialwissenschaften schienen von der Struktur zu profitieren. Sie waren sehr zufrieden mit dem Vorhandensein von Diskussionsgruppen, dem Austausch mit Professoren und anderen Promovierenden, der gespürten Verantwortung der Professoren für ihre Promotionsfortschritte und der systematischen Evaluation. Als Nachteil stellte Nerad gerade für diese Disziplinengruppe den eventuellen Mangel an der Gelegenheit zum Erwerb bestimmter Forschungsmethoden fest, da die Doktoranden aufgrund der finanziellen Unabhängigkeit durch Stipendien nicht als wissenschaftliche Mitarbeiter bzw. Forschungsassistenten im US-amerikanischen Sinne an der Forschung teilnehmen würden.[286] Außerdem bestünde in solchen Fällen eine deutlich eingeschränktere Möglichkeit zur Netzwerkbildung mit etablierten Forschern.[287]

Bei den seit 2001 existierenden *International Max Planck Research Schools* (IMPRS) weist schon der Name der Promotionsform darauf hin, dass ein besonderer Wert auf die Internationalität gelegt wird. Derzeit exis-

---

[283] Vgl. URL: http://www.dfg.de/forschungsfoerderung/koordinierte_programme/graduiertenkollegs/listen.html (30.6.08).

[284] Vgl. Nerad: Preparing for the next Generation, S. 7.

[285] Vgl. URL: http://www.daad.de/deutschland/studienangebote/promotion/06546.de.html#headline_0_8 (30.6.08).

[286] Vgl. Nerad: Preparing for the next Generation, S. 17-18.

[287] Für eine umfangreiche Stellungnahme zu den Graduiertenkollegs der DFG vgl. Wissenschaftsrat: Empfehlungen zur Doktorandenausbildung, S. 78-90.

tieren bundesweit 49 *Max Planck Research Schools* und der angestrebte
Ausländeranteil der Doktoranden liegt bei 50 Prozent. Alle Vorhaben werden vor ihrer Einrichtung von einer wissenschaftlichen Kommission der
Max-Planck-Gesellschaft und der Hochschulrektorenkonferenz geprüft.
Die *Research Schools* werden zunächst für eine Dauer von sechs Jahren
eingerichtet und nach vier Jahren erneut von der MPG-HRK-Kommission
evaluiert. Auf Basis der Kommissionsempfehlungen ist eine Verlängerung
um weitere sechs Jahre möglich.[288]

Ein weiteres Beispiel für strukturierte Promotionsformen in Deutschland
sind die Kollegs und Graduiertenschulen der Helmholtz-Gemeinschaft.[289]
Exemplarisch für eine stark interdisziplinär ausgerichtete Doktorandenausbildung kann die Graduiertenschule *Helmholtz Graduate School Molecular Cell Biology* am Max-Delbrück-Centrum für Molekulare Medizin
(MDC) Berlin-Buch genannt werden. In dieser Graduiertenschule erwerben die Promovierenden in einem strukturierten Doktorandenprogramm
neben der wissenschaftlichen Kernqualifikation zusätzliche Schlüsselqualifikationen, etwa in den Bereichen Kommunikation und Zeitmanagement.
Die Helmholtz-Gemeinschaft fördert die Graduiertenschule ab 2008 für
sechs Jahre mit 3,6 Millionen Euro (600 000 Euro pro Jahr).[290]

---

[288] Für weitere Informationen zu den IMPRS vgl. Hartung: Die „International Research
Schools" sowie URL: http://www.mpg.de/instituteProjekteEinrichtungen/schoolauswahl/re-
searchSchools/index.html (30.6.08). Für Informationen zum „Max-Planck-Graduate-Center
an der Johannes Gutenberg-Universität Mainz", zur Diskussion um das Promotionsrecht im
Frühjahr 2008 sowie zum „Memorandum of Understanding" zwischen HRK und MPG vgl.
3.1, unter „Existierende Modelle" sowie Fußnote 238.

[289] Vgl. URL: http://www.helmholtz.de/forschung/forschung_foerdern/nachwuchsfoerder-
ung/helmholtz_graduate_schools_und_kollegs/ (30.6.08).

[290] URL: http://idw-online.de/pages/de/news216720 (30.6.08). Seit Oktober 2007 startete zudem die *Helmholtz Interdisciplinary GRADuate School for Environmental research*
(HIGRADE), die einen hohen Anteil sowohl weiblicher (75 von 130) als auch ausländischer
(rund ein Viertel) Doktoranden aufweist. Die Graduiertenschule wird ebenfalls mit 3,6 Millionen Euro aus dem Impuls- und Vernetzungsfond des Helmholtz-Präsidenten gefördert und
stellt eine Kooperation des Helmholtz-Zentrums für Umweltforschung (UFZ) und sechs Universitäten in Deutschland dar. URL: http://idw-online.de/pages/de/news256536 (30.6.08).
Weitere neue Graduiertenschulen und -Kollegs der Helmholtz-Gemeinschaft sind die Graduiertenschule POLMAR am Alfred-Wegener-Institut für Polar- und Meeresforschung in
Bremerhaven, die Graduiertenschule für Infektionsforschung am Helmholtz-Zentrum für Infektionsforschung in Braunschweig und die Graduiertenschule für Hadronen- und Ionenfor-
schung an der Gesellschaft für Schwerionenforschung (GSI) in Darmstadt sowie die beiden
Kollegs TransCard am Max-Delbrück-Centrum in Berlin-Buch und SpaceLife am Deutschen
Zentrum für Luft- und Raumfahrt. Vgl. URL: http://idw-online.de/pages/de/news262353
(30.6.08).

Auch die *Research* bzw. *Graduate Schools* oder *Center* der *Leibniz-Gemeinschaft* (WGL) zählen zu Beispielen des strukturierten Promovierens in Deutschland. Die Doktorandenausbildung verläuft dabei in Verantwortung der einzelnen Institute und die WGL beteiligt sich an Graduiertenkollegs der DFG. Derzeit listet die WGL 37 Graduiertenkollegs und 1468 Doktoranden auf.[291]

Ein weiteres strukturiertes Promotionsangebot bieten die so genannten Internationalen Promotions-Programme (IPP), die zwischen 2001 und 2006 im Rahmen des von DAAD und DFG durchgeführten institutionellen Förderprogramms „Promotion an Hochschulen in Deutschland" (PHD) entstanden sind. Mit Fördersummen von ca. 130.000 Euro pro Jahr und Projekt (aber keinen Stipendien für Doktoranden) sollten die insgesamt 50 strukturierten Doktorandenprogramme zur Umsetzung der Empfehlungen des Wissenschaftsrates (von 1997 und 2002) und der Hochschulrektorenkonferenz (von 1996 und 2003) zur Reform der Doktorandenausbildung beitragen.[292] Ein weiteres Ziel war auch hier die Steigerung der internationalen Attraktivität und Wettbewerbsfähigkeit von Promotionen in Deutschland für hochqualifizierte Nachwuchswissenschaftler aus dem In- und Ausland. Dies drückte sich in einem angestrebten Ausländeranteil von 30 Prozent, einer klaren Strukturierung und Intensivierung des Promotionsstudiums sowie einer verbesserten Betreuung und Begrenzung der Promotionsdauer aus. So betrug die durchschnittliche Promotionsdauer in diesen Programmen in der Praxis 3,5 Jahre und der Ausländeranteil von fast 50 Prozent überstieg sogar die angestrebte Quote. Das Programm umfasste ca. 3.000 Doktoranden.[293]

Eine mit einer Neuausrichtung verbundene Fortführung des PHD-Programms stellt das Programm PhD-Net des DAAD dar.[294] Dieses hat zum Ziel, die Zusammenarbeit deutscher und ausländischer Hochschulen auf dem Gebiet der Doktorandenausbildung zu fördern. Dabei sollen ausländi-

---

[291] Vgl. URL: http://www.wgl.de/ sowie http://www.wgl.de/?nid=zuf&nidap= (beide URLs 30.6.08).

[292] Vgl. Wissenschaftsrat: Empfehlungen zur Doktorandenausbildung und zur Förderung des Hochschullehrernachwuchses und Wissenschaftsrat: Empfehlungen zur Doktorandenausbildung, sowie Hochschulrektorenkonferenz: Zum Promotionsstudium und Hochschulrektorenkonferenz: Zur Organisation des Promotionsstudiums.

[293] Vgl. Klüsener: Promotion, Folie 3 und 9, sowie URLs: http://www.daad.de/hochschulen/internationalisierung/phd/2007_Ziele+Förderrichtlinien.doc, http://www.daad.de/deutschland/forschung/promotion/04673.de.html und http://www.daad.de/deutschland/studienangebote/promotion/06546.de.html#headline_0_8 (alle URLs 30.6.08).

[294] Vgl. Bundesministerium für Bildung und Forschung: Bundesbericht, S. 6.

schen Doktoranden binationale Promotionen mit Deutschland ermöglicht werden und hochqualifizierte ausländische Nachwuchswissenschaftler für Kooperationen bis hin zur Fortsetzung ihrer Karriere in Deutschland gewonnen werden. Das Programm startete im Februar 2008 und steht mit den drei Förderlinien „Anbahnung zur ersten Kontaktaufnahme mit ausländischen Kooperationspartnern", „Workshops/Summer Schools zur Vorbereitung von binationalen Promotionsprogrammen" und „Promotionsprogramme zur Förderung der Promotionen ausländischer Doktoranden in Deutschland" allen Fachrichtungen offen. Derzeit werden Programme an 16 deutschen Universitäten mit bis zu 100.000 Euro pro Projekt und Jahr gefördert (Stand: Juni 2008).[295]

Neben einzelnen Promotionsstudiengängen der Universitäten[296] existieren weitere Einzelprojekte zu Graduiertenschulen wie die von der Volkswagen-Stiftung geförderte *Bremen International Graduate School of Social Sciences*,[297] das „Graduiertenzentrum für Qualitative Bildungs- und Sozialforschung" in Sachsen-Anhalt[298] oder die nach eigenen Angaben erste deutsche Graduiertenschule in den Geisteswissenschaften, das Gießener „Graduiertenzentrum Kulturwissenschaften". Letzteres wurde als eine zentrale, fachbereichsunabhängige Einrichtung der Universität 2001 gegründet. Es hat nach eigenen Angaben als erstes ein strukturiertes Angebot für die literatur- und kulturwissenschaftliche Doktorandenausbildung konzipiert und wird in dem seit Herbst 2006 existierenden und durch die Exzellenzinitiative geförderten *International Graduate Centre for the Study of Culture* (GCSC) weiterentwickelt.[299] Ein Pilotprojekt des Exzellenzclusters „Ozean der Zukunft" zur Entwicklung strukturierter Doktorandenausbildung an der Universität Kiel ist die *Integrated School of Ocean Sciences* (ISOS), die seit 2007 Promovierende durch strukturierte Betreuungskonzepte, fachübergreifende Kursangebote und den Auf-

---

[295] Vgl. URL: http://www.daad.de/hochschulen/internationalisierung/phd-net/08472. de.html (30.6.08).

[296] 158 strukturierte Promotionsprogramme in Deutschland können derzeit im DAAD-Portal „International Programmes in Germany" recherchiert werden (Stand: Juni 2008), vgl. URL: http://www.daad.de/deutschland/studienangebote/international-programmes/07535. de.html (30.6.08). Vgl. auch Hochschulrektorenkonferenz, Referat B1: Zusammenfassung – Auswertung Promotionsstudiengänge (Stand: März 2004, ohne Anspruch auf Vollständigkeit).

[297] URL: http://www.bigsss-bremen.de/ (30.6.08).

[298] URL: http://www.uni-magdeburg.de/iew/zbbs/graduiertenzentrum/index.htm (30.6.08).

[299] Vgl. Nünning/Sommer: Gießener Graduiertenzentrum, sowie URL: http://www.uni-gies sen.de/graduiertenzentrum/home/ggk-struktur.php (30.6.08). Zum GCSC vgl. URL: http:// www.uni-giessen.de/graduiertenzentrum/home/ggk-gcscuebersicht.html (30.6.08).

bau von persönlichen Netzwerken unterstützt.[300] Eine weitere Initiative ist das „Netzwerk biologischer und medizinischer Ph.D. Programme", ein bundesweiter Zusammenschluss von über zehn internationalen Ph.D.-Programmen mit biologischer oder medizinischer Ausrichtung. Vertreter des seit 2002 existierenden Netzwerks kooperieren bei der Festlegung von Mindeststandards für die Akkreditierung oder bei der Organisation von Seminaren und Workshops zu Schlüsselqualifikationen. Regelmäßige Treffen finden mindestens einmal jährlich statt. Die Auswahlverfahren werden im Rahmen des Netzwerkes koordiniert.[301]

Als die letzten beiden Beispiele für strukturierte Promotionsformen in Deutschland seien hier die in einigen Bundesländern sowie im Rahmen der Exzellenzinitiative entstandenen Graduiertenschulen genannt. So gibt es z. B. in Nordrhein-Westfalen seit dem Wintersemester 2001/2002 sieben *Graduate Schools*, die ab 2008 durch insgesamt 17 so genannte Forschungsschulen abgelöst werden. In das fünfjährige Programm „Forschungsschulen" investiert das Land NRW insgesamt 36 Millionen Euro, die Projektkosten der Hochschulen werden dabei vom Land zu 50 Prozent übernommen, wobei die Förderhöchstsumme 500.000 Euro pro Jahr beträgt. Alle Forschungsschulen bieten ein strukturiertes Promotionsangebot mit Stipendien von maximal 1.300 Euro monatlich an, mit dem insbesondere Bewerber aus dem Ausland gewonnen werden sollen.[302] Weitere Beispiele für strukturierte Angebote in den Bundesländern sind die *Graduate Schools* in Niedersachsen,[303] Graduiertenschulen in Rheinland-Pfalz[304] sowie 21 „Elitestudiengänge" (meist Masterstudiengänge, zum Teil mit integrierter Promotion) und 11 Doktorandenkollegs in Bayern.[305]

Die Graduiertenschulen sollen hochqualifizierte Doktoranden aus dem In- und Ausland fördern und – im Unterschied zu den auf eine begrenzte Zeit eingerichteten Graduiertenkollegs – ein fester Bestandteil der jewei-

---

[300] Vgl. URL http://www.ozean-der-zukunft.de/presse/pm/2007/2007-03-isos.shtml (30.6.08).

[301] URL: http://www99.mh-hannover.de/kliniken/immun/Ph.D.-net/programs.htm (30.6.08).

[302] URL: http://www.innovation.nrw.de/StudierenInNRW/graduate_deutsch/index.html (30.6.08). Für eine Übersicht der Forschungsschulen und weitere Informationen vgl. URL: http://www.innovation.nrw.de/ForschungTechnologie/Nachwuchsfoerderung/forschungs-schulen.html (30.6.08).

[303] Als Beispiele können die vier Graduiertenschulen der Universität Göttingen genannt werden, vgl. URL: http://www.uni-goettingen.de/de/28777.html (30.6.08).

[304] URL: http://bildungsklick.de/pm/17876/rheinland-pfalz-erstmals-in-einem-bundesland-fuehren-alle-universitaeten-graduiertenschulen-fuer-doktoranden-ein/ (30.6.08).

[305] URL: http://www.elitenetzwerk.bayern.de/88.0.html (30.6.08).

ligen Hochschule werden. Diese könnten somit als eine Basis für die im Abschnitt 3.1 geforderte flächendeckende Einrichtung von Doktorandenzentren genutzt werden.

Im Rahmen der Exzellenzinitiative geförderte Graduiertenschulen sollen strukturierte Promotionsprogramme innerhalb eines exzellenten Forschungsumfeldes und eines breiten Wissenschaftsgebietes anbieten.[306] Eine Fortsetzung und Weiterentwicklung einer solchen Initiative wäre äußerst wünschenswert, um die innovativen Konzepte im Bereich der Qualifizierung des wissenschaftlichen Nachwuchses während der Promotion auch über 2011 hinaus zu unterstützen und weitere zu initiieren.[307] Auch scheint die Exzellenzinitiative zur Annäherung des deutschen und amerikanischen Hochschulsystems beizutragen. Sie fördert eine stärkere Differenzierung der deutschen Hochschullandschaft und ermöglicht den Universitäten, durch zusätzliche Mittel dem wissenschaftlichen Nachwuchs eine frühere Selbständigkeit in der Forschung sowie eine attraktive berufliche Perspektive bieten zu können.[308]

Eine klare terminologische Abgrenzung der Begriffe ,Promotionsstudiengang', ,Graduiertenschule', ,Graduiertenprogramm' und ,*Graduate School*' existiert nur gegenüber dem Begriff ,Graduiertenkolleg', aber nicht untereinander, so dass diese in der deutschen Diskussion oft substituiert werden.[309] Als Probleme bei den strukturierten Promotionsformen wurde im Abschnitt 3.1 auf das Fehlen eines Netzwerkes der jeweiligen Koordinatoren hingewiesen sowie auf die Tatsache, dass die Modelle in der Regel keine hochschulweiten Dachstrukturen darstellen und bisher eine regelmäßig aktualisierte Übersicht der Promotionsangebote in Deutschland fehlt.

---

[306] Für weitere Informationen über die im Rahmen der Exzellenzinitiative geförderten Graduiertenschulen, u. a. deren Liste, Merkblätter und Verwendungsrichtlinien oder FAQs vgl. URL: http://www.dfg.de/forschungsfoerderung/koordinierte_programme/exzellenzinitiative/graduiertenschulen/index.html (30.6.08).

[307] Der Senat der Hochschulrektorenkonferenz veranschlagte im Mai 2008 für eine zweite Exzellenzinitiative, in der die Förderung der laufenden Projekte fortgesetzt und neue Projekte gefördert werden sollen, knapp drei Milliarden Euro, 50 Prozent mehr als für das bis 2011 laufende aktuelle Programm zur Verfügung stehen. Vgl. Hochschulrektorenkonferenz: Zur Weiterentwicklung der Exzellenzinitiative, S. 3.

[308] Vgl. Janson *et al.*: Wege zur Professur, S. 38-39.

[309] Vgl. Hochschulrektorenkonferenz, Referat B1: Zusammenfassung – Auswertung Promotionsstudiengänge (Stand: März 2004, ohne Anspruch auf Vollständigkeit).

Was den Anteil der vorgestellten strukturierten Promotionsformen an allen Promotionen in Deutschland betrifft, kann anhand der existierenden Umfragen festgestellt werden, dass deren Bedeutung zwar zunimmt, diese jedoch bisher lediglich eine Minderheit und eine Ergänzung zum traditionellen ‚Lehrlingsmodell' darstellen. So stellen Ewald Berning und Susanne Falk als eines der Ergebnisse der 2003/2004 durchgeführten Befragung von Doktoranden, Professoren und Promotionsbetreuern an Universitäten und außeruniversitären Forschungseinrichtungen in Bayern fest: „Über alle Fächer hinweg dominiert die traditionelle Promotion".[310] Ähnlich heißt es im Bundesbericht zur Förderung des Wissenschaftliche Nachwuchses von Februar 2008: „Auch wenn Ende der 1980er Jahre mit der Einführung von Graduiertenkollegs ein Schritt in Richtung strukturierter Qualifizierung gegangen wurde, dominiert nach wie vor die individuell verantwortete bzw. betreute Promotionsphase".[311] Dies bestätigen die Ergebnisse der THESIS-Doktorandenbefragung, wonach 2004 lediglich zehn Prozent der Doktoranden in Deutschland innerhalb der strukturierten Angebote promovierten.[312] Auch eine jüngere Umfrage der Universität Bonn im Auftrag des Stifterverbandes für die Deutsche Wissenschaft aus dem Jahr 2006 kam zu dem Ergebnis, dass an den 77 befragten Hochschulen mit Doktorandenbetreuung im Durchschnitt nur 17 Prozent der Doktoranden in Graduiertenkollegs oder -schulen promovierten.[313] 53 Prozent der Doktoranden waren am Lehrstuhl integriert (zum Beispiel auf Forschungsstellen und in Drittmittelprojekten) und fast ein Drittel (30 %) gänzlich ohne institutionelle Anbindung. 40 Prozent der befragten Hochschulen gaben dabei an, mindestens ein strukturiertes Promotionsprogramm oder eine Graduiertenschule anzubieten, bei 50 Prozent war mindestens ein Graduiertenkolleg vorhanden.

Insgesamt kann so aufgrund der bisherigen Studien- und Umfrageergebnisse geschätzt werden, dass 80 Prozent der Doktoranden in Deutschland nach wie vor in Form der Individualpromotion bzw. des ‚Lehrlingsmodells' promovieren.

Die Gewerkschaft für Erziehung und Wissenschaft (GEW) fordert hier eine klare Trendwende: Promotionskollegs und Graduiertenzentren sollten

---

[310] Vgl. Berning/Falk: Promovieren an den Universitäten in Bayern, S. 29.

[311] Vgl. Bundesministerium für Bildung und Forschung: Bundesbericht, S. 47.

[312] Vgl. Gerhardt *et al.*: Zur Situation der Doktoranden in Deutschland, S. 81.

[313] Für diese und folgende Angaben dieses Absatzes vgl. Stifterverband: Akademisches Personalmanagement, S. 6.

allen Promovierenden und nicht nur einem kleinen ausgewählten Kreis der Doktoranden zur Verfügung stehen, um der Gefahr einer „Zweiklassenpromotion" entgegen zu wirken.[314] Die unter 3.1 empfohlene flächendeckende Einrichtung der Doktorandenzentren stimmt mit dieser Forderung grundsätzlich überein. Im Hinblick auf die Qualitätssicherung der Promotionen fällt bei diesem Ziel jedoch den – ebenfalls flächendeckend einzuführenden – Auswahlverfahren eine zentrale Rolle zu. Dass die Vorteile der strukturierten Promotionsformen weiter auszubauen und auf andere Promotionswege auszuweiten sind, ist auch Konsens der Wissenschaftsorganisationen und Hochschulleitungen in Deutschland.[315] So bleibt auch hier – ähnlich wie bei der Einführung von Auswahlverfahren zur Promotion (vgl. Abschnitt 3.2) – die zentrale Herausforderung die tatsächliche Umsetzung in den Hochschulen, die jedoch bereits eine enorme Menge an Reformen ohne entsprechende finanzielle Unterstützung zu schultern haben.

Individualpromotion und Diversität der Promotionswege

Die überwiegende Mehrheit der Doktoranden promoviert nach wie vor in der traditionellen Form, häufig mit den bekannten Defiziten einer unzureichenden Betreuung bei gleichzeitiger Abhängigkeit vom Betreuer, mangelnder Anbindung an die Hochschule, unzureichender Vermittlung wissenschaftlicher Kern- und Schlüsselqualifikationen sowie einer mangelhaften Verfolgung des Promotionsfortschritts, was oft unnötig die Promotionszeiten verlängert oder gänzlich zum Abbruch der Promotion führt.[316] Besonders in den Rechts-, Wirtschafts-, Geistes-, Kultur- und Sozialwissenschaften dominiert die Individualpromotion mit Doktorarbeiten außerhalb von Forschungsprojekten bei über zwei Drittel der Promovierenden.[317] Gerade in den Rechts- und Geisteswissenschaften werden viele

---

[314] Vgl. Moes: Stellungnahme, S. 25-26, sowie Moes/Tiefel: Promovieren mit Perspektive, S. 24-28.

[315] „Die strukturellen Vorteile von Graduiertenkollegs [wie die] besondere Auswahl der Doktoranden und Aufnahme als Kollegiaten durch mehrere Hochschullehrer, strukturierte Lehrangebote [und] intensive Betreuung der Doktoranden durch mehrere Hochschullehrer sollen auf weitere Bereiche der Universitäten ausgedehnt werden". Hochschulrektorenkonferenz: Zur Organisation des Promotionsstudiums, S. 11, sowie „Vorrangiges Ziel muss es sein, die an vielen Orten erprobten Reformansätze aufzugreifen und das Angebot einer strukturierten Ausbildung auf alle Promovierenden auszudehnen". Wissenschaftsrat: Empfehlungen zur Doktorandenausbildung, S. 3.

[316] Vgl. Kehm: Promovieren in Europa, S. 82.

[317] Vgl. Berning/Falk: Promovieren an den Universitäten in Bayern, S. 30.

Dissertationen ‚in Einsamkeit und Freiheit' verfasst und die Doktoranden oftmals gering in den Lehr- und Forschungsbetrieb der Hochschule eingebunden. Hier erscheint eine festere Einbindung in die institutionellen Strukturen dringend geboten.[318]

Sicherlich sind manche Merkmale der Promotion ‚in Einsamkeit und Freiheit' bei bestimmten Promotionsvorhaben von Vorteil. So erfordern einige Forschungsvorhaben hochschulort-externe Promotionen bzw. Auslandsaufenthalte. Eine selbstständige Aufgabenstellung weckt das Interesse an Bildung und Wissensproduktion. Der Kern der Promotion, ein neuer Beitrag zur Wissenschaft, ist oft nicht genau planbar. All dies erfordert Flexibilität und Diversität in der Promotionsstruktur.[319]

Darüber hinaus gibt es – etwa mit Blick auf die Geistes- oder die Ingenieurwissenschaften – in der Doktorandenausbildung unterschiedliche disziplinenspezifische Rahmenbedingungen, Ziele und Methoden. So wird die Promotion in den Ingenieurwissenschaften als die Ausübung des Berufs als Wissenschaftler bzw. als eindeutig selbstverantwortliche Forschertätigkeit und nicht als eine dritte Stufe der Ausbildung aufgefasst. Das Anliegen der Konzentration auf Forschung sollte jedoch nicht sinnvolle Optimierungsmaßnahmen ausschließen.[320] So ist es bei einer ingenieurwissenschaftlichen Promotion – etwa in der Industrie – wichtig, ausreichend Zeit für die Qualifizierung der Doktoranden einzuräumen und deren Kontakt zum universitären Umfeld sowie den Wissenstransfer zwischen der Wissenschaft und der Wirtschaft allgemein zu sichern. Hierfür bieten

---

[318] Der Wissenschaftsrates empfahl dazu, „neben thematisch eng fokussierten auch inhaltlich breit angelegte Promotionskollegs einzurichten, die keine enge thematische Passform der beteiligen Forschungsvorhaben voraussetzen. Auf diese Weise [könnten auch] Promovierende mit [...] individuellen Vorhaben gleichwohl von den Vorteilen einer stärker institutionalisierten Doktorandenausbildung profitieren". Wissenschaftsrat: Empfehlungen zur Entwicklung und Förderung der Geisteswissenschaften, S. 82.

[319] „Es muss [bei der Promotion] auch weiterhin die Möglichkeit geben, viel versprechende Einzelprojekte fördern zu können". Dose: Position des Wissenschaftsrats, S. 22.

[320] „Natürlich liegt ein Großteil des Reformbedarfs bei den Geistes- und Sozialwissenschaften. Aber auch in den Natur- und Ingenieurwissenschaften gibt es die Notwendigkeit zu Veränderungen, das zeigt sich nicht zuletzt [...] an dem vielfach beklagten Nachwuchsmangel". Dose: Position des Wissenschaftsrats, S. 20, sowie „Wenn Sie an die Ingenieurwissenschaften denken, dann ist es nicht so, dass die Anfertigung der Dissertation fünf Jahre braucht, sondern oft sind Doktoranden vier Jahre mit anderweitiger Projektarbeit beschäftigt, um dann im letzten Jahr ihre Dissertation fertig schreiben zu können. Das leuchtet angesichts des beklagten Nachwuchsmangels nicht ein, ist nicht im Sinne der Empfehlungen des Wissenschaftsrates und ich denke die Qualifikation muss in der Phase der Promotion ganz klar im Vordergrund stehen". Ebd., S. 21.

sich verschiedene Formen der intersektoriellen Mobilität wie Lehre, Tutorate etc. der Doktoranden in den Hochschulen an (vgl. 3.1).

Für unterschiedliche spätere berufliche Problemstellungen ist eine unterschiedlich profilierte Doktorandenausbildung erforderlich, mit mal stärker praxisnahem, mal stärker theoretischem Schwerpunkt sowie mal verstärkt interdisziplinär und mal verstärkt entlang der Disziplinen ausgebildeten Promovierten.[321] Diese Diversität ist in Deutschland bereits durch die beiden Grundformen der forschungs- bzw. anwendungsorientierten Masterstudiengänge angelegt und sollte auf der Promotionsebene weiter ausdifferenziert werden. Grundsätzlich sind die Bewahrung unterschiedlicher Promotionswege und ihre weitere Optimierung anzustreben.

Dauer der Promotion

Da sich die Doktoranden in Deutschland – zumindest bei der vorherrschenden Form der Individualpromotion – nicht einschreiben müssen und sich infolge dessen oft erst kurz vor Dissertationsabgabe zur Promotion ‚anmelden', sind der eigentliche Beginn und die tatsächliche Dauer der Promotion schwer zu ermitteln. Die Messung wird zudem durch die ungenaue Abgrenzung der Promotion erschwert, zu der neben der Dissertationsforschung und -anfertigung im engeren Sinne z. B. auch eine vorgeschaltete Suche nach geeigneter Finanzierung oder Gutachten zur Dissertation nach der Abgabe gehören können.[322] Auch in der US-amerikanischen Diskussion wird auf die Notwendigkeit einer besseren Erfassung von Daten hingewiesen, um genauere Vergleiche von Promotionsdauern zu ermöglichen.[323]

Wissenschaftsorganisationen und Hochschulforscher nennen für Deutschland eine Promotionsdauer zwischen vier und sechs Jahren. So führt die DFG 2003 eine durchschnittliche Dauer von 4,1 Jahren für ihre Stipendiaten auf sowie 4,3 Jahre für Nicht-DFG-Stipendiaten und Doktoranden in den DFG-Sonderforschungsbereichen. Aufgeschlüsselt nach Fächergruppen ergab sich eine Promotionsdauer von 5,3 Jahren in den Ingenieurswissenschaften, 4,8 in den Geistes- und Sozialwissenschaften und

---

[321] Vgl. Weiler: Promotion und Exzellenz, S. 2 und 12.

[322] Vgl. Moes/Tiefel: Promovieren mit Perspektive, S. 19-20.

[323] Auf die Ausgangsfrage, ob internationale Vergleiche der Promotionszeiten bzw. Abbrecherquoten machbar und aussagekräftig sind, antworten Fred Hall *et al.*: „the lack of necessary and appropriate data is probably the greatest stumbling block at the moment, whether for cross-national comparisons or simply for cross-university comparisons within a single country". Hall *et al.*: Feasibility of international comparisons, Conclusions, S. 12.

vier Jahren in der Mathematik und den Naturwissenschaften.[324] Für die Stipendiaten der Hans-Böckler-Stiftung, die hauptsächlich in den Geistes- und Sozialwissenschaften promovieren, lag das arithmetische Mittel der Bearbeitungsdauer (Arbeit an der Dissertation) 2005 bei 5 Jahren, die mittlere Promotionsdauer (Gesamtzeit zwischen Studien- und Promotionsabschluss) bei 6,5 Jahren.[325] Andreas Frijdal nennt ebenfalls 2005 eine mittlere europäische Promotionsdauer von vier bis fünf Jahren.[326] Jürgen Enders und Lutz Bornmann sprechen 2001 von einer durchschnittlichen Bearbeitungsdauer von 4,2 bzw. Promotionsdauer von 5,7 Jahren,[327] Martina Röbbecke und Dagmar Simon führen in der zweiten Evaluation der Förderung des wissenschaftlichen Nachwuchses nach dem Nachwuchsförderungsgesetz (NaFöG) in Berlin im selben Jahr (allerdings bezogen auf die Promotionsjahre 1991-1995 und nur für die NaFöG-Stipendiaten) eine durchschnittliche Promotionsdauer von 4,9 Jahren auf.[328] Auch das durchschnittliche Alter zum Zeitpunkt der Promotionsprüfung, das in Deutschland im Prüfungsjahr 2006 bei 33 Jahren lag, lässt implizit auf eine Promotionsdauer von etwa fünf Jahren schließen, da das Alter beim (zu dem Zeitpunkt noch traditionellen) universitären Hochschulabschluss Diplom (Universität) und entsprechenden Abschlussprüfungen im Durchschnitt 28 Jahre betrug.[329]

Vor diesem Hintergrund erscheint die manchmal im Rahmen des Bologna-Prozesses geforderte Dauer der Promotion von drei Jahren einerseits ehrgeizig.[330] Auf der anderen Seite wird sie bei guten Rahmenbedingungen in vielen strukturierten Programmen – etwa bei den Internationalen Promotionsprogrammen (IPP) mit einem Durchschnitt von 3,5 Jahren – in der Realität fast erreicht. Dies bestätigen die Beobachtungen von Maresi Nerad: Auf der einen Seite spricht sie sogar von fünf bis sechs Jahren Promotionsdauer in der Realität in Deutschland,[331] gleichzeitig stellt sie – wie bereits bei der Vorstellung der DFG-Graduiertenkollegs erwähnt – im Rahmen einer Umfrage fest, dass alle befragten Doktoranden, die in

---

[324] Vgl. Hüfner: Germany, S. 55.

[325] Vgl. Enders: Promovieren als Prozess, S. 52.

[326] Vgl. Frijdal: Doctoral training in Europe, S. 2, 4 und 10.

[327] Vgl. Enders/Bornmann: Karriere mit Doktortitel?, S. 65-66.

[328] Vgl. Röbbecke/Simon: Promovieren mit Stipendium, S. 24 und 26.

[329] Vgl. Statistisches Bundesamt: Fachserie 11 / Reihe 4.2., S. 235.

[330] Vgl. Frijdal: Doctoral training in Europe, S. 4., Frijdal: Doktorandenausbildung in Deutschland, S. 29 und 31, sowie Moes/Tiefel: Promovieren mit Perspektive, S. 20.

[331] Vgl. Nerad: Preparing for the next Generation, S. 11.

Graduiertenkollegs promoviert haben, ihre Promotion im Durchschnitt ein bis zwei Jahre früher abgeschlossen haben und es im Vergleich zur traditionellen Promotion kaum Abbrecher gab.[332]

Folgerungen

Im Vergleich mit den USA fällt die Diversität der Promotionswege in Deutschland positiv auf. Sie sollte erhalten und die einzelnen Modelle in jeweils adäquater Form optimiert werden. Diversität, Flexibilität und Durchlässigkeit sind nötig, um Doktoranden bei ihrer Qualifizierung, ihrem Promotionsvorhaben und der Vorbereitung auf ihre spätere Laufbahn optimal zu fördern sowie die unterschiedlichen Bedürfnisse der Gesellschaft angemessen zu bedienen. Die verschiedenen Promotionswege müssen auch in Zukunft sowohl eine stärkere Praxis- oder Theorieorientierung als auch eine interdisziplinäre oder eng entlang der Disziplinen ausgerichtete Qualifizierung ermöglichen. Die Promotionsformen können Doktorandenprogramme oder Individualpromotionen sein. Bei der Festlegung jeglicher Standards ist auf die Realisierbarkeit in den einzelnen Fachdisziplinen zu achten, etwa auf die unterschiedlichen Rahmenbedingungen und Ziele der Promotion in den Ingenieurs- oder den Geisteswissenschaften. Auch ist die besondere Situation der so genannten ‚Kleinen Fächer' in Deutschland zu berücksichtigen.[333]

Neben den strukturierten Promotionsprogrammen in Form von Graduiertenschulen, Graduiertenkollegs etc., die es weiter auszubauen gilt, sollte die Individualpromotion, die für bestimmte Promotionsvorhaben klare Vorteile hat, bewahrt und die Doktoranden dabei möglichst optimal gefördert werden. Mit Blick auf die Vorteile des US-amerikanischen Systems der Doktorandenausbildung, vor allem auf die stärkere Formalisierung und Institutionalisierung, wird dazu eine Institutionalisierung der Individualpromotion vorgeschlagen. Diese soll durch die themenunabhängige Anbindung aller Promotionen an die Doktorandenzentren erfolgen. Die Beauftragten des Doktorandenzentrums sollten den Promovierenden als weitere Ansprechpartner zur Verfügung stehen und zusätzlich zum Primärbetreuer für ein regelmäßiges Monitoring ihrer Promotionsfortschritte zuständig sein.

---

[332] Vgl. ebd., S. 17-18.

[333] Zur speziellen Situation der Kleinen Fächer vgl. Hochschulrektorenkonferenz: Die Zukunft der Kleinen Fächer, sowie Hochschulrektorenkonferenz: Die Kleinen Fächer, und URL: http://www.hrk.de/de/brennpunkte/4013.php (30.6.08).

Eine systematische Verfolgung der Promotionsfortschritte durch den Betreuer und das Doktorandenzentrum wird für alle Promotionen empfohlen. Die US-amerikanische Erfahrung mit *graduate schools* zeigt, dass bestimmte themenübergreifende Leistungen mit festgelegten Zeitpunkten während der Promotion für alle Doktoranden sinnvoll sind. Als verpflichtende Mindeststandards könnten dazu in Deutschland folgende Teilleistungen gehören:

- die Verfassung des Exposés für die Dissertation spätestens nach einem Jahr und seine Verteidigung vor einer Fachkommission,
- wöchentliche bis zweiwöchentliche Treffen mit weiteren Doktoranden desselben Fachbereichs mit Kurzberichten über den Promotionsfortschritt (entfällt bei externen Individualpromotionen fern von der betreuenden Universität),
- Besprechung des Dissertationsfortschritts einmal pro Monat mit beiden Fachbetreuern (bei externen Individualpromotionen über Telefon oder E-Mail und dokumentiert),
- die Vorstellung der eigenen Arbeit einmal im Jahr intern in einem Vortrag und/oder Poster,
- die Vorstellung der eigenen Arbeit einmal während der Promotion auf einer internationalen Konferenz,
- eine Veröffentlichung (Artikel) während der Promotion neben der Dissertation, sowie
- ein Auslandsaufenthalt.

Die themenspezifischen und themenübergreifenden Teilleistungen sollten sowohl bei Individualpromotionen als auch bei Promotionen im Rahmen von Doktorandenprogrammen – nach Möglichkeit in einem Promotionsvertrag oder einer Promotionsvereinbarung – im Vorfeld festgelegt und mit Fristen versehen werden.

Die Promotionsdauer in Deutschland sieht im Vergleich mit den USA nur auf den ersten Blick deutlich kürzer aus. Dies hängt mit der zweistufigen Promotionsstruktur in den USA zusammen, die eine Kurs- und eine Dissertationsphase umfasst. Die Kursphase kann in diesem Zusammenhang zeitlich und inhaltlich der Masterphase in Deutschland zugeordnet werden. In beiden Ländern wirken sich eine Berufstätigkeit bzw. promotionsferne Tätigkeiten während des Doktorats promotionsverlängernd aus. Sowohl die Erfahrungen mit *graduate schools* in den USA als auch diejenigen mit Graduiertenkollegs und Internationalen Promotionsprogrammen (IPP) in Deutschland zeigen, dass die vorgesehene Promotionsdauer bei guten Promotionsbedingungen eingehalten werden kann. Am politischen Ziel einer Promotionsdauer von drei bis vier Jahren sollte deshalb festgehalten werden. Die strukturellen und inhaltlichen Rahmenbedingungen, die für die Einhaltung dieser Dauer in der Praxis förderlich sind, sollten weiter ausgebaut und sukzessive auf alle Promotionsformen ausgeweitet werden. Zu guten Promotionsbedingungen könnten dabei etwa das weiter oben skizzierte systematische Verfolgen der Promotionsfortschritte und damit auch die Institutionalisierung der Individualpromotion gehören. In der US-amerikanischen Diskussion über zu lange Promotionsdauern wird zudem auf die Bedeutung der Transparenz über die Rahmenbedingungen und Anforderungen des Weges zur Promotion hingewiesen. Wenn Doktoranden vor Beginn der Promotion nicht wissen, welche zeitlichen, inhaltlichen und finanziellen Anforderungen die Promotion umfasst, können sie ihre Eignung dafür und die erforderliche Zeit nur schlecht einschätzen. Die Information über die Anforderungen eines Doktorandenprogramms nach außen setzt eine hochschulinterne Diskussion und Einigung über die Ziele sowie die Erhebung entsprechender Daten voraus, die in Deutschland verstärkt initiiert und gefördert werden sollte.

3.4 Doktorandenstatus und Finanzierung

Fehlende Einschreibungspflicht, wenige empirische Studien

Der Status von Doktoranden in Deutschland und ihre Finanzierungsquellen lassen sich nur begrenzt beschreiben. Das größte Hindernis ist die bereits in den Abschnitten 3 und 3.1 diskutierte fehlende Pflicht, sich direkt bei Promotionsbeginn als Doktorand an einer Hochschule einzuschreiben. Die Anmeldung findet infolge dessen oft erst kurz vor der Einreichung der Dissertation statt und erst zu diesem Zeitpunkt ist eine retrospektive Befragung der Doktoranden zu ihrem Status oder zu ihrer Finanzierung überhaupt möglich. So gibt es bisher nur wenige und meist punktuelle Erhebungen. Diese betreffen zudem z. B. nur ein Bundesland oder nur Doktoranden in strukturierten Promotionsformen, in denen die Promovierenden eingeschrieben sind und die Erfassung der Daten im Laufe der Promotion deshalb einfacher ist als bei der überwiegenden traditionellen Promotionsform der Individualpromotion.[334] Eine Übersicht der wenigen

---

[334] Als ein Beispiel für eine bundeslandbezogene Studie kann die in Rheinland-Pfalz durchgeführte Absolventenbefragung genannt werden, bei der alle Absolventen des Jahres 2005 (Studien- und Promotionsabsolventen, insgesamt knapp 13.000) einbezogen wurden. Die Promovierten fanden dabei z. B. Beratung, Leistungsrückmeldungen und die zeitliche Strukturierung der Promotionsphase verbesserungswürdig. Die Befragung des Absolventenjahrgangs 2006 und die weitere Verfolgung des Jahrgangs 2005 sind für Herbst 2008 geplant. Vgl. Oesternling/Boll: Absolventenstudie Rheinland-Pfalz, sowie für die wichtigsten Er-

empirischen Studien zur Situation der Doktoranden und Promovierten in Deutschland wurde 2006 im Handbuch „Promovieren mit Perspektive" und 2008 im Rahmen des Bundesberichtes zur Förderung des Wissenschaftlichen Nachwuchses (BuWiN) erstellt.[335]

Neben der Rahmendarstellung der Situation in den Empfehlungen des Wissenschaftsrates[336] gehören dazu vor allem die Online-Befragung von THESIS mit Antworten von fast 10.000 Doktoranden im Sommer 2004,[337] die Untersuchung des Bayrischen Staatsinstituts für Hochschulforschung und Hochschulplanung mit fast 3000 Promovierenden und knapp 700 Betreuern[338] sowie die Erhebung von Jürgen Enders und Lutz Bornmann von 1999 mit 2.200 Antworten und einer Netto-Rücklaufquote von 52 Prozent. Die letzte Studie untersuchte exemplarisch anhand der Fächer Elektrotechnik, Mathematik, Germanistik, Sozialwissenschaften, Biologie und Wirtschaftswissenschaften Berufsverläufe von jeweils drei Alterskohorten, die in den Jahren 1979/80; 1984/85 bzw. 1989/1990 ihren Universitätsabschluss erworben haben.[339]

Darüber hinaus baut das Institut für Forschungsinformation und Qualitätssicherung (IFQ) in Bonn derzeit ein Panel zum wissenschaftlichen Nachwuchs in Deutschland auf, in dem zunächst Doktoranden aus den DFG-geförderten Promotionsprogrammen (Graduiertenkollegs, Sonderforschungsbereiche und Graduiertenschulen der Exzellenzinitiative) mit Angaben zu ihrem Promotionsverlauf und beruflichen Verbleib erfasst werden sollen. Mit der Zeit ist der Aufbau eines laufenden Berichtsystems geplant. Eine Befragung der Doktoranden ist als Längsschnittsstudie zu Beginn der Promotion, nach Abschluss und erneut ca. vier Jahre später vorgesehen. Untersucht werden soll dabei u. a. der mögliche Einfluss der zunehmenden Strukturierung der Promotionsphase auf spätere Karriere-

---

gebnisse im Überblick URL: http://bildungsklick.de/pm/60615/erste-absolventenbefragung-liefert-wichtige-informationen-ueber-studium/ (30.6.08).

[335] Vgl. Moes/Tiefel: Promovieren mit Perspektive, S. 20-21, sowie Bundesministerium für Bildung und Forschung: Bundesbericht, Anlage 7 „Übersicht zu empirischen Studien" (ohne Seitenangabe).

[336] Vgl. Wissenschaftsrat: Empfehlungen zur Doktorandenausbildung.

[337] Vgl. Gerhardt *et al.*: Zur Situation der Doktoranden in Deutschland.

[338] Vgl. Berning/Falk: Promovieren an den Universitäten in Bayern.

[339] Vgl. Enders/Bornmann: Karriere mit Doktortitel?. Eine Erweiterung auf jüngere Abschlusskohorten (1994/95 und 1999/2000) unter einer Gegenüberstellung von ehemaligen DFG-Kollegiaten und Promovierten, die sich in anderen Zusammenhängen qualifizierten, ist im Rahmen der Studie „Neue Ausbildungsformen – Andere Werdegänge?" vom Center for Higher Education Policy Studies (CHEPS) an der Universität Twente in Arbeit. Vgl. URL: http://www.hof.uni-halle.de/cms/download.php?id=121 (30.6.08), Folie 15-16.

muster der Promovierten in Deutschland.[340] Des Weiteren bietet die 2008 eingerichtete Internetplattform „Kommunikations- und Informationssystem „Wissenschaftlicher Nachwuchs""" (KISSWIN) eine Chance, umfassende Informationen über wissenschaftliche Karriere- und Fördermöglichkeiten in Deutschland an einer zentralen Stelle zusammenzuführen, regelmäßig zu aktualisieren und zu veröffentlichen.[341]

Die mangelnde statistische Datenbasis sowie das bisher überwiegende Fehlen von Studien zum Thema Promotionsphase fällt insbesondere im Vergleich mit den USA auf, wo alle Doktoranden eingeschrieben sind und der Bereich der Doktorandenausbildung mit systematischen und regelmäßigen statistischen Erhebungen und anschließenden Berichten sehr gut empirisch erforscht ist.

Promotionsformen und Finanzierungsquellen

Anhand der vorhandenen punktuellen Befragungen kann zum Status und zur Finanzierung der Doktoranden festgestellt werden, dass diese mehrheitlich (laut der Doktorandenbefragung von THESIS zu über 70 %)[342] als Mitarbeiter an Lehrstühlen oder Instituten an Hochschulen, in Drittmittelprojekten wie Sonderforschungsbereichen, in außeruniversitären Forschungsinstituten oder in Graduierten- bzw. Doktorandenkollegs angestellt sind. Die Beschäftigung erfolgt dabei meist in Teilzeit mit einem befristeten Projektvertrag oder einem speziellen Qualifikationsvertrag, den die Hochschule finanziert. Die Mittel sind dabei in der Regel nicht wie in den USA auf nur einen der Bereiche Forschung, Lehre oder eigene Qualifizierung bezogen.

Die zweithäufigste Finanzierungsquelle – für etwa 19 Prozent der Doktoranden[343] – sind Promotionsstipendien. Diese werden meist für zwei bis drei Jahre vergeben. Die elf bundesweit tätigen Begabtenförderungswerke sind die Studienstiftung des deutschen Volkes, das Cusanuswerk - Bischöfliche Studienförderung, das Evangelische Studienwerk Villigst, die Hans-Böckler-Stiftung, die Stiftung der Deutschen Wirtschaft für Qualifizierung und Kooperation, das Studienförderwerk Klaus Murmann, die Konrad-Adenauer-Stiftung, die Heinrich-Böll-Stiftung, die Friedrich-Ebert-Stiftung, die Rosa-Luxemburg-Stiftung sowie die Friedrich-Naumann- und

---

[340] Vgl. URL: http://www.forschungsinfo.de/Projekte/ProFile/projekte_profile_lang.asp (30.6.08).

[341] Vgl. URL: http://www.kisswin.de/index.php?id=116 (30.6.08).

[342] Vgl. Gerhardt *et al.*: Zur Situation der Doktoranden in Deutschland, S. 80.

[343] Vgl. ebd., S. 83.

die Hanns-Seidel-Stiftung.[344] Für die Begabtenförderung im Bereich der Promotion betrug die Zuwendung des BMBF, aus dessen Haushalt der überwiegende Teil der durch die Werke an Studierende und Doktoranden vergebenen Mittel kommt, im Jahr 2006 bei 2937 Promotionsstipendiaten knapp 31 Millionen Euro. Die Bundeszuwendung ist dabei seit zehn Jahren um mehr als zehn Millionen Euro gestiegen.[345]

Neben den beiden Gruppen Mitarbeiterstellen an Hochschulen und Forschungseinrichtungen (inklusive Drittmittelstellen) und Stipendiaten, die zusammen bereits 86 Prozent aller Doktoranden in Deutschland umfassen, ist die dritthäufigste Finanzierungsform eine Erwerbstätigkeit außerhalb der Wissenschaft (ca. 7 % der Promovierenden).[346] Zu weiteren Finanzierungsquellen gehören die Mittel von Angehörigen, Hilfskraft- bzw. Werkverträge an Hochschulen und Forschungseinrichtungen sowie eigene Ersparnisse.[347]

Herausforderungen

Die verschiedenen Finanzierungsquellen bzw. Promotionsformen haben im Hinblick auf den Promotionserfolg jeweils unterschiedliche Vor- und Nachteile. Als ein Defizit der Anstellung als Lehrstuhl- bzw. Institutsmitarbeiter, aber vor allem bei Stiftungsstipendiaten sowie generell externen Individualpromotionen, kann die Isolation in der Promotion – insbesondere in Bezug auf andere Doktoranden – genannt werden. Darüber hinaus führen unzureichende Strukturierung und mangelnde Betreuung der Promotionsarbeit oft zu Frustration und zu langen Promotionszeiten. Als mögliche Abhilfe wurden dazu im Abschnitt 3.3 eine systematische Verfolgung der Promotionsfortschritte durch den Betreuer und das Doktorandenzentrum sowie die Institutionalisierung der Individualpromotion vorgeschlagen. Als eine Vorstufe dieser Empfehlung kann die Forderung des Wissenschaftsrates und der HRK betrachtet werden, Promovierende, die als wissenschaftliche Mitarbeiter tätig sind, durch eine vorangehende Aufnahme in ein Promotionskolleg einzubinden.[348]

Ein weiteres Problem in diesem Zusammenhang sind die promotionsfernen Tätigkeiten der Lehrstuhlmitarbeiter. Deren Umfang droht, wenn

---

[344] Vgl. URL: http://www.bmbf.de/de/294.php (30.6.08).

[345] Vgl. ebd.

[346] Vgl. Gerhardt *et al.*: Zur Situation der Doktoranden in Deutschland, S. 83.

[347] Vgl. ebd.

[348] Vgl. Hochschulrektorenkonferenz: Zur Organisation des Promotionsstudiums, S. 8-9, sowie Wissenschaftsrat: Empfehlungen zur Doktorandenausbildung, S. 54 und 78.

er nicht explizit geregelt ist, die tatsächliche Promotionsarbeit stets weiter in den Hintergrund zu schieben. Hierzu empfahl der Wissenschaftsrat eine klare Begrenzung der promotionsfernen Dienstleistungen.[349]

Um die gegenseitigen Rechte und Pflichten verbindlich festzuhalten und dadurch zur Qualitätssicherung in der Promotionsphase beizutragen, haben manche Universitäten in Deutschland so genannte Promotionsverträge oder Promotionsvereinbarungen eingeführt. Als Beispiel kann der Promotionsvertrag der *International Graduate School in Sociology* der Universität Bielefeld genannt werden, in dem festgeschrieben ist, dass alle Promovierenden zwei Betreuer haben, die sich beide verpflichten, die „laufende Arbeit zweimal pro Semester ausführlich mit dem Promovenden/der Promovendin zu besprechen und die Gespräche ergebnisbezogen zu protokollieren".[350] Auch sind der planmäßige Fortgang der Dissertation zu kontrollieren und die Arbeitspläne und Berichte schriftlich zu kommentieren. Die Doktoranden verpflichten sich u. a. zur Einreichung eines detaillierten Arbeits- und Zeitplanes binnen eines halben Jahres nach der Zulassung sowie zu regelmäßigen Berichten über den Stand der Promotion jeweils zum Ende des ersten und des zweiten Promotionsjahres.[351]

Laut einer Umfrage der Universität Bonn im Jahr 2006 im Auftrag des Stifterverbands nutzen jedoch erst 27 Prozent der Hochschulen solche Verträge.[352] Das Fehlen von verbindlichen Festlegungen der Teilleistungen der Doktoranden sowie der Rechte und Pflichten des Betreuers und der Institution ist ein die meisten Promotionsformen betreffendes Defizit, ebenso wie die – damit zusammenhängende – vergleichsweise hohe Abhängigkeit des Promovierenden vom Doktorvater oder von der Doktormutter. Diese fällt gerade im Vergleich mit den USA auf, wo den Doktoranden stets unterschiedliche Ansprechpartner zur Verfügung stehen und die Institution der *graduate school* auch die Betreuungspflichten der Betreuer beaufsichtigt.

Ein weiteres diskutiertes Defizit über die Promotionsformen hinweg ist die fehlende Vorbereitung auf die Lehrtätigkeit bzw. generell auf die Vermittlungsfunktion in der späteren beruflichen Realität der meisten Promovierten. Im Gegensatz zu der in vielen Doktorandenprogrammen in den

---

[349] Vgl. ebd., Wissenschaftsrat, S. 46.

[350] URL: http://www.uni-bielefeld.de/(de)/soz/igss/pdf/Prom%20vertrag%20dtsch_20.07.0 6.pdf (30.6.08).

[351] Vgl. ebd.

[352] Bei der Studie wurden alle 360 staatlich anerkannten Hochschulen kontaktiert; mit 117 konnten – meist mit Vertretern des Personaldezernats oder der Hochschulleitung – Interviews durchgeführt werden. Vgl. Stifterverband: Akademisches Personalmanagement, S. 6.

USA verpflichtenden Tätigkeit als Lehrassistent sind in Deutschland Mitarbeiterstellen mit Lehraufgaben viel seltener und in keinster Weise verpflichtender Bestandteil der Promotion.[353] Auch fehlt es an einer gezielten didaktischen Vorbereitung auf die späteren Lehraufgaben. Dass speziell dieses Defizit auch nicht während der späteren Qualifizierung auf dem Weg zum Professor behoben wird, bestätigt eine Studie von Ewald Berning, Louis von Harnier und Yvette Hofmann über das Habilitationswesen in Bayern: Über die Fächer hinweg gaben nur fünf Prozent der befragten Habilitierten an, während der Habilitation gezielt und betreut auf die künftige Lehrtätigkeit vorbereitet worden zu sein. 25 Prozent hatten keine Vorbereitung, 68 Prozent lernten das Unterrichten durch das Unterrichten selbst und ohne eine systematische Anleitung.[354] Die mangelnde Erfahrung mit Lehre und Vermittlung fällt auch bei Promotionen in Anbindung an außeruniversitäre Forschungseinrichtungen negativ auf. Als Lösung wird an manchen Standorten die fehlende Lehrerfahrung dadurch kompensiert, dass außeruniversitär promovierende Doktoranden an der Partneruniversität Tutorate übernehmen müssen. Dies ist dann eine Voraussetzung der Verleihung des Doktorgrades durch die Universität.

Als ein Nachteil im internationalen Wettbewerb kann des Weiteren die zum Teil unflexible Finanzierung der Doktoranden auf wissenschaftlichen Mitarbeiterstellen gesehen werden. Erst bei einer Vollzeiteinstellung, die jedoch selten vorkommt, ist das Nettogehalt mit der Anstellung als Hochschulabsolvent im öffentlichen Dienst vergleichbar. Hier wird eine Flexibilisierung von unterschiedlichen Akteuren verlangt.[355]

Schließlich bleibt es nach wie vor eine Herausforderung, das Potenzial von Frauen als Doktorandinnen und Wissenschaftlerinnen besser zu nutzen. Zentral ist dabei vor allem der Übergang von der Promotion zu einer Professorinnenstelle. Während der Frauenanteil an verliehenen Doktorgraden in Deutschland 2006 bei 41 Prozent lag,[356] ist der Professorinnenanteil an deutschen Hochschulen nach wie vor sehr niedrig. Daten des Statistischen Bundesamtes belegen zwar einen deutlichen Anstieg des

---

[353] Vgl. Weiler: Promotion und Exzellenz, S. 9.

[354] Vgl. Berning et al.: Das Habilitationswesen und den Universitäten in Bayern, S. 45.

[355] So forderte z. B. Jürgen Mlynek, Präsident der Helmholtz-Gemeinschaft, bei einer DAAD-Tagung zum Thema Rückgewinnung ausländischer Doktoranden: „Wir müssen flexibler werden, auch bei dem Vergütungssystem. Wir müssen international wettbewerbsfähig bezahlen können. Das fängt bei den Doktoranden an und hört bei den Spitzenwissenschaftlern auf. Wir müssen denen auch eine Perspektive geben für ein berufliches Leben in Deutschland". URL: http://www.dradio.de/dlf/sendungen/campus/641630/ (30.6.08).

[356] Eigene Berechnung nach: Statistisches Bundesamt: Fachserie 11 / Reihe 4.2., S. 17.

Anteils der Professorinnen seit der 1990er Jahren (15 % 2006 gegenüber 8 % 1995).[357] Andererseits erreicht Deutschland erst etwa zwanzig Jahre später die Werte des Frauenanteils unter den Lehrenden in den USA: Während der Anteil der Professorinnen in Deutschland im Jahr 2006 bei 15 Prozent lag, betrug der Frauenanteil an *Full Professors* in den USA bereits 1985 12 Prozent bzw. sogar 17 Prozent, wenn man auch die *Associate Professors* mit einberechnet.[358] Den aktuellen Zahlen nach waren im Herbst 2005 ein Viertel der *Full Professors* in den USA Frauen, zusammen mit den *Associate Professors* betrug der Frauenanteil an Professuren bereits 31 Prozent.[359]

Folgerungen

Um die Doktorandenausbildung in Deutschland verbessern zu können, ist eine bessere statistische Datenbasis nötig. Die im Bereich der Promotion empirisch sehr gut erforschte Hochschullandschaft der USA kann hier als Vorbild dienen. Die bereits vereinzelt durchgeführten Umfragen zu Promotionsdauer, Verbesserungswünschen der Doktoranden oder deren Verbleib sollten bundesweit und regelmäßig stattfinden. Erste Schritte sind dabei die sich im Aufbau befindende Internetplattform „Kommunikations- und Informationssystem „Wissenschaftlicher Nachwuchs‴" (KISSWIN) sowie das Promovierendenpanel ProFile am Institut für Forschungsinformation und Qualitätssicherung (IFQ). Die Projekte sollten mit ausreichenden Mitteln ausgestattet sein und eine langfristige Funktion unter regelmäßiger Evaluierung angestrebt werden. Die Voraussetzung für die Feststellung der Anzahl der Doktoranden sowie die Ermittlung von weiteren Informationen ist eine Einschreibungspflicht der Doktoranden in Deutschland direkt bei Promotionsbeginn. Diese ist auch eine Bedingung für die verbindliche Festlegung und Verfolgung der Promotionsfortschritte, etwa der Vorlage des Exposés nach einem Jahr.

Die Datenerhebung wird auch auf europäischer Ebene im Londoner Kommuniqué der Bildungsminister von 2007 als eine der sieben Prioritäten für 2009 genannt, dort im Speziellen für die Bereiche Mobilität von Studierenden und wissenschaftlichem Personal, soziale Dimension, Betei-

---

[357] Vgl. Bundesministerium für Bildung und Forschung: Aktuelle Statistik (Pressemitteilung vom 11.7.07).

[358] Eigene Berechnungen nach: Statistisches Bundesamt: Fachserie 11 / Reihe 4.2., S. 192, sowie Snyder/Hoffman: Digest of Education Statistics 1990, S. 219.

[359] Eigene Berechnungen nach: Snyder *et al.*: Digest of Education Statistics 2007, Tabelle 239, S. 360.

ligungsgerechtigkeit im Hochschulwesen sowie Beschäftigungsfähigkeit von Graduierten. Mit der Aufgabe ist die Europäische Kommission (Eurostat) gemeinsam mit Eurostudent und der Bologna-Follow-up-Gruppe (BFUG) betraut worden, ein entsprechender Bericht soll der Ministerkonferenz 2009 in Leuven vorgelegt werden.[360] In Deutschland ist eine systematische Erhebung von statistischen Daten über die Promotion die Voraussetzung einer effizienten nationalen Reform, sie ist aber auch für bessere internationale Vergleiche – etwa mit den USA – wichtig sowie im Hinblick auf eine mögliche Annäherung der nationalen Systeme in der Zukunft von Bedeutung.

Um die gegenseitigen Rechte und Pflichten der Doktoranden, deren Betreuer und der Institution – der Hochschule bzw. des Doktorandenzentrums – verbindlich festzuhalten und dadurch zur Qualitätssicherung in der Promotionsphase beizutragen, sind mit Doktoranden Promotionsverträge oder Promotionsvereinbarungen abzuschließen. Nach Möglichkeit sollten bei solchen Vereinbarungen immer alle drei ‚beteiligten Parteien' (Hochschule, Betreuer und Doktorand) eingebunden sein.[361]

Zu wichtigen Schlüsselqualifikationen, die neben der Kernqualifikation Forschung in der Promotion erworben werden sollten, gehört die Fähigkeit zur Vermittlung von Wissen. Der Vorteil der amerikanischen Doktoranden, die im Laufe der Promotion bei der oft verpflichtenden Lehrassistententätigkeit praktische Lehrerfahrung sammeln, ist auch für Deutschland erstrebenswert, wo Mitarbeiterstellen mit Lehraufgaben viel seltener und nicht verpflichtender Teil der Promotion sind. Die Vorbereitung auf die zukünftige Vermittlungsfunktion der meisten Promovierten später im Beruf sollte ein fester Bestandteil jeder Promotion werden. So sollten Doktoranden in Theorie (hochschuldidaktische und pädagogische Seminare) und Praxis (Lehrpraktika, Tutorate) Lehr- und Vermittlungserfahrung sammeln können. Die positiven Erfahrungen bei Promotionen in Kooperation mit außeruniversitären Forschungseinrichtungen, bei denen Doktoranden Blockseminare an der Universität unterrichten, sind auf weitere Promotionsformen auszuweiten. Interne Doktoranden können direkt an der Lehre beteiligt werden, bei externen Doktoranden kann die Lehrerfahrung in den beschriebenen Blockseminaren erworben werden oder aber alternativ die Vorbereitung auf die Vermittlungsfunktion in der Anleitung von Praktikanten, Seminarserien in Unternehmen etc. erfolgen.

---

[360] Vgl. Londoner Kommuniqué, S. 7.

[361] Vgl. Moes: Stellungnahme, S. 26.

Mit Blick auf die Finanzierung der Doktoranden zeigen Forderungen in US-amerikanischen Reformmodellen, dass Promovierende nach Möglichkeit nicht in Abhängigkeit von ihrem Betreuer finanziert werden sollten.[362] Einer möglichen verstärkten Abhängigkeit vom Betreuer als gleichzeitigem Geldgeber ist vielmehr durch eine Finanzierung in Anbindung an das jeweilige Projekt oder Programm vorzubeugen, die anhand einer fristgerechten Erbringung der festgelegten Teilleistungen in der Promotion erfolgt. Dazu ist eine Koordination der Finanzierung durch das Doktorandenzentrum anzustreben.

Neben der angemessenen Förderung für die Doktoranden, die sich eindeutig positiv auf die Promotionsdauer auswirkt, ist eine ausreichende Finanzierung der Hochschulen zu sichern. Ohne entsprechende finanzielle Mittel können Hochschulen die anspruchsvollen Reformen – von der flächendeckenden Einführung der Doktorandenzentren bis hin zur jeweils hochschulweiten Veränderung der Auswahlverfahren und Betreuungsstrukturen – nicht schaffen. Über eine ausreichende Grundfinanzierung für alle Hochschulen hinaus bietet sich die Fortsetzung und Weiterentwicklung der Exzellenzinitiative sowie die Durchführung weiterer Wettbewerbe und Förderprogramme an, um die innovativen Konzepte im Bereich der Qualifizierung des wissenschaftlichen Nachwuchses während der Promotion auch über 2011 hinaus zu unterstützen und weitere auf den Weg zu bringen. Wie im Abschnitt 3.3 ausgeführt, fördert die Exzellenzinitiative auch die Annäherung des deutschen und amerikanischen Hochschulsystems durch eine stärkere Differenzierung der Hochschullandschaft oder die Befähigung der Hochschulen, wissenschaftlichem Nachwuchs eine frühere Selbstständigkeit in der Forschung sowie eine attraktive berufliche Perspektive bieten zu können. Das Beispiel der USA zeigt, wie ungünstig sich eine stetige Abnahme der bundesstaatlichen finanziellen Förderung der öffentlichen Hochschulausbildung auswirken kann, insbesondere wenn diese mit steigenden Studiengebühren und nicht ausreichenden Kredit- und Darlehensangeboten zusammenfällt. Wenn die Hochschulen aufgrund mangelnder Finanzierung auf andere Finanzquellen ausweichen müssen, kann es auch im Bereich der Doktorandenausbildung negative Folgen haben. In den USA haben die Hochschulen als Reaktion mit der Zeit die Studiengebühren erhöht, mehr Studierende aufgenommen und Drittmitteleinwerbungen aus der Industrie intensiviert.[363] Mit ausreichender finanzieller Ausstattung der Hochschulen könnten in Deutschland

---

362 Vgl. 2.4, Ende des Abschnitts „Weitere Finanzierungsquellen".
363 Vgl. Kupfer: DoktorandInnen in den USA, S. 89.

die dabei in den USA entstandenen Probleme – etwa die Gefährdung der Unabhängigkeit der universitären Forschung durch Auftragsarbeit für die Industrie, Qualitätsverluste oder die weitere Verlängerung der Promotionsdauer – vermieden werden.

Schließlich muss das Potenzial von Frauen als Doktorandinnen und Wissenschaftlerinnen noch besser genutzt werden. Zentral ist dabei vor allem der Übergang von der Promotion zu einer Professorinnenstelle, wo es gilt, den etwa zwanzigjährigen Rückstand von Deutschland hinter den USA möglichst aufzuholen. Auch sind Promovierende mit Kindern besser zu unterstützen. Spezifische Wettbewerbe zu innovativen Wegen bei der Frauenförderung in der Promotion oder Förderung von Promovierenden mit Kindern sollten gezielt eingesetzt werden. Ein Vorbild kann dabei das Programm ADVANCE der US-amerikanischen *National Science Foundation* sein, in dem ausgewählte Hochschulen mit fünfjähriger Förderung Beispiele guter Praxis zur Verbesserung der Arbeitsbedingungen speziell für Wissenschaftlerinnen entwickeln.[364]

3.5 Qualitätssicherung, Evaluation und Betreuung

Akkreditierung und Evaluation

Im Gegensatz zu einer verpflichtenden Akkreditierung aller Bachelor- und Masterstudiengänge ist eine Akkreditierung von Doktorandenprogrammen in Deutschland bisher selten und im Zusammenhang mit der Frage der Qualitätssicherung der Promotion nicht unumstritten. Auf der einen Seite steht dabei die mehrheitlich ablehnende Position der Hochschulen zur Akkreditierung von Promotionsstudiengängen sowie eine fehlende bundesweite Rechtsgrundlage zu diesem Thema, auf der anderen Seite gibt es bereits sowohl vereinzelt akkreditierte Promotionsstudiengänge als auch Aktivitäten der Akkreditierungsagenturen hinsichtlich der dabei zu verwendenden Standards. Als Beispiel kann hier die Universität Göttingen genannt werden, die Promotionsstudiengänge ihrer *Graduate Schools* obligatorisch akkreditieren lässt. Dies erfolgt aufgrund des Niedersächsischen Hochschulgesetzes, das unter § 6 „Studiengänge und ihre Akkreditierung; Regelstudienzeit" eine Akkreditierung aller Studiengänge, also auch der Promotionsstudiengänge, vorsieht. Als erstes Ph.D.-Programm wurde im Dezember 2003 die „Molekulare Medizin" an der Medizinischen Hoch-

---

364 Für weitere Informationen und Links zum ADVANCE-Programm vgl. Fußnote 109.

schule Hannover von der Zentralen Evaluations- und Akkreditierungsagentur (ZEvA) akkreditiert.[365]

Als Beispiel für Aktivitäten der Akkreditierungsagenturen können die
im Juni 2003 vorgestellten „Allgemeine[n] Standards für die Akkreditierung von Doktorandenprogrammen an Universitäten" der ZEvA genannt
werden.[366] Ein weiteres Beispiel sind die Kriterien für die Evaluation von
Promotionsstudiengängen der ASIIN – der Akkreditierungsagentur für
Studiengänge der Ingenieurwissenschaften, der Informatik, der Naturwissenschaften und der Mathematik e.V., die unter dem Titel „Kriterien Graduiertenschulen" im Dezember 2006 präsentiert wurden.[367]

Aufgrund der fehlenden Rechtsgrundlage bzw. eines fehlenden Be-
schlusses der Kultusministerkonferenz zu diesem Thema lehnt der Akkreditierungsrat eine Akkreditierung von Promotionsstudiengängen unter seinem Siegel bislang ab (Stand: Juni 2008). Mit steigender Strukturierung
der Doktorandenausbildung in Deutschland wird die Akkreditierung im
Sinne der Überprüfung von Mindeststandards allerdings immer leichter
möglich.[368] Bei den strukturierten Programmen sieht die aktuelle Geneh-
migungspraxis bereits jetzt eine regelmäßige Überprüfung der Standards
vor.[369] Deshalb sollten sich die Reformüberlegungen in diesem Bereich
vor allem auf die Qualitätssicherung bei der traditionellen Individualpromotion richten, die zudem für die Mehrheit der Doktoranden relevant ist.

Ranking und Rating

Rankings haben in Deutschland nicht die lange Tradition und etablierte
Benchmark-Funktion wie in den USA (vgl. Abschnitt 2.5). Sie sind entsprechend auch im Bereich der Doktorandenausbildung nicht vergleichbar aus-
geprägt. Hinweise für die Situation in der Doktorandenausbildung kann dabei das HochschulRanking des Centrum für Hochschulentwicklung gGmbH
(CHE) geben, das im größten Hochschulvergleich Deutschlands für bisher
35 Fächer Informationen zu Studium, Lehre, Ausstattung und Forschung
erfasst.[370] Darüber hinaus bietet das CHE mit dem ForschungsRanking in

---

365 Vgl. Arnold: Akkreditierung der Doktorandenprogramme?, S. 9.

366 Vgl. Zentrale Evaluations- und Akkreditierungsagentur: Allgemeine Standards.

367 Vgl. ASIIN: Kriterien Graduiertenschulen.

368 Vgl. Kupfer/Moes: Akkreditierung von Promotionsprogrammen.

369 Vgl. Scholz: Auswahl und Zulassung, S. 72.

370 Vgl. URL: http://www.che-ranking.de/ cms/?getObject=50&getName=CHE-Hochschul
Ranking&getLang=de (30.6.08) Das Ranking folgt dabei den sog. *Berlin Principles on
Ranking of Higher Education Institutions*, die von der *International Ranking Expertgroup*

16 Fächern der Natur-, Geistes- und Sozialwissenschaften Informationen über fachbezogene Forschungsleistungen der Universitäten in Deutschland. Als Ergebnis werden dabei keine Rangplätze zugewiesen, sondern Spitzen-, Mittel- und Schlussgruppen für einzelne Indikatoren ermittelt.[371]

Schließlich hat das CHE unter dem Namen ExcellenceRanking ein europäisches Ranking der Master- und Promotionsprogramme in den Fächern Biologie, Chemie, Mathematik und Physik entwickelt, das Studienabsolventen dieser Fächer bei der europaweiten Suche nach der passenden Hochschule für ihr Masterstudium bzw. die Promotion unterstützen soll. Ein weiteres Ziel ist Schaffung der Transparenz über die Forschungsstärke der Europäischen Hochschulen in diesen Disziplinen sowie die Lieferung weiterer Hinweise zur Verbesserung der Programme. Im Unterschied zum HochschulRanking wurden beim ExcellenceRanking nur besonders herausragende Angebote und diese europaweit verglichen.[372]

Explizit nicht als ein Ranking, bei dem auf Gesamtnoten basierende Ranglisten erwartet werden könnten, sondern als ein Rating mit einem individuellen Bewertungsprofil für jede Einrichtung wurde die „Pilotstudie Forschungsrating" des Wissenschaftsrates konzipiert. Bisher exemplarisch in den beiden Disziplinen Chemie (Dezember 2007) und Soziologie (April 2008) wurden in den Pilotstudien die Forschungsleistungen aller deutschen Universitäten und der von Bund und Ländern gemeinsam geförderten außeruniversitären Forschungseinrichtungen verglichen und bewertet. Die Bewertungsergebnisse wurden dabei nicht anhand von quantitativen Daten errechnet, sondern stellten das Urteil einer Gutachtergruppe dar, die zuvor verschiedene quantitative wie qualitative Indikatoren und weitere Informationen ausgewertet hat. Das Ziel war neben dem Überblick über die Forschungsleistungen eine Erprobung der Verfahren, die der Wissenschaftsrat 2004 in der Empfehlung zu Rankings im Wissenschaftssystem vorgeschlagen hat.[373] Beide Forschungsratings enthalten auch Informationen über die Förderung des wissenschaftlichen Nachwuchses (u. a. über

---

(IREG) 2006 aufgestellt wurden. Die Expertengruppe wurde 2004 von UNESCO *European Centre for Higher Education* (UNESCO-CEPES) und dem *Institute for Higher Education Policy* in Washington, D.C. gegründet. Für die *Berlin Principles* vgl. URL: http://www.che. de/downloads/Berlin_Principles_IREG_534.pdf (30.6.08).

[371] Vgl. URL: http://www.che-ranking.de/cms/?getObject=51&getName=CHE-Forschungs Ranking&getLang=de (30.6.08).

[372] Vgl. URL: http://www.che-ranking.de/cms/?getObject=485&getName=CHE-Excellence Ranking&getLang=de (30.6.08).

[373] Vgl. Wissenschaftsrat: Empfehlungen zu Rankings.

Promotionsstipendien, Anzahl der Promotionen, strukturierte Promotionsprogramme, abgeschlossene Dissertationen mit Verlagsangaben (nur Soziologie), Rufe an Nachwuchswissenschaftler oder Selbstbeschreibungen von Maßnamen und Erfolgen der Nachwuchsförderung (nur Soziologie)) und können als eine Entscheidungsgrundlage für die Wahl eines Promotionsortes dienen. Nach dem Abschluss der Erprobungsphase soll das Forschungsrating anhand jeweils einer geistes- und einer technikwissenschaftlichen Disziplin schrittweise weiterentwickelt werden, um eine mögliche mittelfristige Ausweitung dieses differenzierten Bewertungsverfahrens auf weitere Fächer sowie seine regelmäßige Durchführung zu prüfen.[374]

Qualitätssicherung durch Betreuung der Doktoranden

Ausgehend von der Tradition und der existierenden Struktur der Promotionsphase in Deutschland erfolgt die Betreuung der Doktoranden meist individuell durch den Doktorvater oder die Doktormutter. Dieses nach wie vor zentrale Muster kann einerseits Vorteile einer intensiven Anleitung und Beziehung zwischen dem ‚Lehrer' und dem ‚Schüler' mit sich bringen, andererseits aber auch die Nachteile der Abhängigkeit von einer einzigen Person, welche Entscheidungen über das Arbeitspensum, die inhaltliche Ausrichtung der Arbeit, den Zugang zu Forschungsressourcen und finanziellen Mitteln treffen kann und am Ende die entscheidende Begutachtung der Dissertation vornimmt. So hängt vieles, wenn nicht alles, von einer über die gesamte Promotionszeit andauernden guten Beziehung zum Doktorvater oder zur Doktormutter und von seiner/ihrer guten Betreuung ab.[375]

Im internationalen Vergleich läuft hier Deutschland der Entwicklung nach: „Die [vom Wissenschaftsrat 2002] betrachteten europäischen Systeme [in Frankreich, Großbritannien und den Niederlanden] sind weit von einer Angleichung aneinander entfernt. Gemeinsam ist ihnen aber die Absage an eine rein individuelle Verantwortung der einzelnen Hochschullehrer für die Doktorandenausbildung und der Aufbau eigener Institutionen

---

[374] Für weitere Informationen zur Pilotstudie Forschungsrating und die Bewertungsergebnisse für Chemie und Soziologie vgl. URL: http://www.wissenschaftsrat.de/pilot_start.htm (30.6.08).

[375] „Was für alle Promovierenden gleich welchen Status ein Glückspiel bleibt, ist das Ausmaß und die Qualität ihrer Betreuung. […] [D]enn bislang fehlen in Deutschland jegliche Anreize zur guten Betreuung, und es gibt keine strukturelle Grundlage für Mindeststandards in dieser Richtung". Moes: Promovieren mit Perspektive, S. 4.

innerhalb der Universitäten, denen die Verantwortung für die Doktorandenausbildung übertragen wird".[376]

Die Möglichkeit einer Doppelbetreuung durch zwei Professoren oder einer kollektiven Betreuung ist in Deutschland mehr eine empfohlene[377] und theoretische; „der Regelfall ist der/die einzelne Doktorvater/-mutter".[378] Als ein fest verankertes Instrument wird sie verstärkt lediglich entweder von außeruniversitären Einrichtungen eingesetzt, die an der Doktorandenausbildung zunehmend beteiligt sind, oder von Universitäten, die eine strukturierte Promotionsausbildung im Rahmen eines Programms anbieten.

Als ein Beispiel kann das Helmholtz-Zentrum für Umweltforschung in Leipzig, Halle und Magdeburg genannt werden, wo die fachliche Betreuung der Doktoranden seit 2003 mindestens durch zwei Wissenschaftler erfolgt, den Doktorvater bzw. die Doktormutter an der Universität und eine weitere Vertrauensperson des Doktoranden.[379] Ein weiteres Beispiel sind die strukturierten Doktorandenprogramme der Universitäten, die im Rahmen des im Abschnitt 3.3 vorgestellten Förderprogramms „Promovieren an Hochschulen in Deutschland" (PHD) entstanden sind. Dort sollen den Doktoranden stets mehrere Betreuer zur Verfügung stehen. Bei der im März 2007 vorgestellten Evaluation gaben jedoch immer noch 22 Prozent der Doktoranden an, weniger als zwei fachliche Betreuer zu haben.[380]

Bei manchen strukturierten Promotionsangeboten in Deutschland wie den Graduiertenkollegs ergibt sich aus US-amerikanischer Sicht allerdings ein Vorteil der Betreuung gegenüber dem US-Promotionssystem, zumindest in den Geistes- und Sozialwissenschaften. Eine intensive Betreuung

---

[376] Wissenschaftsrat: Empfehlungen zur Doktorandenausbildung, S. 44.

[377] „Spätestens an diesem Punkt [wenn der genehmigte Dissertationsplan vorliegt] müsste auch die individuelle Beratung durch eine kollegiale Beratung ersetzt werden; die meisten Dissertationsprojekte können von mehrfacher Beleuchtung (die ja auch das professionelle Umfeld von Wissenschaftlern im späteren Beruf widerspiegelt) nur gewinnen, auch wenn einer, der Erstberater oder der Vorsitzende eines Dissertationsausschusses, die letzte Verantwortung trägt". Weiler: Promotion und Exzellenz, S. 5.

[378] Janson et al.: Wege zur Professur, S. 73.

[379] Die Doktorandenausbildung am Zentrum erfolgt seit Ende 2007 unter dem Dach der Graduiertenschule HIGRADE (vgl. Fußnote 290) und alle Doktoranden werden durch ein „personal supervision team" betreut, das aus zwei Vertretern des Zentrums, einem Vertreter der Universität und einem persönlichem Betreuer, meist einem weiteren Forscher des Zentrums, besteht. Vgl. URL: http://www.higrade.ufz.de/index.php?en=14665 (30.6.08).

[380] 32 Prozent der 589 Doktoranden, die auf die Befragung auswertbar geantwortet haben (insgesamt wurden bei einer Rücklaufquote von 31,4 Prozent 1877 Doktoranden befragt) gaben an, zwei „academic/professional advisors" zu haben, 46 Prozent mehr als zwei. Vgl. Klüsener: Promotion, Folien 13 und 16.

und Beratung sei im Kolleg nämlich auch während der beiden Phasen vorhanden, die wiederum in den USA als die betreuungsschwächsten gelten: bei der Verfassung des Exposés und beim eigentlichen Schreiben der Dissertation.[381]

Generell kann festgestellt werden, dass Universitäten in Deutschland mit der Zunahme strukturierter Angebote verstärkt eine mehrfache Betreuung sowie Doktorandenkolloquien, übergreifende Vorlesungen, Veranstaltungen zu Schlüsselqualifikationen oder spezielle Beratungsmöglichkeiten für Doktoranden anbieten. Dadurch jedoch, dass bisher nur eine Minderheit der Promotionen im Rahmen solcher Programme erfolgt, können die meisten Doktoranden von diesen Angeboten nicht profitieren.

Die bei der traditionellen Promotion bestehenden Betreuungsformen sind oft mangelhaft. Sie stehen den Doktoranden im unterschiedlichen und intransparenten Umfang zur Verfügung, sind meist quantitativ nicht ausreichend und beziehen sich in qualitativer Hinsicht nicht auf alle erforderlichen Bereiche. So erfüllen etwa ausschließliche Oberseminare, die „in der Summe zu selten, zu unverbindlich oder zu unstrukturiert angeboten werden" kaum die Funktion der Vermittlung von wissenschaftlichen Schlüsselqualifikationen oder die Förderung von interdisziplinärem Arbeiten.[382]

Weitere Defizite sind das noch nicht flächendeckend genutzte Instrument der Promotionsverträge bzw. Promotionsvereinbarungen, auf das bereits im Abschnitt 3.4 hingewiesen wurde, das Fehlen einer vom Fachbereich unabhängigen Beratungs- oder Anlaufstelle für Doktoranden und Betreuer, sowie zum Teil ungenügend Gelegenheiten zum Austausch über die eigene Arbeit.

Darüber hinaus mangelt es in den allermeisten Fällen an Unterstützung der Betreuer, Doktoranden und Promotionsinteressierten durch Informationsmaterialien und Handbücher über die jeweiligen Promotionsmöglichkeiten und -anforderungen. Als Ratgeber für Promovierende und Promotionsinteressierte ist das Handbuch „Promovieren mit Perspektive" erwähnenswert, das umfangreiche Tipps zu den Themen Promotionsplanung, Finanzierung, Zeitmanagement, Publikation etc. sowie eine Liste weiterer Ratgeber zum Thema Promovieren enthält.[383]

---

[381] Vgl. Nerad: Preparing for the next Generation, S. 20.

[382] Hochschulrektorenkonferenz: Zum Promotionsstudium (ohne Seitenangaben, unter: A. Ausgangslage - 2. Probleme bei der Doktorandenausbildung).

[383] Vgl. Koepernik et al.: GEW-Handbuch Promovieren mit Perspektive.

Ein Problem bei Verbesserungsvorhaben hinsichtlich der Betreuung bzw. einer höheren Beteiligung der Professoren an der Ausbildung der Doktoranden stellt in Deutschland die Deputatszuordnung dar. Die Betreuung der Doktoranden muss angemessen bei der Berechnung der Kapazität und bei Deputatszuordnungen berücksichtigt werden, d. h. genauso deputatsrelevant sein wie die Beteiligung an der Ausbildung von Bachelor- und Masterstudierenden. Gleichzeitig sollte der Forschungsteil des Professorendeputats eine verbindliche Verpflichtung zur Beteiligung an der Ausbildung und Betreuung der Doktoranden enthalten.[384]

Qualitätssicherung durch Prüfungen

Im Vergleich zu den USA verlaufen in Deutschland die meisten Promotionen mit Ausnahme der Abschlussprüfung ‚prüfungslos'. Hauptdefizit ist dabei das Fehlen von tatsächlichen Auswahlverfahren bei der Mehrheit der Promotionsvorhaben (vgl. Abschnitt 3.2). Das Einreichen des Exposés der Dissertation ist oft ein informeller Schritt, bei dem keine transparente Qualitätssicherung vorgesehen ist. Am Ende der Promotion wird die Abschlussarbeit in der Regel von zwei Gutachtern bewertet, der Erstgutachter ist zumeist gleichzeitig der Betreuer des Doktoranden. Die darauf folgende Abschlussprüfung hat zwei mögliche Formen, die beide mündlich und in der Regel öffentlich stattfinden und bis zu zwei Stunden dauern können. In der so genannten Disputation verteidigt der Doktorand seine Dissertationsarbeit, indem er entweder über sein Thema vorträgt und danach auf Fragen der Kommission eingeht oder aber neue Forschungsthesen vorstellt und diese in Diskussion mit der Kommission verteidigt. Beim so genannten Rigorosum wird der Doktorand zu Themen aus dem gesamten Fach bzw. (auch Neben-)Fächern geprüft. Neben den in der Regel zwei Gutachtern gehören der Prüfungskommission meist noch weitere Hochschullehrer an, eine Teilnahme von externen Mitgliedern ist aber keine Regel. Die Rückmeldung der Kommission bleibt leider oft ohne Auswirkungen auf die bereits abgeschlossene Dissertation. Die Benotung der Promotion wird vom Statistischen Bundesamt mit insgesamt sieben Notenkategorien erfasst: mit Auszeichnung, sehr gut, gut, befriedigend, ausreichend, endgültig nicht bestanden oder Note nicht bekannt,[385] wobei ein Nichtbestehen (in der Endprüfung) sehr selten vorkommt (0,3 Promille im Prüfungsjahr 2006, vgl. 3.7, unter „Erfolgsquoten").

---

[384] Vgl. Wissenschaftsrat: Empfehlungen zur Doktorandenausbildung, S. 47, sowie Weiler: Promotion und Exzellenz, S. 8.

[385] Vgl. Statistisches Bundesamt: Fachserie 11 / Reihe 4.2., S. 248.

Folgerungen

Dadurch, dass die meisten Doktoranden in Deutschland nicht in strukturierten Promotionsformen promovieren, würde in der derzeitigen Situation eine Akkreditierung der strukturierten Promotionsangebote gerade den
am meisten ‚reformbedürftigen' Teil der Doktorandenausbildung, nämlich
die Individualpromotion, nicht treffen. Als erste Schritte sollten deshalb,
wie in den Abschnitten 3.1 und 3.3 vorgeschlagen, flächendeckend Doktorandenzentren als Dachstrukturen in den Hochschulen eingerichtet und
die Individualpromotion institutionalisiert werden. Sobald alle Doktoranden in diesen stärker als bisher strukturierten Promotionsformen eingebunden sind, erscheint eine regelmäßige Überprüfung der einzuhaltenden
Mindeststandards in den Bereichen Organisationsstruktur, Auswahl und
Zulassung, Betreuung und Begleitung, Vermittlung wissenschaftlicher
Schlüsselqualifikationen inklusive Lehrerfahrung sowie Internationalisierung sinnvoll. Mit Blick auf die Praxis in den USA könnte zu den Kriterien
einer guten Doktorandenausbildung auch das Erfüllen von Standards gehören, nach denen Lehrende nur Kurse anbieten dürfen, für die sie nachweislich qualifiziert sind.[386]

Unabhängig von der Akkreditierung bzw. Mindeststandardsüberprü-
fung sollte eine regelmäßige Evaluation der Fachbereiche, der existierenden Doktorandenprogramme, der an der Betreuung beteiligten Professoren und der Doktoranden selbst durchgeführt werden.

Eine multiple und systematische Betreuung und Begleitung ist für
alle Doktoranden förderlich. So sollten in Zukunft alle Nachwuchswissenschaftler mindestens zwei fachrelevante Betreuer haben sowie weitere
vom Fachbereich unabhängige Ansprechpartner wie die Koordinatoren
der Doktorandenzentren. In einem solchen Modell wären die Fachbetreuer für die Einhaltung der im Vorfeld – optimalerweise im Rahmen einer
Promotionsvereinbarung oder eines Promotionsvertrags – festgelegten
Teilleistungen der Doktoranden zu abgesprochenen Fristen zuständig,
das Doktorandenzentrum hätte eine zusätzliche Aufsicht. Betreuer und
Doktoranden sollten von den Doktorandenzentren durch Handbücher mit
aufgelisteten Betreuungspflichten und -rechten sowie deren Zeitpunkten
während der Promotion unterstützt werden.

Über die erbrachten Leistungen sollten in angemessener Form schriftliche Notizen geführt werden. Die Teilleistungen und Zeitpunkte während
der Promotion, die sich für alle Doktoranden als verpflichtende Mindest-

---

[386] Vgl. 2.5.

standards zur Verfolgung der Promotionsfortschritte anbieten, wurden im Abschnitt 3.3 dargestellt. Insbesondere bei Individualpromotionen spielen sie aufgrund des Fehlens anderer Strukturen als qualitätssichernde Maßnahmen eine zentrale Rolle.

Bestandteile der Betreuung sollten darüber hinaus die Bereitstellung eines (Bibliotheks-) Arbeitsplatzes sowie die Etablierung von institutsweiten freiwilligen aber organisierten und regelmäßig stattfindenden sozialen Aktivitäten bilden, die den Doktoranden ähnlich wie die *student and faculty clubs* in den USA ungezwungene Gelegenheit zum Kontaktknüpfen und Austausch über die eigene Arbeit und darüber hinaus bieten. Diese in Deutschland bereits – etwa im Rahmen der Graduiertenkollegs – vereinzelt bestehenden Standards sind flächendeckend einzuführen.

Mit Blick auf die Qualitätssicherung der Promotion durch Prüfungen wurde bereits im Abschnitt 3.2 eine flächendeckende und jeweils hochschulweite Einführung von tatsächlichen Auswahlverfahren empfohlen. So sollte der in den USA übliche „sorgfältige, formelle Zulassungsprozess zum Doktorandenstudium, der sowohl fachspezifische wie fachübergreifende Diagnostik einschließt und sich entweder an Absolventen von Bachelorstudiengängen oder von Masterstudiengängen richtet"[387] auch in Deutschland eingeführt werden.

Als ein weiteres wichtiges qualitätssicherndes Element wird anhand des Vergleichs mit den USA für alle Doktoranden eine formalisierte Genehmigung des Dissertationsexposés durch eine Promotionskommission vorgeschlagen, die später auch die Dissertationsarbeit und ihre Verteidigung bewertet. Damit die Rückmeldung der Wissenschaftsgemeinschaft bei der Vorstellung der Dissertationsarbeit im Rahmen der Verteidigung nicht ohne Einfluss auf diese bleibt, bietet sich – neben einer Beurteilung des Exposés und der *peer reviews* eventueller Teilpublikationen – eine Disputation des letzten Entwurfes der Dissertation an.[388]

Wie am US-amerikanischen Beispiel gesehen werden kann, sind Wettbewerbe und Förderprogramme ein hocheffektives Instrument zur Verbesserung der Doktorandenausbildung.[389] In Deutschland ist die Exzellenz-

---

[387] Weiler: Promotion und Exzellenz, S. 3.

[388] Vgl. ebd., S. 8.

[389] Zu den in dieser Arbeit vorgestellten Förderinitiativen in den USA gehören u. a. das *Professional Science Masters*-Programm (vgl. 2.1, unter „Masterstudiengänge"), die *Carnegie Initiative on the Doctorate* (vgl. 2.3, unter „Ursachen und Lösungsansätze"), das *Ph.D. Completion Project* (vgl. 2.7, unter „Erfolgsquoten"), die Initiative *Preparing the Future Faculty* (vgl. 2.4, unter „Einschreibungspflicht, Forschungs- und Lehrassistenten"), das Programm ADVANCE (vgl. 2.4, unter „Soziale Aspekte"), die Projekte *Integrative Graduate Education*

initiative ein wichtiger Schritt in die richtige Richtung. Sie müsste jedoch weiterentwickelt werden sowie eine Vernetzung der *good practice*-Modelle und die Ausstrahlung der ‚Leuchttürme' auf die restlichen Hochschulen sichergestellt werden. Neben solchen Rahmeninitiativen sind anhand der Erfahrungen in den USA auch Förderprogramme zu Einzelaspekten der Doktorandenausbildung empfehlenswert. So bieten sich in Deutschland Wettbewerbe oder Förderprogramme etwa zur Senkung der Promotionsdauer, zur hochschulweiten Einführung von Auswahlverfahren, zur Institutionalisierung der Individualpromotion oder zur Erprobung von Pilotprojekten mit integrierten Doktorandenstudien an. Die entstandene *good practice* sollte später allen Hochschulen zugänglich gemacht werden.

3.6 Mobilität, Internationalität, Kooperation

Ausländische Doktoranden in Deutschland

Der Anteil der Ausländer an den bestandenen Promotionsprüfungen lag in Deutschland im Prüfungsjahr 2006 bei 13 Prozent.[390] Rückblickend auf die Entwicklung des Ausländeranteils kann festgestellt werden, dass dieser ab den achtziger Jahren konstant bei etwa sieben Prozent lag, sich seit 1998 jedoch stetig erhöht.[391] Ursachen für die seitdem kontinuierliche Steigerung des Ausländeranteils könnten die sukzessive EU-Erweiterung, Änderungen des Zuwanderungsgesetzes oder der Bologna-Prozess sein, sowie die mit diesen Veränderungen einhergehende stärkere Internationalisierung deutscher Hochschulen, die die Attraktivität einer Promotion in Deutschland für ausländische Interessierte erhöht. Fest steht jedoch, dass der Anteil ausländischer Doktoranden in Deutschland mit 13 Prozent derzeit weiterhin nicht nur deutlich niedriger ist als der Ausländeranteil in den USA, sondern auch als derjenige in Frankreich oder Großbritannien. In all diesen Ländern stammen mehr als ein Drittel der Doktoranden aus einem anderen Land.[392]

Laut der für das BMBF erstellten Studie „Internationalisierung der deutschen Forschungs- und Wissenschaftslandschaft" von 2007 beläuft

---

Research and Traineeship (IGERT) und *The Responsive Ph.D.* (vgl. 2.4, unter „Weitere Finanzierungsquellen" sowie 2.7, unter „Absolventenverbleib und Funktion des Grades") oder die Initiative *Responsible Conduct of Research* (vgl. 2.7, unter „Schlüsselqualifikationen").

[390] Eigene Berechnung nach: Statistisches Bundesamt: Fachserie 11 / Reihe 4.2., S. 17-18.

[391] Vgl. Janson *et al.*: Wege zur Professur, S. 67.

[392] Vgl. URL: http://www.dradio.de/dlf/sendungen/campus/641630/ (30.6.08).

sich der Anteil ausländischer Forscher in Deutschland auf durchschnittlich 7,3 Prozent bei den Universitäten und auf 15 Prozent bei den Forschungsinstituten. Die ausländischen Forscher kommen dabei zum Großteil aus Westeuropa (32 %), Asien (26 %) und Osteuropa (19 %), nur zwölf Prozent stammen aus den USA.[393] Robert Paul Königs, Leiter der Abteilung Fachliche Angelegenheiten und Forschungsförderung bei der Deutschen Forschungsgemeinschaft, fasste die Situation in Bezug auf die Studierenden so zusammen: „Good students leave Germany, good students from elsewhere go elsewhere".[394] Hinsichtlich der Vereinigten Staaten konstatierte 2002 der Wissenschaftsrat: „Die Hauptkonkurrenten um promotionswillige, international mobile Nachwuchswissenschaftler sind zuallererst die USA".[395]

Die Herkunftsländer der ausländischen Doktoranden in Deutschland waren 2006 an erster Stelle China (265 Absolventen) und Indien (201), gefolgt von der Russischen Föderation (170) und Italien (168).[396] Die bevorzugten Fächergruppen ausländischer Doktoranden waren dabei Mathematik und Naturwissenschaften (1507 Absolventen), Ingenieurwissenschaften (418) und Sprach- und Kulturwissenschaften (384).[397] In der gesondert betrachteten Fächergruppe Humanmedizin/Gesundheitswissenschaften promovierten 2006 insgesamt 435 Ausländer.[398]

In der Diskussion um die Internationalisierung der Doktorandenausbildung wird wie in den USA auch in Deutschland auf die Notwendigkeit einer besseren Integration der ausländischen Doktoranden hingewiesen. Hierbei seien insbesondere eine gute Betreuung wichtig, die zum tatsächlichen Abschluss der Promotion beiträgt, sowie eine Perspektive für die Zukunft.[399] Ein Beispiel für aktuelle Aktivitäten in diesem Bereich ist neben dem im Abschnitt 3.3 vorgestellten DAAD-Programm „PhD-Net" das Stipendien- und Betreuungsprogramm STIBET, das eine signifikante Verbesserung der Betreuungsleistungen für ausländische Studierende und Doktoranden und dadurch die Erhöhung der Attraktivität des Studien- und Promotionsstandortes Deutschland zum Ziel hat. Die Programmlinie „Be-

---

[393] Vgl. Edler *et al.*: Internationalisierung der deutschen Forschungs- und Wissenschaftslandschaft, S. ii.

[394] Königs: The Doctorate in Transition, S. 72.

[395] Wissenschaftsrat: Empfehlungen zur Doktorandenausbildung, S. 34.

[396] Statistisches Bundesamt: Fachserie 11 / Reihe 4.2., S. 37.

[397] Ebd., S. 26.

[398] Ebd.

[399] Vgl. Wette: Im Wettstreit, S. 1.

treuungsmaßnahmen für ausländische Doktoranden und Postdoktoranden" sieht dabei für ausländische Promovierende neben Stipendien, fachlich ausgerichteten Sprachkursen, festen Betreuungspartnern vor Ort und Informationsveranstaltungen auch *teaching* und *research assistantships* vor. Bei diesen können die Doktoranden zur Unterstützung in Lehre und Forschung eingesetzt werden. Das Programm wird vom DAAD mit Mitteln des Auswärtigen Amtes durchgeführt.[400]

Mobilität der deutschen Doktoranden

Systematische Datenerhebungen speziell zu Auslandsaufenthalten deutscher Promovierender gibt es bisher nicht.[401] So kann auf die Doktorandenmobilität lediglich indirekt anhand der Mobilität der beiden Gruppen Forscher und Studierende geschlossen werden. Hinsichtlich der Gruppe der Forscher kamen Jakob Edler *et al.* in der bereits zitierten Studie „Internationalisierung der deutschen Forschungs- und Wissenschaftslandschaft" 2007 zu dem Ergebnis, dass „auch für die Mobilität […] die USA das bei Weitem wichtigste Land [sind]. 57 Prozent aller auslandsmobilen Forscher gaben die USA als Zielland an. Dies übertrifft den Austausch mit Westeuropa gesamt um mehr als das Doppelte".[402] Die Studie belegte darüber hinaus, dass die Auslandsmobilität der Forscher positiv mit einem hohen Publikationsoutput korreliert.[403] Hinsichtlich der aktuellen Struktur der für Deutschland allgemein wichtigen Kooperationsländer ergab sich das „wenig überraschende Bild, das für alle Institute und Universitäten die USA wichtigster Kooperationspartner sind, gefolgt von Frankreich und Großbritannien".[404]

Was die Zielgruppe der Studierenden betrifft, planten laut einer HIS-Studie zur Auslandsmobilität von 2007 42 Prozent von über 5000 internetgestützt befragten deutschen Studierenden einen Auslandsaufenthalt.[405] Das größte Mobilitätshindernis seien mit 53 Prozent finanzielle Schwierigkeiten, gefolgt von mangelnder Unterstützung der Hochschule (37 %),

---

[400] Vgl. URL: http://www.daad.de/hochschulen/betreuung/stibet/05885.de.html (30.6.08).

[401] Vgl. Bundesministerium für Bildung und Forschung: Bundesbericht, S. 234.

[402] Edler *et al.*: Internationalisierung der deutschen Forschungs- und Wissenschaftslandschaft, S. i.

[403] Vgl. ebd., S. i und 11.

[404] Vgl. ebd., S. 6.

[405] DAAD, BMBF: Fachkonferenz zur Auslandsmobilität, S. 2.

curricularen Problemen und Zeitverlust (beides 35 %).[406] Zu einem ähnlichen Ergebnis kommt die Studie „Internationalisierung des Studiums" (18. Sozialerhebung des Deutschen Studentenwerks, April 2008): Die erwartete finanzielle Mehrbelastung ist mit Abstand der stärkste Einflussfaktor auf die persönliche Einstellung zu einem studienbezogenen Auslandsaufenthalt, wie 65 Prozent der Studierenden im Erststudium ohne Auslandserfahrung und immer noch 54 Prozent der Studierenden mit Auslandserfahrung angaben.[407]

Insgesamt hatten je nach Quelle bereits 23 bzw. 31 Prozent der Studierenden während ihres Studiums studienbezogene Auslandsaufenthalte absolviert (Studium, Praktikum, Sprachkurs, o. ä.)[408] und laut Hochrechnungen des Statistischen Bundesamtes waren im Jahr 2005 rund vier Prozent (ca. 75.800) der deutschen Studierenden im Ausland eingeschrieben.[409] Nach den Niederlanden (11.896 deutsche Studierende), Großbritannien (11.600) und Österreich (10.174) waren dabei die Vereinigten Staaten (8.829) das beliebteste Zielland; in den Jahren bis 2001 hatten die USA die Statistik regelmäßig angeführt.[410]

Zusammenfassend kann festgestellt werden, dass die USA generell ein wichtiges Zielland sind, und dass finanzielle wie inhaltliche Unterstützung der deutschen Studierenden und Doktoranden bei deren Mobilitätsbereitschaft eine zentrale Rolle spielen.

Internationalität der Programme und Kooperation

Dass die internationale Ausrichtung der Doktorandenausbildung in Deutschland zunimmt, kann bereits anhand der Namen der neu entstandenen strukturierten Doktorandenprogramme beobachtet werden. So gibt es internationale Graduiertenkollegs der Deutschen Forschungsgemeinschaft (DFG), *International Max Planck Research Schools* (IMPRS) und Internationale Promotions-Programme (IPP) der DFG und des DAAD im Rahmen des Programms Promotion an Hochschulen in Deutschland (PHD), das ab 2008 durch das PhD-Net-Programm des DAAD mit einer

---

[406] Vgl. ebd. sowie URL: http://www.daad.de/presse/de/2007/06_07_Mitgliederversammlung_P-GS.pdf (30.6.08).

[407] Vgl. Bundesministerium für Bildung und Forschung: Internationalisierung des Studiums, S. 56-57.

[408] DAAD, BMBF: Fachkonferenz zur Auslandsmobilität, S. 2 bzw. Bundesministerium für Bildung und Forschung: Internationalisierung des Studiums, S. 4.

[409] Vgl. Statistisches Bundesamt: Deutsche Studierende im Ausland, S. 18.

[410] Vgl. ebd.

Neuausrichtung fortgesetzt wird (vgl. Abschnitt 3.3, unter „Strukturierte Promotionsmodelle"). Darüber hinaus bzw. zum Teil im Rahmen dieser Programme existieren zahlreiche Einzelinitiativen, die die Internationalität ebenfalls direkt oder indirekt im Namen führen und zum Ziel haben. Dazu gehören z. B. das im Abschnitt 3.3 vorgestellte *International Graduate Centre for the Study of Culture* (GCSC), das Pilotzentrum Internationales Doktorandenforum der Technischen Universität Kaiserslautern,[411] das Deutsch-Italienische Promotionskolleg „Germanistik", das Internationale Doktorandenprogramm „Italianistica" und das ab 2009 startende trinationale Promotionskolleg „Gründungsmythen Europas in Literatur, Kunst und Musik" der Universität Bonn,[412] die *International Research Training Group (IRTG) Geometry and Analysis of Symmetries* Metz-Paderborn[413] oder das erste Deutsch-Russische Graduiertenkolleg *Enzymes and Multienzyme Complexes Acting On Nucleic Acids* der Universitäten Gießen, Marburg und der Moskauer staatlichen Lomonossov-Universität.[414]

Auch das neue ATLANTIS-Programm der Europäischen Kommission und des *U.S. Department of Education* soll die europäisch-amerikanische Hochschulkooperation weiter fördern, u. a. durch transatlantische Projekte für gemeinsame Hochschulabschlüsse bzw. Curricula sowie transatlantische Mobilitätsprogramme für Studenten und Wissenschaftler (vgl. 2.6, unter „Internationalität der Programme und Kooperation").

Die internationalen Graduiertenkollegs der DFG haben insbesondere die drei strategischen Ziele der Interdisziplinarität und Netzwerkbildung, der internationalen Kooperation und der Nachwuchsförderung. Die Kollegs werden gemeinsam durch deutsche und ausländische Partnergruppen beantragt und die Kooperation umfasst ein gemeinsames Forschungs- und Studienprogramm mit einem sechs- bis zwölfmonatigen Aufenthalt an der jeweiligen Partnerhochschule. Die Förderdauer umfasst maximal zwei mal 4,5 Jahre.[415]

---

[411] Vgl. Senger: Internationaler Wissenschaftsstandort, sowie Senger: Betreuungs- und Beurteilungsstrukturen und URL: https://www.docfor.uni-kl.de/docfor.php?show=page:start;cmd=view:start (30.6.08).

[412] Vgl. Geyer: Internationale Projekte der Universität Bonn, S. 123-125, sowie URL: http://www.idw-online.de/pages/de/news235981 (30.6.08).

[413] Vgl. Hilgert: Internationale Zusammenarbeit.

[414] URL: http://idw-online.de/pages/de/news217332 (30.6.08).

[415] Vgl. Bondre-Beil: Internationale Zusammenarbeit, S. 127. Weitere Informationen zu den internationalen Graduiertenkollegs der DFG befinden sich unter URL: http://www.dfg.de/forschungsfoerderung/koordinierte_programme/graduiertenkollegs/int_gk/index.html, eine Liste aller aktuell geförderten internationalen Graduiertenkollegs der DFG unter URL:

Einige deutsche Hochschulen praktizieren – zum Teil im Rahmen der oben exemplarisch genannten Promotionsprogramme – feste Formen internationaler Kooperation wie *joint programs*, die vor allem als binationale Promotionsverfahren, sog. Cotutelle-Verfahren, realisiert werden.[416] Bei der Menge an Angeboten von gemeinsamen Doktorandenprogrammen von zwei oder mehr Universitäten waren in Europa laut einer EUA-Studie von 2005 Deutschland, Spanien, Frankreich, Italien, Großbritannien und die Niederlande führend.[417]

Eine zunehmende internationale Kooperation deutscher Forscher in allen Fächern mit Ausnahme der Geisteswissenschaften belegt auch die bereits erwähnte Studie zur Internationalisierung der deutschen Forschungs- und Wissenschaftslandschaft. Demnach wurden 2003 37 Prozent aller wissenschaftlichen Publikationen unter Mitwirkung mindestens eines ausländischen Koautors erstellt, im Vergleich zu etwa 20 Prozent im Jahr 1991. Die USA seien auch dabei der wichtigste Kooperationspartner.[418]

Zur Erhöhung der Internationalität sehen die meisten Programme neben gemeinsamen Abschlüssen und vielfältigen Kooperationen Gastvorträge oder ganze Teile des Curriculums in Englisch vor. Darüber hinaus gibt es bereits viele Promotionsprogramme mit ausschließlich englischsprachigem Unterricht. Eine Recherchemöglichkeit für solche Programme bietet das DAAD-Portal „International Programmes in Germany", in dem neben internationalen strukturierten Promotionsprogrammen auch internationale Bachelor- und Masterstudiengänge gesucht werden können.[419]

---

http://www.dfg.de/forschungsfoerderung/koordinierte_programme/graduiertenkollegs/liste/gk_int_nr.html (beide URLs 30.6.08).

[416] Für weitere Informationen zu binationalen Promotionsverfahren vgl. URL: http://www.hrk.de/de/service_fuer_hochschulmitglieder/156.php, sowie speziell für die deutsch-französischen Beziehungen URL: http://www.dfh-ufa.org/2263.html (beide URLs 30.6.08). Für einen Erfahrungsbericht mit dieser Promotionsform vgl. Tucci: Erfahrungsbericht Cotutelle de Thèse, für Informationen zum DAAD-Programm PhD-Net, das ebenfalls binationale Promotionen fördert, vgl. 3.3, unter „Strukturierte Promotionsmodelle". Speziell für Promovierte aus dem deutsch-französischen Raum haben die Deutsch-Französische Hochschule (DFH) und die *Association Bernard Gregory* (ABG) im Mai 2008 eine Deutsch-Französische Servicestelle eingerichtet, die Promovierte u. a. individuell bei der Arbeitsplatzsuche begleitet und eine umfangreiche Sammlung von Stellenangeboten zur Verfügung stellt. Vgl. URL: http://idw-online.de/pages/de/news260386 (30.6.08).

[417] Vgl. Bundesministerium für Bildung und Forschung: Bundesbericht, S. 270.

[418] Vgl. Edler *et al.*: Internationalisierung der deutschen Forschungs- und Wissenschaftslandschaft, S. i.

[419] URL: http://www.daad.de/deutschland/studienangebote/international-programmes/07 53 5.de.html (30.6.08). Ganze Studiengänge auf Englisch werden insbesondere im Masterbereich und in den Ingenieur- sowie Wirtschaftswissenschaften immer populärer, wie eine

Ein Defizit im Hinblick auf die Internationalität der Doktorandenausbildung in Deutschland bleibt das bisher ungenügende Angebot an strukturell und zeitlich passenden Programmen für hochqualifizierte in- und ausländische Promotionsinteressierte mit Bachelorabschluss.

Folgerungen

Sowohl in Deutschland als auch in den USA wird in der Diskussion über die Internationalisierung der Doktorandenausbildung eine bessere Integration der ausländischen Doktoranden gefordert, insbesondere durch eine verbesserte Betreuung auf dem Weg zum Promotionsabschluss sowie durch das Angebot einer Perspektive für die berufliche Zukunft. Wie das USA-Beispiel zeigt, können ausländische Doktoranden durchaus ein wichtiger Wirtschafts- und Kulturfaktor im Zielland sein. Sie bringen nicht nur in der Mehrheit die finanziellen Mittel für ihren Promotionsaufenthalt selbst mit, sondern importieren kulturelle Werte ihres Landes und können als Vermittler ihrer Kultur, Sprache, Forschungserfahrung und -netzwerke eingebunden werden. Von einer Erhöhung des Anteils und einer besseren Integration der ausländischen Promovierenden könnten so im Rahmen einer ‚Mobilität zu Hause' mit Blick auf interkulturelle, Fremdsprachensowie ausländische Forschungskompetenz auch deutsche Doktoranden profitieren.

Um der strukturellen Inkompatibilität der Systeme der Doktorandenausbildung in Deutschland und den USA entgegenzuwirken und zeitlich passende Angebote für hochqualifizierte ausländische (und inländische) Promotionsinteressierte mit Bachelorabschluss machen zu können, wurde im Abschnitt 3.2 die Durchführung von Pilotprojekten integrierter Doktorandenstudien empfohlen. Darüber hinaus ist die internationale Zusammenarbeit in der Doktorandenausbildung, bis hin zu *joint programs*, weiter auszubauen.

Als Minimalstandard ist für deutsche Doktoranden als Teil der zu erwerbenden Schlüsselqualifikationen ein Auslandsaufenthalt während der Promotion vorzusehen, sofern dieser nicht im vorangehenden Studium wahrgenommen wurde. Die sprachliche und kulturelle Vielfalt ist heute

---

Studie der *Academic Cooperation Association* (ACA) von 2008 belegt. Die Zahl der englischsprachigen Studiengänge hat sich in Europa in den vergangenen fünf Jahren verdreifacht und manche Universitäten haben ihre Masterausbildung nahezu vollständig auf Englisch umgestellt. So etwa die Universität Leiden, die seit 2005 alle Studiengänge mit Ausnahmen wie Niederländisch in der englischen Sprache anbietet. Vgl. URL: http://neso.nuffic.nl/indonesia/home/news-events/news-archive/2008/teaching-in-english-on-the-rise-in-european-universities (30.6.08).

eine nicht nur berufliche Realität aller Promovierten und interkulturelle Kompetenz ist als ein Teil der Vorbereitung auf führende Positionen innerhalb und außerhalb der Wissenschaft nötig.

3.7 Erfolgsquoten, Absolventenverbleib und ‚Funktion' des Grades

Erfolgsquoten

Analog zum USA-Abschnitt (vgl. 2.7) soll hier die Promotionsphase in Deutschland quantitativ u. a. anhand der Promotionsquote, der Promotionsintensität, des Alters bei Promotionsabschluss und der Abbrecherquoten in der Promotionsphase beschrieben werden. Die Gegenüberstellung erfolgt anschließend unter „Folgerungen".

Die Promotionsquote, berechnet als Anzahl der Doktorgrade in einer Altersstufe, betrug in Deutschland 2005 nach OECD-Angaben einschließlich der Medizin 2,4 Prozent.[420] Dies ist der höchste Wert nach der Schweiz (3,1 %) und Portugal (2,6 %).[421] Janson *et al.* schätzen die deutsche Promotionsquote insgesamt auf etwa zwei Prozent, ohne Medizin auf ca. 1,5 Prozent.[422]

Die Promotionsintensität betrug in Deutschland im Mittel der Jahre 2003-2005 über die Fächer hinweg 19 Prozent, ohne Humanmedizin/Gesundheitswissenschaften 14,2 Prozent.[423] Auf geringfügig höhere Werte (alle Fächer 21,4 %, ohne Medizin 15,4 %) war für das Jahr 2000 der Wissenschaftsrat gekommen.[424] Nach der bisher einmaligen fachspezifischen Aufschlüsselung des Wissenschaftsrats ist die Promotionsintensität besonders hoch in der Humanmedizin (80 %) und in der Chemie (69 %). Auch für fast jeden zweiten Universitätsabsolventen in Physik (42 %) und Biologie (44 %) ist die Promotion der ‚Regelabschluss'. Am niedrigsten

---

[420] OECD: Education at a Glance, Table A3.1., S. 65 und 67.

[421] Ebd. Die hohe Promotionsquote in Portugal wird dadurch beeinflusst, dass in die der OECD-Berechnung zu Grunde liegende ISCED 6-Gruppe auch die sog. *mestre*-Grade der zweijährigen *mestrado*-Programme mit einberechnet werden, die nicht zum Führen eines Doktorgrads berechtigen. Vgl. ebd., Annex 3, Chapter A, S. 26 und 35.

[422] Vgl. Janson *et al.*: Wege zur Professur, S. 69.

[423] Vgl. Bundesministerium für Bildung und Forschung: Bundesbericht, S. 111-112.

[424] Diese und folgende Angaben dieses Absatzes vgl. Wissenschaftsrat: Empfehlungen zur Doktorandenausbildung, S. 108-114.

ist die Promotionsintensität in den Wirtschaftswissenschaften (5,7 %), in Kunst und Kunstwissenschaft (5,6 %) und in Sport (3 %).

Würde man – wie in den USA üblich – alle Hochschulabschlüsse vor der Promotion als Basis der Berechnung verwenden (in Deutschland inklusive der Fachhochschulabschlüsse), würde die Promotionsintensität schätzungsweise 14 Prozent einschließlich Medizin und zehn Prozent ohne Medizin betragen.[425]

Das Durchschnittsalter bei Promotionsabschluss ist eine im Bezug auf die Promotionsdauer nur bedingt relevante Größe. Das liegt zum einen daran, dass nicht alle Hochschulabsolventen direkt nach dem Studium mit der Promotion beginnen, zum anderen daran, dass nicht alle Doktoranden in Vollzeit promovieren, und deshalb beim Promotionsabschluss älter sind als Vollzeitpromovierende. Im Jahr 2006 lag das Alter bei Promotionsabschluss in Deutschland (ohne Medizin) im Durchschnitt bei 33,2 Jahren, bei über 36 Jahren in den Sprach- und Kulturwissenschaften und bei fast 34 Jahren in den Ingenieurwissenschaften.[426] Im Jahr 1994 betrug das durchschnittliche Promotionsalter (ohne Medizin) mit 32,1 Jahren noch rund ein Jahr weniger als 2006.[427]

Zum Thema Abbrecherquoten innerhalb der Promotionsphase können in Deutschland aufgrund der mangelnden Datenbasis kaum Aussagen gemacht werden.[428] Basierend auf den Berechnungsansätzen des Instituts für Hochschulforschung (HoF), Wittenberg, kann jedoch geschätzt werden, dass (die Medizin ausgenommen) zwei von drei Doktoranden ihre Promotion abbrechen bzw. nur jeder Dritte erfolgreich abschließt.[429] Auf keinen Fall kann dies auf eine zu hohe Selektivität speziell bei der Abschlussprüfung zurückgeführt werden: Laut Information des Statistischen Bundesamtes haben im Prüfungsjahr 2006 im Gegensatz zu 24.287 verliehen Doktorgraden insgesamt nur sieben Personen (0,3 Promille) ihre Promo-

---

[425] Vgl. Janson *et al.*: Wege zur Professur, S. 71.

[426] Eigene Berechungen nach: Statistisches Bundesamt: Fachserie 11 / Reihe 4.2., S. 235.

[427] Vgl. Wissenschaftsrat: Empfehlungen zur Doktorandenausbildung, S. 95.

[428] „Völlig unerforscht ist der Anteil der abgebrochenen Promotionen". Moes/Tiefel: Promovieren mit Perspektive, S. 20, sowie „[Man sieht] sich in Deutschland mit dem Problem konfrontiert, dass keine bundesweiten Daten zum Eintritt in die Promotionsphase zur Verfügung stehen. [...] Damit ist eine Berechnung der Erfolgsquote (wie auch der Abbruchquote und der Dauer) nur näherungsweise [...] möglich". Bundesministerium für Bildung und Forschung: Bundesbericht, S. 72.

[429] Vgl. ebd., Bundesbericht, S. 72.

tionsprüfung endgültig nicht bestanden (eine in der Rechtswissenschaft, eine in der Veterinärmedizin und fünf in der Humanmedizin).[430]

Absolventenverbleib und Funktion des Grades

Zu typischen ‚Einsatzbereichen' von Promovierten in Deutschland gehören eine wissenschaftliche Tätigkeit in einer Hochschule, Forschungsinstitution oder in der Industrie sowie leitende Positionen in der Wissenschaftsverwaltung oder im öffentlichen Dienst. Aufgrund eigener Auswertungen der Daten des Deutschen Mikrozensus von 2004 schätzen Kerstin Janson *et al.*, dass in Deutschland nur „etwa 40 Prozent der Promovierten nach der Promotion eine Tätigkeit mit Forschungsbezug haben und dass dieser Anteil sich im Laufe des Berufweges auf etwa die Hälfte reduziert".[431] Von den beschäftigten Promovierten unter 45 Jahren wären 2004 lediglich zehn Prozent an Hochschulen und 21 Prozent in forschungsnahen Tätigkeiten außerhalb der Hochschulen tätig gewesen. Unter weiteren 26 Prozent der Promovierten, die im Gesundheitswesen tätig waren, vermuten Janson *et al.* einen zusätzlichen, nicht näher zu bestimmenden Anteil von Personen mit Forschungsaufgaben.[432]

Ähnlich kommen Jürgen Enders und Lutz Bornmann in der im Abschnitt 3.4 vorgestellten Studie „Karriere mit Doktortitel?" von 2001 für die Fächer Elektrotechnik, Mathematik, Germanistik, Sozialwissenschaften, Biologie und Wirtschaftswissenschaften zu dem Ergebnis, dass nur zwischen 20 und 40 Prozent der Promovierten an einer Hochschule und ein begrenzter Anteil in der außerhochschulischen Wissenschaft verbleiben.[433] Auch Ewald Berning und Susanne Falk stellen anhand ihrer Untersuchung zum Promotionswesen an den Universitäten in Bayern fest, dass „allenfalls 20 Prozent der Doktoranden eine Laufbahn als Professor anstreben. Die Mehrheit der Doktoranden möchte nach der Promotion einen adäquaten Arbeitsplatz außerhalb von Hochschulen und Forschung finden".[434]

---

[430] Eigene Berechnung nach: Statistisches Bundesamt: Fachserie 11 / Reihe 4.2., S. 26.

[431] Janson *et al.*: Wege zur Professur, S. 100.

[432] Vgl. ebd., S. 101.

[433] Vgl. Enders/Bornmann: Karriere mit Doktortitel?, 109-110.

[434] URL: http://www.academics.de/wissenschaft/abschied_vom_meister_schueler_verhael tnis_11192.html;jsessionid=fdc-d9y0n8wbdj3.? (30.6.08). Für die Fächer Chemie und Politikwissenschaft ist an der Universität Rostock mit Unterstützung der Gesellschaft Deutscher Chemiker e.V. (GDCh) das Forschungsprojekt „Wissenschaftskarrieren: Orientierung, Planung und Beratung am Beispiel der Fächer Politikwissenschaft und Chemie" in Arbeit. Im Mittelpunkt der qualitativen Studie steht die Frage, „aufgrund welcher Bedingungen

Mit Blick auf diese Angaben zum Absolventenverbleib der Doktoranden war eines der Konsenspunkte der internationalen Tagung „Science, Training and Career" im Oktober 2002 in Enschede, dass „die Doktorandenausbildung – soweit sie es denn je war – nicht mehr allein auf die Selbstreproduktion des Hochschullehrerberufs bezogen sein kann, sondern Relevanz für andere außerhochschulische Einsatzbereiche besitzt. Es wird angenommen, dass der Anteil der Promovierten, die außerhalb der Hochschulen tätig werden, zunehmen wird".[435] In Deutschland erfülle die Promotion darüber hinaus eine „im internationalen Vergleich außergewöhnliche Funktion bei der Selbstreproduktion gesellschaftlicher Eliten".[436]

All dies hängt mit der Funktion des Doktorgrads in Deutschland zusammen: Einerseits ist die Promotion zwar – mit Ausnahme einiger künstlerischer Fächer – die zentrale Voraussetzung für eine Professur, an Universitäten in Kombination mit einer Habilitation oder Juniorprofessur, an Fachhochschulen zusammen mit einer fünfjährigen Berufspraxis, wovon mindestens drei Jahre außerhalb der Hochschule erfolgt sein müssen.

Auf der anderen Seite wird – den Beobachtungen in den USA ganz ähnlich – der spätere Beruf des Professors oder Wissenschaftlers von vielen Doktoranden offensichtlich nicht beabsichtigt bzw. erreicht. Die Mehrheit der Promovierten findet Anstellung in anderen Bereichen des Arbeitsmarkts, und die Promotion wird vielmehr als ein „Talentsignal" und als Indikator zur Eignung für Führungspositionen im Allgemeinen wahrgenommen.[437]

Ein Faktor des ‚Nichtverbleibens' in der Wissenschaft könnte der im Vergleich zu Hochschulangestellten um etwa 20 Prozent höhere Verdienst von Promovierten außerhalb der Hochschulen sein.[438] Während die Promotion mit einer Stelle als wissenschaftlicher Mitarbeiter (allerdings in Vollzeit, was selten der Fall ist) finanziell noch einer Anstellung als Hochschulabsolvent im öffentlichen Dienst (außerhalb der Hochschule) gleich

---

Nachwuchswissenschaftlerinnen und -wissenschaftler beider Fächer nach Abschluss der Promotion ihre Wissenschaftskarriere fortsetzen oder stattdessen in andere Bereiche, wie die außeruniversitäre Forschung oder die freie Wirtschaft, wechseln und damit den Universitäten verloren gehen". Vgl. URL: http://www.chemie.de/news/d/83492/. Für weiterführende Informationen zum Forschungsprojekt vgl. URL: http://www.wiwi.uni-rostock.de/index.php?id=1768 (beide URLs 30.6.08).

[435] Enders/de Weert: Science, Training and Career, S. 16.

[436] Enders: Brauchen die Universitäten in Deutschland ein neues Paradigma, S. 41.

[437] Vgl. Franck: Promotion und Karriere.

[438] Vgl. Janson et al.: Wege zur Professur, S. 106.

kommt,[439] ergibt sich ab Abschluss der Promotion der etwa zwanzigprozentige Unterschied.

Ein anderer Faktor könnte die in der Privatwirtschaft bessere Aussicht sein, früher eine leitende Position zu erreichen: Zehn Jahre nach Promotionsabschluss arbeitet dort ein deutlich größerer Anteil der Promovierten in einer Führungsposition als im Hochschulsektor.[440]

Mit Blick auf diese Beobachtungen wird auf europäischer wie nationaler Ebene von unterschiedlichen Akteuren – und nicht zuletzt von den Doktoranden selbst – eine mangelnde Adäquatheit der Ausbildungsinhalte für die späteren beruflichen Anforderungen an die Promovierten festgestellt.[441] Insbesondere würde es an der Vermittlung von wissenschaftlichen Schlüsselqualifikationen wie Lehrerfahrung, Projektmanagement oder Mitarbeiterführung in Ergänzung zur Kernqualifikation Forschung mangeln.

Im Gegensatz zur Forderung des Wissenschaftsrates von 2002, dass „die Doktorandenausbildung über das Spezialgebiet der Dissertation hinausreichende Fachkenntnisse und zusätzliche Schlüsselqualifikationen vermitteln [muss]",[442] waren laut der Hochschulbefragung der Universität Bonn im Auftrag des Stifterverbandes 2006 lediglich bei 45 Prozent der Hochschulen Programme zum Erwerb von Schlüsselqualifikationen vorhanden, bei weiteren zehn Prozent geplant und bei 26 Prozent der Bedarf für solche Programme existent, jedoch keine Maßnahmen geplant. 19 Prozent der befragten Hochschulvertreter sahen keinen Bedarf für Schlüsselqualifikationsprogramme.[443]

Der Mangel beim Angebot von wissenschaftlichen Schlüsselqualifikationen auf Promotionsebene betrifft vor allem das aktuell vorherrschende Modell der Individualpromotion. Bei diesem Modell wird impliziert, dass man bis auf die eigenständige Forschung alle anderen Kompetenzen, die nach der Promotion im Beruf benötigt werden, bereits im Studium erworben hat, oder sich diese ohne Anleitung autodidaktisch aneignet.

Auch bei manchen strukturierten Programmen der Doktorandenausbildung in Deutschland fehlen zum Teil die von den Doktoranden gewünsch-

---

[439] Vgl. 3.4, unter „Herausforderungen".

[440] Vgl. Enders/Bornmann: Karriere mit Doktortitel?, S. 119.

[441] Aus der Sicht der Europäischen Kommission stellte Sieglinde Gruber 2004 fest: „Wir haben aufgrund von Analysen festgestellt, dass Doktoranden heute in den Universitäten immer noch so ausgebildet werden, als würden sie eines Tages doch an der Universität bleiben[.] [...] Diese Konzeption wollen wir aufbrechen". Gruber: Der Bologna-Prozess, S. 38.

[442] Wissenschaftsrat: Empfehlungen zur Doktorandenausbildung, S. 45.

[443] Vgl. Stifterverband: Akademisches Personalmanagement, S. 6.

ten Angebote zu wissenschaftlichen Schlüsselqualifikationen (z. B. Kurse zur Teamführung oder zum wissenschaftlichem Schreiben und Präsentieren) nach wie vor.

Bei der teilweise bemängelten Adäquatheit der Promotionsinhalte hinsichtlich der späteren beruflichen Anforderungen könnte auch eine zu schwache Interaktion der Doktoranden und Professoren mit den Vertretern des späteren Arbeitsmarktes der Promovierten eine Rolle spielen.

Folgerungen

Die Promotionsquote ist in Deutschland etwa doppelt so hoch wie in den USA. So beträgt der Anteil der Promovierten an der Bevölkerung in den USA 1,3 Prozent und in Deutschland 2,4 Prozent. Auch die Promotionsintensität ist in Deutschland deutlich höher als in den USA: Während in den USA ca. fünf Prozent der Bachelorabsolventen promovieren, sind es in Deutschland ca. 20 Prozent der Absolventen eines grundständigen Universitätsstudiums bzw. ca. 14 Prozent der Absolventen eines ersten Hochschulstudiums allgemein (inkl. Fachhochschulabsolventen). Lässt man Promotionen in der Medizin unberücksichtigt, beträgt die Promotionsintensität immer noch etwa 15 Prozent unter Universitätsabsolventen und zehn Prozent bei Einberechnung von Fachhochschulabsolventen.

Insgesamt betrachtet sind somit die USA am Übergang zur Promotion deutlich selektiver als Deutschland. Umgekehrt ist die Selektivität in Deutschland später auf dem Weg von der Promotion zur Professur höher.[444]

Das Durchschnittsalter beim Promotionsabschluss liegt in beiden Ländern etwa bei 33 Jahren. Sowohl in den USA als auch in Deutschland werden in diesem Zusammenhang verschiedene Anstrengungen unternommen, die als zu lang empfundene Promotionsdauer (ca. 8,5 Jahre in den USA inklusive Masterphase, ca. 5 Jahre in Deutschland) zu senken.

Die Abbrecherquoten der Promotionen sind in Deutschland bisher statistisch nicht erfasst. Anhand der Berechnungsansätze des Instituts für Hochschulforschung in Wittenberg kann jedoch geschätzt werden, dass zwei von drei Doktoranden ihre Promotion abbrechen. Etwas weniger dramatisch ist die Situation in den USA, in denen die Abbrecherquoten bei der Promotion je nach Fächergruppe im Durchschnitt maximal 36 Prozent (Ingenieurwissenschaften) bis 51 Prozent (Geisteswissenschaften) betragen. Die relativ zu Deutschland geringere Abbrecherquote kann teilweise

---

[444] Vgl. Janson *et al.*: Wege zur Professur, S. 131.

auf die erwähnte höhere Selektivität am Übergang zur Promotion in den USA zurückgeführt werden, teilweise aber sicherlich auch auf die Struktur und Verbindlichkeit der Promotionsphase.

Als Reaktion auf die Zahlen wurden in den USA verschiedene Initiativen zur weiteren Erforschung und insbesondere Senkung der Abbrecherquoten gestartet. Hier ist für Deutschland dringender Handlungsbedarf festzustellen. So sollten auch in Deutschland statistische Daten zu abgebrochenen Promotionen und den zugrunde liegenden Ursachen erhoben werden. Sollten die Erhebungen die alarmierenden Schätzungen der Hochschulforscher bestätigen, dass zwei Drittel der Doktoranden in Deutschland ihre Promotion abbrechen, sind die Initiierung vertiefender Untersuchungen der Ursachen sowie die Anbahnung einer breiteren Reformdiskussion und die Einleitung von Reformmaßnahmen erforderlich.

Die europäischen Bildungsminister haben im Jahre 2005 im Bergen-Kommuniqué festgestellt, dass strukturierte interdisziplinäre Doktorandenprogramme mit transparenten Betreuungs- und Beurteilungsstandards und mit Vermittlung von Schlüsselqualifikationen benötigt werden, die auch auf einen „weiter gefassten" Arbeitsmarkt abzielen.[445] Dieser Forderung sowie dem in Deutschland formulierten Ziel und Wunsch der Doktoranden nach einer Annäherung der Ausbildungsinhalte an die späteren beruflichen Anforderungen soll durch die Vermittlung von wissenschaftlichen Schlüsselqualifikationen Rechnung getragen werden. Ein ‚Qualifikationsprofil von Promovierten' in Deutschland sollte neben der Kernqualifikation Forschung auch die Sammlung erster Lehrerfahrungen (vgl. die Empfehlung zur Vorbereitung auf die Vermittlungsfunktion im Abschnitt 3.4), die interdisziplinäre Bearbeitung eines Forschungsthemas, die Vermittlung von Kompetenzen in den Bereichen Projektmanagement, Mitarbeiterführung und internationale Forschungskooperation und weitere berufsrelevante Schlüsselqualifikationen umfassen.[446] Dies könnten die Formulierung der eigenen wissenschaftlichen Ergebnisse (d. h. Schreiben, Präsentieren und Publizieren), sowie deren Vermarktung (*marketing research*) sein, Kurse in Forschungsethik (zu deren Einführung in den USA ein eigenes Förderprogramm eingerichtet wurde), Patentrecht und Autorschaft, das Erstellen von Anträgen oder Teamarbeit.

Im Vergleich zu den USA fällt auf, dass dort die Hochschulen bei der Entwicklung von *good practice* in diesem Bereich durch zahlreiche Wettbewerbe und Förderprogramme unterstützt werden, die als ein wichtiges

---

[445] Vgl. Bergen-Kommuniqué, S. 4.

[446] Wissenschaftsrat: Empfehlungen zur Doktorandenausbildung, S. 48.

Instrument der Qualitätsentwicklung in der Doktorandenausbildung eingesetzt werden.

Über die flächendeckend anzubietende Vermittlung von wissenschaftlichen Schlüsselqualifikationen hinaus ist der Dialog mit der Wirtschaft bzw. mit potenziellen späteren Arbeitgebern der Promovierten zu intensivieren, um die Promotionsinhalte besser mit den späteren beruflichen Anforderungen an die Promovierten abzustimmen. Dies kann beispielsweise in Form von intersektorieller Mobilität der Hochschullehrer und Doktoranden, durch Praktika, externe Doktorarbeiten oder Vorträge der Firmenmanager erfolgen. Vor dem Hintergrund auch der US-amerikanischen Erfahrung ist dabei besonders auf die inhaltliche und finanzielle Unabhängigkeit der Hochschulen zu achten, damit die problematische ,Auftragsforschung für die Wirtschaft' bzw. die „Gefahr der Fokusverschiebung weg von akademischen Belangen"[447] vermieden werden.

---

[447] Kühler: Die Orientierung der Reformen, S. 450.

4. Schlussfolgerungen und Perspektiven

Im Zentrum aller Überlegungen zu einer besseren Doktorandenausbildung sollte stets die Frage stehen, wie die einzelne Doktorandin und der einzelne Doktorand mit ihrem oder seinem individuellen Forschungsvorhaben, das den Kern jeder Promotion bilden sollte, optimal gefördert, qualifiziert und auf die künftigen Aufgaben vorbereitet werden können.

Anhand der vergleichenden Bestandsaufnahme der aktuellen Situation in der Doktorandenausbildung in den USA und in Deutschland, der diskutierten Stärken und Schwächen sowie der jeweils existierenden Reformvorschläge werden für die weitere Reform der Promotionsphase in Deutschland folgende Empfehlungen formuliert:

1. Die *Diversität der Wege zur Promotion* in Deutschland muss erhalten bleiben. Diversität, Flexibilität und Durchlässigkeit sind nötig, um Doktoranden bei ihrer Qualifizierung, ihrem Promotionsvorhaben und der Vorbereitung auf ihre spätere Laufbahn optimal zu fördern sowie die verschiedenen Bedürfnisse der Gesellschaft angemessen zu bedienen. Die verschiedenen Promotionswege müssen auch in Zukunft sowohl eine stärkere Praxis- oder Theorieorientierung ermöglichen, als auch eine interdisziplinäre oder eng entlang der Disziplinen ausgerichtete Ausbildung. Die Promotionsformen können dabei Doktorandenprogramme oder Individualpromotionen sein.

2. Die Doktorandenausbildung braucht eine bessere Einbettung in die institutionelle Struktur der Universitäten. In Ergänzung der existierenden und weiter auszubauenden Formen der strukturierten Promotion empfiehlt sich dafür im Einklang mit den Vorschlägen der Hochschulrektorenkonferenz und des Wissenschaftsrates die *flächendeckende Einrichtung von Doktorandenzentren* an Universitäten in Deutschland. Diese sollen im Sinne einer Dachstruktur für alle Promotionsvorhaben einschließlich der Individualpromotionen und der Stiftungsstipendiaten zuständig sein und folgende Aufgaben erfüllen: Koordination der Bewerbungen zur Promotion; Verfolgen der Promotionsfortschritte der Doktoranden anhand festgelegter Teilleistungen und Fristen; Unterstützung der Fachbereiche, Betreuer, Doktoranden und Promotionsinteressierten durch Informationsmaterialien und Handbücher; Sammlung und Veröffentlichung statistischer Daten zur Doktorandenausbildung an der Hochschule, auch zu Benchmarking-Zwecken; Vernetzung der Dok-

toranden innerhalb des Fachbereichs und der Hochschule; Vertretung der Promotionsangelegenheiten der Hochschule nach innen und nach außen; Organisation von Kursen zu wissenschaftlichen Schlüsselqualifikationen; Unterstützung der Doktoranden bei der Karriereplanung sowie Mitteleinwerbung. Jedes Zentrum sollte personell mindestens mit einem hauptamtlichen Koordinator für Doktorandenausbildung (vergleichbar mit dem Dekan der *graduate school* in den USA) besetzt sein, den Doktoranden nach Möglichkeit aber auch weitere Ansprechpartner zur Verfügung stellen. Die Struktur könnte ähnlich den Zentren für Lehrerbildung an deutschen Hochschulen aufgebaut werden.

3. Um einen Austausch der Verantwortlichen über *good practice* in der Promotion zu etablieren, sollte ein stabiles *Netzwerk der Koordinatoren für die Doktorandenausbildung* entstehen. Hierfür kann entweder eine eigenständige Dachorganisation ähnlich dem seit 1961 in den USA bestehenden *Council of Graduate Schools* gegründet werden, oder aber das Netzwerk durch eine bereits existierende Wissenschaftsorganisation betreut werden. Diese würde das Netzwerk einberufen und eine Informationsplattform mit Rundmails, regelmäßigen Treffen etc. bieten, ähnlich dem Netzwerk der Bologna-Koordinatoren deutscher Hochschulen. Ein Austausch im Rahmen eines solchen Netzwerks ist sowohl auf fachübergreifender (Koordinatoren der Doktorandenzentren der Hochschulen) als auch auf fachspezifischer Ebene (Promotionsansprechpartner in den Fachbereichen) wünschenswert. Mit Blick auf den Bologna-Prozess und den internationalen Wettbewerb um die besten Promotionsmodelle ist eine Intensivierung des begonnenen europäischen bzw. transatlantischen Dialogs anzustreben.

4. Für bestimmte Promotionsvorhaben hat die Individualpromotion klare Vorteile. Sie sollte deshalb in Zukunft als Alternative zu festen Doktorandenprogrammen bewahrt werden. Auch bei dieser Form, die derzeit nach wie vor die überwiegende Mehrheit der Promovierenden in Deutschland betrifft, ist jedoch eine bessere Strukturierung und Förderung des Promotionsfortschritts möglich und mit Blick auf die langen Promotionszeiten, die festgestellten Defizite und die von Hochschulforschern geschätzte Abbrecherquote von zwei Dritteln aller Promotionsvorhaben dringend nötig. Daher wird eine *Institutionalisierung der Individualpromotion* vorgeschlagen. Diese soll durch die themenunabhängige Anbindung aller Promotionen an die Doktorandenzentren erfolgen, die zusätzlich zum Primärbetreuer für ein regelmäßiges Monitoring der Promotionsfortschritte zuständig sind, den Doktoranden

als weitere Ansprechpartner zur Verfügung stehen und eine Vernetzung der Doktoranden untereinander fördern. Die themenspezifischen und themenübergreifenden Teilleistungen sollten im Vorfeld – nach Möglichkeit im Rahmen einer Promotionsvereinbarung oder eines Promotionsvertrags – festgelegt und mit Fristen versehen werden.

5. Eine *multiple und systematische Betreuung und Begleitung* ist für alle Doktoranden förderlich. So sollten in Zukunft alle Nachwuchswissenschaftler mindestens zwei fachrelevante Betreuer haben, sowie weitere vom Fachbereich unabhängige Ansprechpartner wie die Koordinatoren der Doktorandenzentren. Die Fachbetreuer sind für die Einhaltung der im Vorfeld festgelegten Teilleistungen der Doktoranden zu abgesprochenen Fristen zuständig, das Doktorandenzentrum hat eine zusätzliche Aufsicht. Betreuer und Doktoranden sollten von den Doktorandenzentren durch Handbücher mit aufgelisteten Betreuungspflichten und -rechten sowie deren Zeitpunkten während der Promotion unterstützt werden. Über die erbrachten Leistungen sind in angemessener Form schriftliche Notizen zu führen.

Folgende themenübergreifende Teilleistungen und Zeitpunkte während der Promotion bieten sich zur *Verfolgung der Promotionsfortschritte* als verpflichtende Mindeststandards für alle Doktoranden an: die Verfassung des Exposés spätestens nach einem Jahr und seine Verteidigung vor einer Fachkommission; wöchentliche bis zweiwöchentliche Treffen mit weiteren Doktoranden desselben Fachbereichs, mit Kurzberichten über den Promotionsfortschritt (entfällt bei externen Individualpromotionen fern von der betreuenden Universität); Besprechung des Dissertationsfortschritts einmal pro Monat mit beiden Fachbetreuern (bei externen Individualpromotionen über Telefon oder E-Mail und dokumentiert); Präsentation der eigenen Arbeit einmal im Jahr intern in einem Vortrag oder Poster sowie einmal während der Promotion auf einer internationalen Konferenz; eine Veröffentlichung (Artikel) während der Promotion neben der Dissertation; sowie ein Auslandsaufenthalt. Bestandteile der Betreuung sollten darüber hinaus die Bereitstellung eines Arbeitsplatzes (zumindest in der Bibliothek) sowie die Etablierung von freiwilligen, aber organisierten und regelmäßig stattfindenden sozialen Aktivitäten (*student and faculty clubs*) bilden, die ungezwungene Gelegenheit zum Kontaktknüpfen und Austausch über die aktuelle eigene Arbeit und darüber hinaus bieten. Diese vereinzelt schon bestehenden Standards sollten in Deutschland flächendeckend umgesetzt werden.

Vor dem Hintergrund ihrer nach wie vor bestehenden Unterrepräsentanz muss das *Potenzial von Frauen* als Doktorandinnen und Wissenschaftlerinnen im Allgemeinen noch besser genutzt werden. Zentral ist dabei vor allem der Übergang von der Promotion zu einer Professorinnenstelle. Auch sind *Promovierende mit Kindern* besser zu unterstützen. Spezifische Wettbewerbe zu innovativen Wegen bei der Frauenförderung in der Promotion oder zur Förderung von Promovierenden mit Kindern sollten gezielt eingesetzt werden.

6. Neben der Einführung einer multiplen und systematischen Betreuung sind weitere Schritte hin zu einer besseren *Qualitätssicherung in der Promotion* einzuleiten. Ein Grundstein für das Fernziel der Sicherung und Überprüfung der Minimalstandards bei allen Promotionen kann dabei im Rahmen des Qualitätsmanagements jeder Hochschule gelegt werden: Neben der Einrichtung des Doktorandenzentrums mit klaren Zuständigkeiten sollte eine regelmäßige Evaluation der Fachbereiche und Programme durchgeführt werden. Besonders wichtig ist die Einführung von *transparenten Auswahlverfahren* zur Promotion. Sie sollten ein tatsächliches Verfahren umfassen, d. h. eine Prüfung oder mindestens eine vor Dritten begründete Auswahl anhand von im Vorfeld formulierten Kriterien. Die Auswahlverfahren sollten formalisiert, institutionalisiert und möglichst international angelegt sein. Die Bewerbung sollte beim Doktorandenzentrum erfolgen, mit Angabe der Präferenz für einen bestimmten Professor, Labor etc. zwecks Koordination der Platzvergabe. Im Einklang mit den neuen Semesterzeiten sollte im Rahmen einer *Stichtagregelung* ein verbindliches Datum für Bewerber und Hochschulen (wie der 15. April in den USA) für die gegenseitige Promotionszusage festgelegt werden. Weitere wichtige qualitätssichernde Elemente sind eine *formalisierte Genehmigung des Dissertationsexposés* durch eine *Promotionskommission*, die später auch die Dissertationsarbeit bewertet, sowie eine Finanzierung der Doktoranden nicht in Abhängigkeit vom Betreuer, sondern in Anbindung an das jeweilige Projekt bzw. Programm, ggf. anhand des fristgerechten Erbringens der im Vorfeld festgelegten Teilleistungen. Dazu ist eine Koordination der Förderung durch das Doktorandenzentrum anzustreben.

7. Mit zunehmendem Dezentralisierungsgrad des Hochschulsystems und steigender Autonomie der Hochschulen wächst die Bedeutung der *Transparenz* über existierende Promotionsmöglichkeiten sowie deren Rahmenbedingungen und Anforderungen. Transparenz ist eine Vor-

aussetzung der Qualitätssicherung durch Wettbewerb. Anhand des Vergleichs mit den empirisch sehr gut erforschten USA und im Einklang mit den Forderungen der europäischen Bildungsminister im Londoner Kommuniqué von 2007 wird in Deutschland eine umfangreichere Datenerhebung mit dem Ziel der *Verbesserung der statistischen Datenbasis im Bereich der Promotion* dringend empfohlen. Angaben zur Anzahl der Doktoranden, Promotionsdauer, Abbrecherquoten, Finanzierung und anschließender Beschäftigung der Promovierten sowie zu zeitlichen und inhaltlichen Anforderungen der einzelnen Programme sollten systematisch erhoben und präsentiert werden. Nur so können nationale Reformüberlegungen und internationale Vergleiche auf eine verlässliche Datenbasis gestellt werden. Diese könnte zudem als Quelle für Orientierungshilfen für Promotionsinteressierte und Arbeitgeber dienen. Die Verantwortung für die systematische Datenerhebung könnte aufgrund der Bildungsberichterstattungskompetenz auch nach der Föderalismusreform beim Bund liegen. Die sich im Aufbau befindende Internetplattform „Kommunikations- und Informationssystem „Wissenschaftlicher Nachwuchs‟‟ (KISSWIN) sowie der Bundesbericht zur Förderung des Wissenschaftlichen Nachwuchses (BuWiN) bieten dabei die Chance, umfassende Informationen über wissenschaftliche Karriere- und Fördermöglichkeiten in Deutschland an einer zentralen Stelle zusammenzuführen, regelmäßig zu aktualisieren und zu veröffentlichen. Eine *Einschreibung aller Doktoranden* direkt bei Promotionsbeginn ist die Voraussetzung sowohl der statistischen Datenerhebungen als auch der Einführung einer effektiven Verfolgung der Promotionsfortschritte jedes einzelnen Doktoranden, etwa der Vorlage des Exposés spätestens nach einem Jahr.

8. Die fachspezifische Qualifizierung der Doktoranden sollte in allen Fächern um *wissenschaftliche Schlüsselqualifikationen* ergänzt werden. Neben der Kernqualifikation Forschung sollten zum Qualifikationsprofil der Promovierten folgende Kompetenzen gehören: Formulierung der eigenen wissenschaftlichen Ergebnisse durch Schreiben, Präsentieren und Publizieren sowie deren Vermarktung (*marketing research*); Kenntnisse in Forschungsethik, Patentrecht und geistigem Eigentum; Erstellen von Anträgen; Teamarbeit und Teamführung; internationale Forschungskooperation sowie Projektmanagement. Teil der Ausbildung sollte auch die *Vorbereitung auf die Vermittlungsfunktion* in der Zukunft in Theorie und Praxis sein. Denkbar sind dabei neben hochschuldidaktischen und pädagogischen Kursen Lehrpraktika, Tutorate,

Praktikantenanleitung oder Lehre und Vorträge auch außerhalb der Hochschule.

Die sprachliche und kulturelle Vielfalt ist heute nicht nur berufliche Realität, und interkulturelle Kompetenz ist als ein Teil der Vorbereitung auf führende Positionen innerhalb und außerhalb der Wissenschaft nötig. Ein *Auslandsaufenthalt* sollte deshalb zu den Minimalstandards für alle Doktoranden gehören.

Wie das USA-Beispiel zeigt, können umgekehrt ausländische Doktoranden ein wichtiger Wirtschafts- und Kulturfaktor im Zielland werden. Insbesondere durch eine verbesserte Betreuung auf dem Weg zum tatsächlichen Promotionsabschluss sowie durch Angebote einer Perspektive für die berufliche Zukunft sollte eine *bessere Integration der ausländischen Doktoranden* gefördert werden.

9. Über die flächendeckend anzubietende Vermittlung von wissenschaftlichen Schlüsselqualifikationen hinaus ist der *Dialog mit der Wirtschaft bzw. mit potenziellen späteren Arbeitgebern der Promovierten* zu intensivieren, um die Promotionsinhalte besser mit den späteren beruflichen Anforderungen abzustimmen. Dazu bieten sich Praktika oder externe Dissertationen, intersektorielle Mobilität der Doktoranden und Hochschullehrer oder Vorträge der Firmenmanager an den Hochschulen an. Bei der Zusammenbringung der Theorie mit der Praxis an der zentralen Schnittstelle Hochschule-Wirtschaft sollte stets die Unabhängigkeit der Hochschulen gewahrt werden. Ebenfalls ist die Zusammenarbeit mit den *außeruniversitären Forschungseinrichtungen* zu intensivieren. Externe Doktoranden können insbesondere durch Lehre und Tutorate in den Hochschulen neue Erkenntnisse von außerhalb an Studierende vermitteln (Transfer). Unter anderem um eine ‚Zweiklassenpromotion' von universitären und außeruniversitären Doktoranden zu vermeiden, sollte jedoch das *Promotionsrecht auch in Zukunft bei den Universitäten* verbleiben und vielmehr die Kooperation, der Dialog und der Wissenstransfer mit den außeruniversitären Partnern verstärkt werden.

10. Wie das US-amerikanische Beispiel zeigt, können *Wettbewerbe und Förderprogramme* als ein hocheffektives Instrument zur Qualitätsentwicklung in der Doktorandenausbildung eingesetzt werden. Auch in Deutschland sollten im Rahmen von Wettbewerben ausgewählte Hochschulen finanziell und organisatorisch gefördert werden, um Reformmaßnahmen hinsichtlich unterschiedlicher Aspekte der Doktorandenausbildung zu erproben und Qualitätsstandards zu entwickeln.

Gleichzeitig sollten Mechanismen zur begleitenden Evaluation erarbeitet und angewendet werden, um den Effekt der Lösungsmaßnahmen zu überprüfen. Die so entstandene *good practice* sollte anschließend allen Hochschulen zur Verfügung gestellt werden. Die Exzellenzinitiative ist hier ein wichtiger Schritt in die richtige Richtung. Sie sollte fortgesetzt und weiter entwickelt sowie eine Vernetzung der *good practice*-Modelle und die Ausstrahlung der ‚Leuchttürme' auf die restlichen Hochschulen sichergestellt werden. Neben solcher Rahmeninitiativen sind anhand der Erfahrung in den USA auch Förderprogramme zu Einzelaspekten der Doktorandenausbildung empfehlenswert, in Deutschland etwa zur hochschulweiten Einführung von Auswahlverfahren zur Promotion, zur Institutionalisierung der Individualpromotion, zur Senkung der Promotionsdauer oder zur Erprobung von Pilotprojekten mit integrierten Doktorandenstudien.

11. Um wettbewerbsfähige Promotionsmöglichkeiten für besonders begabte Hochschulabsolventen aus dem In- und Ausland anbieten zu können, ist die Durchführung von *Pilotprojekten integrierter Doktorandenstudien* zu empfehlen. Diese sollen durch die Integration der forschungsorientierten Masterstudiengänge in die Promotionsphase exzellenten Bachelorabsolventen in Deutschland den direkten Forschungsweg mit dem Ziel Promotion sowie begabten ausländischen Promotionsinteressierten den rechtzeitigen Einstieg in das deutsche Promotionssystem ermöglichen. Die Pilotprojekte sind mit attraktiver Förderung und Beteiligung an herausragenden Forschungsprojekten zu verbinden.

12. Ohne eine *angemessene Finanzierung der Hochschulen* können die anspruchsvollen Reformen – von der flächendeckenden Einführung der Doktorandenzentren bis hin zur jeweils hochschulweiten Veränderung der Auswahlverfahren und Betreuungsstrukturen – nicht realisiert werden. Das Beispiel der USA zeigt, wie ungünstig sich eine stetige Abnahme der bundesstaatlichen finanziellen Förderung in der öffentlichen Hochschulausbildung auswirken kann, insbesondere wenn diese mit steigenden Studiengebühren und nicht ausreichenden Kredit- und Darlehensangeboten zusammenfällt. Durch ausreichende finanzielle Mittel, die Fortsetzung der Exzellenzinitiative und das Angebot weiterer Wettbewerbe und Förderprogramme sollten in Deutschland die für die Promotion förderlichen Rahmenbedingungen weiter ausgebaut und möglichst allen Doktoranden zur Verfügung gestellt werden.

Literatur

Akkreditierungsrat: Deskriptoren für die Zuordnung der Profile „forschungs-orientiert" und „anwendungsorientiert" für Masterstudiengänge gem. den Strukturvorgaben der KMK vom 10.10.2003. Verabschiedet am 1. April 2004, übernommen durch Beschluss des Akkreditierungsrates der Stiftung zur Akkreditierung von Studiengängen in Deutschland vom 25. April 2005. URL: http://www.akkreditierungsrat.de/fileadmin/Seiteninhalte/Beschluesse_AR/ Beschluss_Deskriptoren.pdf (30.6.08).

Altbach, Philip G.: Doctoral Education: Present Realities and Future Trends. In: Forest, James J.F. und Philip G. Altbach (Hrsg.): International Handbook of Higher Education, Part One: Global Themes and Contemporary Challenges. Series: Springer International Handbooks of Education, Vol. 18. Ohne Ortsangabe: Springer 2006, S. 65-81.

Altbach, Philip G. *et al.* (Hrsg.): American Higher Education in the Twenty-First Century. Baltimore, MD: John Hopkins University Press 1999.

American Council on Education: A Brief Guide to U.S. Higher Education. 2007 Edition. Washington, D.C.: 2007.

Anderson, Melissa S. (Hrsg.): The Experience of Being in Graduate School: An Exploration. San Francisco: Jossey-Bass 1998 (New Directions for Higher Education 101).

Anderson, Melissa S. und Judith P. Swazey: Reflections on the Graduate Student Experience: An Overview. In: Anderson, Melissa S. (Hrsg.): The Experience of Being in Graduate School: An Exploration. San Francisco: Jossey-Bass 1998 (New Directions for Higher Education 101), S. 3-13.

Antony, James Soto und Christopher Knaus: Graduate Education in the United States. In: Forest, James J.F. und Kevin Kinser (Hrsg.): Higher education in the United States: An Encyclopedia. Volume 1. Philadelphia, PA: ABC-CLIO Publishers 2002, S. 286-290.

Antony, James Soto und Christopher Knaus: Graduate Students in the United States. In: Forest, James J.F. und Kevin Kinser (Hrsg.): Higher education in the United States: An Encyclopedia. Volume 1. Philadelphia, PA: ABC-CLIO Publishers 2002, S. 291-293.

Arnold, Stefan Jörg: Akkreditierung der Doktorandenprogramme? Qualitätssicherung in der Promotionsphase. In: Hochschule innovativ. Ideen, Impulse, Projekte in internationaler Perspektive. Ausgabe 14, April 2005.

ASIIN – Akkreditierungsagentur für Studiengänge der Ingenieurwissenschaften, der Informatik, der Naturwissenschaften und der Mathematik e.V.: Kriterien Graduiertenschulen. Stand 08.12.2006. Düsseldorf: ASIIN 2006.

Backhaus, Beate, Lars Ninke und Albert Over: Brain Drain – Brain Gain. Eine Untersuchung über internationale Berufskarrieren. durchgeführt von der Gesellschaft für Empirische Studien. Essen: Stifterverband für die Deutsche Wissenschaft 2002.

Bayerisches Staatsinstitut für Hochschulforschung und Hochschulplanung: Beiträge zur Hochschulforschung 4, 2005. München: Bayerisches Staatsinstitut für Hochschulforschung und Hochschulplanung 2005.

Bayerisches Staatsinstitut für Hochschulforschung und Hochschulplanung: Beiträge zur Hochschulforschung 1, 2005. München: Bayerisches Staatsinstitut für Hochschulforschung und Hochschulplanung 2005.

Benderly, Beryl Lieff: Mastering the Job Market. Science Careers. From the journal Science. 7. März 2008. URL: http://sciencecareers.sciencemag.org/ career_development/previous_issues/articles/2008_03_07/caredit_a0800033 (30.6.08).

Bergen-Kommuniqué: Der europäische Hochschulraum – die Ziele verwirklichen. Kommuniqué der Konferenz der für die Hochschulen zuständigen europäischen Ministerinnen und Minister. 19.-20. Mai 2005, Bergen. URL: http://www. bologna-bergen2005.no/Docs/Germany/050520_Bergen_Communique_ Germany.pdf (30.6.08).

Berkner, Lutz et al.: 2003–04 National Postsecondary Student Aid Study (NPSAS:04) Student Financial Aid Estimates for 2003–04 (NCES 2005– 158). U.S. Department of Education. Washington, D.C.: National Center for Education Statistics 2005. URL: http://nces.ed.gov/pubs2005/2005158.pdf (30.6.08)

Berning, Ewald und Susanne Falk: Promovieren an den Universitäten in Bayern. Praxis – Modelle – Perspektiven. Bayerisches Staatsinstitut für Hochschulforschung und Hochschulplanung: Monographien: Neue Folge, Band 72. München: Bayerisches Staatsinstitut für Hochschulforschung und Hochschulplanung 2006.

Berning, Ewald, Louis von Harnier und Yvette Hofmann: Das Habilitationswesen an den Universitäten in Bayern – Praxis und Perspektive. Herausgegeben vom Bayerischen Staatsinstitut für Hochschulforschung und Hochschulplanung. München: Bayerisches Staatsinstitut für Hochschulforschung und Hochschulplanung 2001.

Bollag, Burton: Credential Creep. In: Chronicle of Higher Education, Ausgabe vom 22. Juni 2007. Section: The Faculty. Volume 53, Issue 42, Page A10. URL: http://chronicle.com/weekly/v53/i42/42a01001.htm (30.6.08).

Bologna-Erklärung: Der Europäische Hochschulraum. Gemeinsame Erklärung der Europäischen Bildungsminister. 19. Juni 1999, Bologna. URL: http://www. hrk-bologna.de/bologna/de/download/dateien/Bologna_Erklaerung.pdf (30.6.08).

Bondre-Beil, Priya: Internationale Zusammenarbeit in der Doktorandenausbildung. In: Bosbach, Eva und Barbara Michalk (Hrsg.): Quo vadis Promotion? Doktorandenausbildung in Deutschland im Spiegel internationaler Erfahrungen. HRK Projekt Qualitätssicherung und Service-Stelle Bologna, Beiträge zur Hochschulpolitik 7/2007. Bonn: Hochschulrektorenkonferenz 2007, S. 126-132.

Bosbach, Eva: U.S.Arts and Figures - Promotion und Beruf von Geisteswissenschaftlern in den USA. RatSWD Working Paper No. 22. 2008. URL: http:// www.ratswd.de/download/workingpapers2008/22_08.pdf (30.6.08).

Bosbach, Eva und Barbara Michalk (Hrsg.): Quo vadis Promotion? Doktoranden-ausbildung in Deutschland im Spiegel internationaler Erfahrungen. HRK Projekt Qualitätssicherung und Service-Stelle Bologna, Beiträge zur Hochschulpolitik 7/2007. Bonn: Hochschulrektorenkonferenz 2007. URL: http://www.hrk.de/de/download/dateien/Beitr7-2007-QuoVadisPromotion.pdf (30.6.08).

Braunfels, York von: Der Doktormacher – Doktorgrade aus Deutschland und Europa. 6. überarbeitete Auflage. Berlin: Gentlemen´s Digest Ltd. & Co. KG 2004.

Bretschneider, Falk und Johannes Wildt (Hrsg.): Handbuch Akkreditierung von Studiengängen. Eine Einführung für Hochschulen, Politik und Berufspraxis. Bielefeld: Bertelsmann Verlag 2005.

Bundesministerium für Bildung und Forschung: Deutsche Nachwuchswissen-schaftler in den USA. Perspektiven der Hochschul- und Wissenschaftspolitik. Bonn: BMBF 2001. URL: http://www.bmbf.de/pub/talent.pdf (30.6.08).

Bundesministerium für Bildung und Forschung: Internationalisierung des Studi-ums. Ausländische Studierende in Deutschland, Deutsche Studierende im Aus-land. Ergebnisse der 18. Sozialerhebung des Deutschen Studentenwerks, durch-geführt durch HIS Hochschul-Informations-System. Bonn, Berlin: 2008. URL: http://www.bmbf.de/pub/internationalisierung_des_studiums_2008.pdf (30.6.08).

Bundesministerium für Bildung und Forschung: Bundesbericht zur Förderung des Wissenschaftlichen Nachwuchses (BuWiN). Bonn, Berlin: 2008. URL: http://www.buwin.de/index.php?id=301 (30.6.08).

Bundesministerium für Bildung und Forschung: Deutschlands Rolle in der globa-len Wissensgesellschaft stärken. Strategie der Bundesregierung zur Internatio-nalisierung von Wissenschaft und Forschung. Vorgelegt im Februar 2008. [am 20.2.2008 vom Bundeskabinett beschlossen]. URL: http://www.bmbf.de/pub/Internationalisierungsstrategie.pdf (30.6.08).

Bundesministerium für Bildung und Forschung: Aktuelle Statistik zeigt: Mehr Frauen auf Professorenstellen. Pressemitteilung 150/2007. Berlin: 11.07.2007. URL: http://www.bmbf.de/_media/press/pm_20070711-150.pdf (30.6.08).

Bundesministerium für Bildung und Forschung: Ansprache der amtierenden Prä-sidentin des Rates der Europäischen Union und Bundesministerin für Bildung und Forschung, Dr. Annette Schavan, MdB, anlässlich der Bologna-Mini-sterkonferenz am 17. Mai 2007 in London. URL: http://www.bmbf.de/pub/mr_20070517.pdf (30.6.2007).

Bundesministerium für Bildung und Forschung und Partner: German National Report for 2005. 18 January 2005. URL: http://www.bologna-bergen2005.no/EN/national_impl/00_Nat-rep-05/National_Reports-Germay_050118.pdf (30.6.08).

Burkhardt, Anke, (Hrsg.): Wagnis Wissenschaft. Akademische Karrierewege und das Fördersystem in Deutschland. Leipzig: Akademische Verlagsanstalt 2008.

Campbell, Steven P., Angela K. Fuller und David A.G. Patrick: Looking beyond research in doctoral education. In: Frontiers in Ecology and the Environment, Volume 3, Issue 3, April 2005, S. 153-160. URL: http://www.biology.duke.edu/jackson/ecophys/153-160_ESA_April05.pdf (30.6.08).

CIRGE, University of Washington: Social Science PhDs 5+ Years Out Survey. Seattle, WA: 2006.

Clark, Burton R. (Hrsg.): The Research Foundations of Graduate Education: Germany, Britain, France, United States, Japan. Los Angeles: University of California Press 1993.

Cohen, Arthur M: The Shaping of American higher education: emergence and growth of the contemporary system. San Francisco: Jossey-Bass 1998.

Council of Graduate Schools: Findings from the 2008 CGS International Graduate Admissions Survey. Phase I: Applications. Research Report. April 2008. URL: http://www.cgsnet.org/portals/0/pdf/R_IntlApps08_I.pdf (30.6.08).

Council of Graduate Schools: Ph.D. Completion & Attrition: Analysis of Baseline Program Data from the Ph.D. Completion Project. Washington, D.C.: Council of Graduate Schools 2008.

Council of Graduate Schools: Findings from the 2007 CGS International Graduate Admissions Survey. Phase II: Final Applications and Initial Offers of Admission. Research Report. August 2007. URL: http://www.cgsnet.org/portals/0/pdf/R_IntlAdm07_II.pdf (30.6.08).

Council of Graduate Schools: Findings from the 2006 CGS International Graduate Admissions Survey. Phase III: Admissions and Enrollment. Research Report. October 2006, revised March 2007. URL: http://www.cgsnet.org/portals/0/pdf/R_intlenrl06_III.pdf (30.6.08).

Council of Graduate Schools: Clarification of Acceptance of Three-year Bachelor's Degrees. Statement. November 2006 (ohne Seitenangabe). URL: http://www.cgsnet.org/portals/0/pdf/R_3yrclarification_1106.pdf (30.6.08).

Council of Graduate Schools: The Role and Nature of Doctoral Dissertation. A Policy Statement. Washington, D.C.: Council of Graduate Schools 1991 (doppelte Seitenzählung). URL: http://www.eric.ed.gov/ERICDocs/data/ericdocs2sql/content_storage_01/0000019b/80/22/e6/d5.pdf (30.6.08).

DAAD (Hrsg.): Promotion. Ein Handbuch für Politik und Praxis. Bielefeld: W. Bertelsmann Verlag 2004 (Die internationale Hochschule. Band 3).

DAAD, BMBF: Fachkonferenz zur Auslandsmobilität. Untersuchungsergebnisse im Überblick: Internationale Mobilität im Studium. Studienbezogene Aufenthalte deutscher Studierender in anderen Ländern. Berlin, 10. Mai 2007. URL: http://www.his.de/pdf/21/auslandsmobilitaet.pdf (30.6.08).

Davis, Geoff: Doctors Without Orders. Highlights of the Sigma Xi Postdoc Survey. Research Triangle Park, NC: Sigma Xi, The Scientific Research Society 2005 (American Scientist 93, 3, supplement). URL: http://www.sigmaxi.org/postdoc/highlights.pdf (30.6.08).

Dose, Carsten: Position des Wissenschaftsrats zur Reform der Doktorandenausbildung, In: Fiedler, Werner und Eike Hebecker (Hrsg.): Promovieren in Europa. Strukturen, Status und Perspektiven im Bologna-Prozess. Opladen: Barbara Budrich Verlag 2006, S. 20-23.

Doughty, Harold R.: Guide to American Graduate Schools. The most comprehensive guide to graduate and professional study in the United States. Ninth edition, completely revised. New York, NY: Penguin Books 2004.

Drori, Gili *et al.*: Science in the Modern World Polity: Institutionalization and Globalization. Stanford: University Press 2003.

Edler, Jakob *et al.* (Hrsg.): Internationalisierung der deutschen Forschungs- und Wissenschaftslandschaft. Studie für das Bundesministerium für Bildung und Forschung (BMBF) – Aktenzeichen 111-90030-4. Endbericht – Kurzfassung. Fraunhofer-Institut für System- und Innovationsforschung (ISI) Karlsruhe, Zentrum für Europäische Wirtschaftsforschung (ZEW) Mannheim und Technopolis Ltd. Büro Amsterdam/Wien. Karlsruhe: Februar 2007. URL: http://www.isi.fhg.de/p/Downloads/interwiss_projektbericht.pdf (30.6.08).

Enders, Jürgen: Brauchen die Universitäten in Deutschland ein neues Paradigma der Nachwuchsausbildung? In: Bayerisches Staatsinstitut für Hochschulforschung und Hochschulplanung: Beiträge zur Hochschulforschung 1, 2005. München: Bayerisches Staatsinstitut für Hochschulforschung und Hochschulplanung 2005, S. 34-47.

Enders, Jürgen: Promovieren als Prozess. Die Förderung von Promovierenden durch die Hans-Böckler-Stiftung. Düsseldorf: Hans-Böckler-Stiftung 2005 (Edition der Hans-Böckler-Stiftung 160).

Enders, Jürgen und Egbert de Weert (Hrsg.): Science, Training and Career – Changing Modes of Knowledge Production and Labor Markets. Proceedings of an International Workshop. Enschede: Center for Higher Education Policy Studies (CHEPS) 2002.

Enders, Jürgen und Lutz Bornmann: Karriere mit Doktortitel? Ausbildung, Berufsverlauf und Berufserfolg von Promovierten. Frankfurt am Main/New York: Campus 2001.

European Commission: Third European Report on Science & Technology Indicators 2003. Towards a Knowledge-based Economy. Luxembourg: Office for Official Publications of the European Communities 2003. URL: http://ec.europa.eu/research/press/2003/pdf/indicators2003/reist_2003.pdf (30.6.08). Snap Shot from the Report: "European PhD holders in the US", URL: ftp://ftp.cordis.europa.eu/pub/indicators/docs/3rd_report_snaps3.pdf (30.6.08).

Fiedler, Werner und Eike Hebecker (Hrsg.): Promovieren in Europa. Strukturen, Status und Perspektiven im Bologna-Prozess. Opladen: Barbara Budrich Verlag 2006.

Finn, Michael G.: Stay Rates of Foreign Doctorate Recipients from U.S. Universities, 2005. Science and Engineering Education. Oak Ridge, TN: Institute for Science and Education 2007. URL: http://orise.orau.gov/sep/files/stayrate07.pdf (30.6.08).

Fischer, Karin: New Report Charts Mixed Results in Colleges' Internalization Efforts. In: Chronicle of Higher Education, Ausgabe vom 30. Mai 2008. Section: International. Volume 54, Issue 38, Page A24. URL: http://chronicle.com/weekly/v54/i38/38a02401.htm (30.6.08).

Forest, James J.F. und Philip G. Altbach (Hrsg.): International Handbook of Higher Education, Part One: Global Themes and Contemporary Challenges. Series: Springer International Handbooks of Education, Vol. 18. Ohne Ortsangabe: Springer 2006.

Forest, James J.F. und Kevin Kinser (Hrsg.): Higher Education in the United States: An Encyclopedia. Volume 1. Philadelphia, PA: ABC-CLIO Publishers 2002.

Franck, Egon: Promotion und Karriere. Mechanismen der Talentsignalisierung im Ländervergleich. Plenarvortrag anlässlich der 18. Mitgliederversammlung der Mitgliedergruppe Universitäten in der Hochschulrektorenkonferenz. Bonn, 26. Mai 2004.

Frijdal, Andreas C.: Doktorandenausbildung in Deutschland vor dem Hintergrund internationaler Entwicklungen. In: Bosbach, Eva und Barbara Michalk (Hrsg.): Quo vadis Promotion? Doktorandenausbildung in Deutschland im Spiegel internationaler Erfahrungen. HRK Projekt Qualitätssicherung und Service-Stelle Bologna, Beiträge zur Hochschulpolitik 7/2007. Bonn: Hochschulrektorenkonferenz 2007, S. 21-39.

Frijdal, Andreas C.: Doctoral training in Europe: the European University Institute, Florence, Italy. Commissioned Paper for the Conference "Forces and Forms of Change in Doctoral Education Internationally I", University of Washington, Seattle, USA, September 2005. URL: http://depts.washington.edu/cirgecon/papers/italy.doc (30.6.08).

Gasch, Bernd (Moderation): Podiumsdiskussion: Die Promotion als Schnittstelle des Europäischen Forschungs- und Hochschulraums – der dritte Zyklus im Bologna-Prozess. In: Kruse, Elke, Uwe Küchler und Maria Kuhl (Hrsg.): Unbegrenztes Lernen – Lernen über Grenzen? Generierung und Verteilung von Wissen in der Hochschulentwicklung. Band 3. Münster: Lit Verlag 2005, S. 243-261.

Gerhardt, Anke, Ulrike Briede und Christopher Mues: Zur Situation der Doktoranden in Deutschland – Ergebnisse einer bundesweiten Doktorandenbefragung. In: Bayerisches Staatsinstitut für Hochschulforschung und Hochschulplanung: Beiträge zur Hochschulforschung 1, 2005. München: Bayerisches Staatsinstitut für Hochschulforschung und Hochschulplanung 2005, S. 74-95.

Geyer, Paul: Internationale Projekte der Universität Bonn. In: Bosbach, Eva und Barbara Michalk (Hrsg.): Quo vadis Promotion? Doktorandenausbildung in Deutschland im Spiegel internationaler Erfahrungen. HRK Projekt Qualitätssicherung und Service-Stelle Bologna, Beiträge zur Hochschulpolitik 7/2007. Bonn: Hochschulrektorenkonferenz 2007, S. 121-125.

Goldberger, Marvin L., Brendan A. Maher und Pamela Ebert Flatau (Hrsg.): Research Doctorate Programs in the United States: Continuity and Change. Washington , D.C.: National Academy Press 1995 (National Research Council). URL: http://www.nap.edu/readingroom/books/researchdoc/ (30.6.08).

Golde, Chris M.: Preparing Stewards of the Discipline. In: Golde, Chris M. und George E. Walker: Envisioning the Future of Doctoral Education: Preparing Stewards of the Discipline. San Francisco: Jossey-Bass 2006 (Carnegie Essays on the Doctorate), S. 3-22.

Golde, Chris M. und George E. Walker: Envisioning the Future of Doctoral Education: Preparing Stewards of the Discipline. San Francisco: Jossey-Bass 2006 (Carnegie Essays on the Doctorate).

Golde, Chris M. und Timothy M. Dore: The Survey of Doctoral Education and Career Preparation: The Importance of Disciplinary Contexts. In: Wulff, Donald H. und Ann E. Austin (Hrsg.): Path to the Professoriate: Strategies for Enriching the Preparation of Future Faculty. San Francisco: Jossey-Bass 2004, S. 19-45. URL: http://www.phd-survey.org/chem_eng_chapter.pdf (30.6.08).

Golde, Chris M. und Timothy M. Dore: At Cross Purposes: What the experiences of doctoral students reveal about doctoral education. A report prepared for The Pew Charitable Trusts. Philadelphia: PA 2001. URL: http://www.phd-survey. org/report%20final.pdf (30.6.08).

Gosling, Patricia und Bart Noordam: Mastering Your Ph.D. Survival and Success in the Doctoral Years and Beyond. With 8 Figures. Berlin, Heidelberg: Springer-Verlag 2006.

Grothus, Ulrich: New York [2007]. (Bericht aus der DAAD-Außenstelle in New York für das Jahr 2007). URL: http://www.daad.de/berichte/NewYork.pdf (30.6.08).

Grothus, Ulrich: New York [2006]. (Bericht aus der DAAD-Außenstelle in New York für das Jahr 2006). URL: http://www.daad.org/file_de pot/0-10000000/10000-20000/16426/folder/33804/BerichtNewYork2006.pdf (30.6.08).

Gruber, Sieglinde: Der Bologna-Prozess und der Weg zu einem gemeinsamen Forschungsraum Europa. In: Fiedler, Werner und Eike Hebecker (Hrsg.): Promovieren in Europa. Strukturen, Status und Perspektiven im Bologna-Prozess. Opladen: Barbara Budrich Verlag 2006, S. 35-41.

Gumport, Patricia J.: Graduate Education and Research. Interpendence and Strain. In: Altbach, Philip G. *et al.* (Hrsg.): American Higher Education in the Twenty-First Century. Baltimore, MD: John Hopkins University Press 1999, S. 396-426.

Hall, Fred L., Barbara Evans und Maresi Nerad: Feasibility of international comparisons of Ph.D. program times-to-degree and completion rates. In: Kiley, Margaret und Gerry Mullins (Hrsg.): Quality in Postgraduate Research: Knowledge Creation in Testing Times. Refereed publication of the 2006 Quality in Postgraduate Research Conference. Adelaide, Australia: Centre for Educational Development and Academic Methods 2006, S. 3-14.

Hamburgisches Hochschulgesetz: Hamburgisches Hochschulgesetz (HmbHG) vom 18. Juli 2001, HmbGVBl. S. 171, in der Fassung vom 27. Mai 2003, zuletzt geändert durch Artikel 2 des Gesetzes vom 6. Februar 2008 (HmbGVBl. S. 63), S. 614.

Hartung, Dirk: Die „International Research Schools" der Max-Planck-Gesellschaft. Ein Fallbeispiel für systematische Graduiertenausbildung. In: Koepernik, Claudia, Johannes Moes und Sandra Tiefel (Hrsg.): GEW-Handbuch Promovieren mit Perspektive. Ein Ratgeber von und für DoktorandInnen. Bielefeld: W. Bertelsmann Verlag 2006 (Materialien aus Hochschule und Forschung 111), S. 268-274.

Hilgert, Joachim: Internationale Zusammenarbeit in der Doktorandenausbildung – Das Beispiel der „International Research Training Group (IRTG) Geometry and Analysis of Symmetries" Metz-Paderborn. In: Bosbach, Eva und Barbara Michalk (Hrsg.): Quo vadis Promotion? Doktorandenausbildung in Deutschland im Spiegel internationaler Erfahrungen. HRK Projekt Qualitätssicherung und Service-Stelle Bologna, Beiträge zur Hochschulpolitik 7/2007. Bonn: Hochschulrektorenkonferenz 2007, S. 133-137.

Hochschulrahmengesetz (HRG): Viertes Gesetz zur Änderung des Hochschulrahmengesetzes, vom 20. August 1998 (BGBl. I Nr. 54 S. 2190, ausgegeben zu Bonn am 24. August 1998).

Hochschulrektorenkonferenz, Referat B1: Auszüge aus den Hochschulgesetzen der Länder der Bundesrepublik Deutschland zur Regelung der Promotion (Stand: Juni 2008). Bonn: Hochschulrektorenkonferenz 2008.

Hochschulrektorenkonferenz, Referat B1: Liste der Hochschulen mit Promotionsrecht (Stand: Juni 2008). Quelle: HRK-Hochschulkompass. Bonn: Hochschulrektorenkonferenz 2008.

Hochschulrektorenkonferenz, Referat B1: Doktorgrade die in Deutschland verliehen werden können (Stand: Juni 2008). Quelle: Auswertung der Promotionsordnungen. Bonn: Hochschulrektorenkonferenz 2008.

Hochschulrektorenkonferenz, Referat B1: Regelungen bezüglich der Zulassung zur Promotion von Bachelorabsolventen – Auszüge aus den Promotionsordnungen (Stand: Juni 2008, ohne Anspruch auf Vollständigkeit). Bonn: Hochschulrektorenkonferenz 2008.

Hochschulrektorenkonferenz: Zur Weiterentwicklung der Exzellenzinitiative. Empfehlung des 108. Senats am 27.05.2008. Bonn: Hochschulrektorenkonferenz 2008. URL:http://www.hrk.de/de/download/dateien/Empfehlung_Exzellenz initiative.pdf (30.6.08).

Hochschulrektorenkonferenz: Statistische Daten zur Einführung von Bachelor- und Masterstudiengängen. Sommersemester 2008. Bonn: Hochschulrektorenkonferenz April 2008 (Statistiken zur Hochschulpolitik 1/2008). URL: http://www.hrk-bologna.de/bologna/de/download/dateien/hrk-statistik-sose08.pdf (30.6.08).

Hochschulrektorenkonferenz und Max-Planck-Gesellschaft: Memorandum of Understanding zwischen der Hochschulrektorenkonferenz und der Max-Planck-Gesellschaft zur Weiterentwicklung der International Max Planck Research Schools. Bonn/München: 14. März 2008. URL: http://www.mpg.de/pdf/imprs/MOU_ohne.pdf (30.6.08).

Hochschulrektorenkonferenz: Die Kleinen Fächer an den deutschen Universitäten. Eine Bestandsaufnahme. Ein Projekt der Hochschulrektorenkonferenz durchgeführt von der Potsdamer Arbeitsstelle Kleine Fächer mit freundlicher Unterstützung des BMBF (Manuskript). URL: http://www.hrk.de/kleinefaecher/Studi eKleineFaecher.zip (30.6.08).

Hochschulrektorenkonferenz: Zur Situation und Perspektiven der Universitäten in Berlin. Pressemitteilung 37/07 vom 4. Juli 2007. Bonn: Hochschulrektorenkonferenz 2007. URL: http://www.hrk.de/de/download/dateien/PM_Studie rende_fit_fuer_den_Job_machen(2).pdf (30.6.08).

Hochschulrektorenkonferenz: Empfehlung zur Harmonisierung der Semester- und Vorlesungszeiten an deutschen Hochschulen im Europäischen Hochschulraum. Entschließung der 1. Mitgliederversammlung am 4.5.2007. Bonn: Hochschulrektorenkonferenz 2007. URL: http://www.hrk.de/de/download/dateien/Be schluss_Semesterzeiten.pdf (30.6.08).

Hochschulrektorenkonferenz: Die Zukunft der Kleinen Fächer. Potenziale – Herausforderungen – Perspektiven. Empfehlung der HRK-Projektgruppe „Kleine Fächer". Zur Kenntnis genommen vom 103. Senat der HRK vom 13.2.2007. Bonn: Hochschulrektorenkonferenz 2007. URL: http://www.hrk.de/de/down load/dateien/Empfehlung_Kleine_Faecher.pdf (30.6.08).

Hochschulrektorenkonferenz: Ungewöhnliche Wege zur Promotion? Rahmenbedingungen und Praxis der Promotion von Fachhochschul- und Bachelor-Absolventen. Redaktion: Karina Dudek, Jan Rathjen. Bonn: HRK 2006. (Beiträge zur Hochschulpolitik 3/2007).

Hochschulrektorenkonferenz, Referat B1: Zusammenfassung – Auswertung Promotionsstudiengänge (Stand: März 2004, ohne Anspruch auf Vollständigkeit). Bonn: Hochschulrektorenkonferenz 2004.

Hochschulrektorenkonferenz: Zur Organisation des Promotionsstudiums. Entschließung des 199. Plenums vom 17./18.02.2003. Bonn: Hochschulrektorenkonferenz 2003. URL: http://www.hrk.de/de/download/dateien/Promo tion.pdf (30.6.08).

Hochschulrektorenkonferenz: Zum Promotionsstudium. Entschließung des 179. Plenums der Hochschulrektorenkonferenz. Berlin, 9. Juli 1996. Bonn: Hochschulrektorenkonferenz 1996 (Dokumente zur Hochschulreform 113). URL: http://www.hrk.de/de/beschluesse/109_524.php?datum=179.+Plenum+am+9. +Juli+1996+ (30.6.08).

Hoffer, Thomas B. et al.: Doctorate Recipients from United States Universities: Summary Report 2006. Chicago, Illinois: National Opinion Research Center (NORC) 2007. URL: http://www.norc.org/NR/rdonlyres/C22A3F40-0BA2-4993-A6D3-5E65939EEDC3/0/06SRRevised.pdf (30.6.08).

Hoffer, Thomas B. und Vincent Welch: InfoBrief - Time to Degree of U.S. Research Doctorate Recipients. National Science Foundation. NSF06-312. Arlington, VA: 2006. URL: http://www.nsf.gov/statistics/infbrief/nsf06312/ (30.6.08).

Hüfner, Klaus: Germany. In: Sadlak, Jan (Hrsg.): Doctoral Studies and Qualifications in Europe and the United States: Status and Prospects. Bucharest: UNESCO/CEPES 2004 (Studies on Higher Education), S. 51-61.

Institute of International Education: Open Doors 2007. Fast Facts. New York. URL: http://www.opendoors.iienetwork.org/file_depot/0-10000000/0-10000/3390/folder/58653/Fast+Facts+2007+Final.pdf (30.6.08).

Institute of International Education: Open Doors. Economic Impact Statement (2006/07). New York. URL: http://www.opendoors.iienetwork.org/file_depot/0-10000000/0-10000/3390/folder/58653/Economic+Impact+2007.pdf (30.6.08).

Janson, Kerstin, Harald Schomburg und Ulrich Teichler: Wege zur Professur. Qualifizierung und Beschäftigung an Hochschulen in Deutschland und den USA. Münster: Waxmann 2007.

Jaschik, Scott: New Standard for Getting In. In: Inside Higher Ed, News, 6. Juli 2007. URL: http://insidehighered.com/news/2007/07/06/ppi (30.6.08).

Kehm, Barbara: Promovieren in Europa – Strukturen und Konzepte im Vergleich. In: Fiedler, Werner und Eike Hebecker (Hrsg.): Promovieren in Europa. Strukturen, Status und Perspektiven im Bologna-Prozess. Opladen: Barbara Budrich Verlag 2006, S. 77-90.

Kiley, Margaret und Gerry Mullins (Hrsg.): Quality in Postgraduate Research: Knowledge Creation in Testing Times. Refereed publication of the 2006 Quality in Postgraduate Research Conference. Adelaide, Australia: Centre for Educational Development and Academic Methods 2006 (Part 1 and Part 2 – Proceedings).

Klüsener, Birgit: Promotion an Hochschulen in Deutschland. Eine Bestandsaufnahme. Präsentation bei der Tagung „Strukturierte Promotionsprogramme – Mehrwert und Perspektiven". Bonn: 25. April 2007. URL: http://www.daad. de/hochschulen/internationalisierung/Ph.D./PH.D._Kluesener_250407.PDF (30.6.08).

Knapp, Laura G. et al.: Postsecondary Institutions in the United States: Fall 2006 and Degrees and Other Awards Conferred: 2005-06 (NCES 2007-166). U.S. Department of Education. Washington, D.C.: National Center for Education Statistics 2007.

Koepernik, Claudia, Johannes Moes und Sandra Tiefel (Hrsg.): GEW-Handbuch Promovieren mit Perspektive. Ein Ratgeber von und für DoktorandInnen. Bielefeld: W. Bertelsmann Verlag 2006 (Materialien aus Hochschule und Forschung 111).

Königs, Robert Paul: The Doctorate in Transition: Current Trends in German Doctoral Education. In: Enders, Jürgen und Egbert de Weert (Hrsg.): Science, Training and Career – Changing Modes of Knowledge Production and Labor Markets. Proceedings of an International Workshop. Enschede: Center for Higher Education Policy Studies (CHEPS) 2002, S. 71-75.

Kreckel, Reinhard, (Hrsg.): Zwischen Promotion und Professur. Das wissenschaftliche Personal der Hochschulen und Forschungseinrichtungen im internationalen Vergleich. Leipzig: Akademische Verlagsanstalt 2008.

Kruse, Elke, Uwe Küchler und Maria Kuhl (Hrsg.): Unbegrenztes Lernen – Lernen über Grenzen? Generierung und Verteilung von Wissen in der Hochschulentwicklung. Band 3. Münster: Lit Verlag 2005.

Kultusministerkonferenz: Vereinbarung der Länder in der Bundesrepublik Deutschland über begünstigende Regelungen gemäß Ziffer 4 der „Grundsätze für die Regelung der Führung ausländischer Hochschulgrade im Sinne einer gesetzlichen Allgemeingenehmigung durch einheitliche gesetzliche Bestimmungen vom 14.04.2000". Beschluss der Kultusministerkonferenz vom 21.09.2001 i. d. F. vom 06.03.2008. URL: http://www.kmk.org/doc/beschl/grundaus.pdf (30.6.08).

Kultusministerkonferenz: Ländergemeinsame Strukturvorgaben gemäß § 9 Abs. 2 HRG für die Akkreditierung von Bachelor- und Masterstudiengängen. Beschluss der Kultusministerkonferenz vom 10.10.2003 i.d.F. vom 15.06.2007. URL: http://www.kmk.org/doc/beschl/BS_070615_LaendergemeinsameStrukturvorgaben.pdf (30.6.08).

Kuncel, Nathan R. und Sarah A. Hezlett: Standardized Tests Predict Graduate Students' Success. In: Science, Vol. 315 (Education Forum) 2007, S. 1080-1081.

Kupfer, Antonia: DoktorandInnen in den USA. Eine Analyse vor dem Hintergrund des Bologna-Prozesses. Wiesbaden: Deutscher Universitätsverlag, 2007 (Manuskript).

Kupfer, Antonia und Johannes Moes: Akkreditierung von Promotionsprogrammen. In: Bretschneider, Falk und Johannes Wildt (Hrsg.): Handbuch Akkreditierung von Studiengängen. Eine Einführung für Hochschulen, Politik und Berufspraxis. Bielefeld: Bertelsmann Verlag 2005, S. 302-310.

Kupfer, Antonia und Johannes Moes: Promovieren in Europa. Ein internationaler Vergleich von Promotionsbedingungen. Unter Mitarbeit von Ansgar Warner und Carsten Würmann. Gewerkschaft Erziehung und Wissenschaft, Materialien und Dokumente Hochschule und Forschung 104. Frankfurt/Main: GEW, 2., überarbeitete Auflage 2004.

Kühler, Larissa Leonore: Die Orientierung der Reformen im deutschen Hochschulsystem – seit 1998 – am Vorbild des amerikanischen Hochschulwesens. Inaugural-Dissertation zur Erlangung des Doktorgrades der Philosophie an der Ludwig-Maximilians-Universität München. München, 2005. URL: http://edoc. ub.uni-muenchen.de/archive/00004235/01/Kuehler_Larissa.pdf (30.6.08).

Lenhardt, Gero: Hochschulen in Deutschland und in den USA. Deutsche Hochschulpolitik in der Isolation. Wiesbaden: VS Verlag für Sozialwissenschaften 2005.

Londoner Kommuniqué: Auf dem Wege zum Europäischen Hochschulraum: Antworten auf die Herausforderungen der Globalisierung, 18. Mai 2007. URL: http://www.bmbf.de/pub/Londoner_Kommunique_Bologna_d.pdf (30.6.08).

Lovitts, Barbara E.: Making the Implicit Explicit. Creating Performance Expectations for the Dissertation. Sterling, VA: Stylus Publishing 2007.

Lovitts, Barbara E.: Leaving the Ivory Tower: The Causes and Consequences of Departure from Doctoral Study. Lanham, MD: Rowman & Littlefield 2001.

Marginson, Simon: The Anglo-American University at its Global High-Tide. In: Minerva 44/2006, S. 65-87.

Meyer, John W. und Evan Schofer: Universität in der globalen Gesellschaft. Die Expansion des 20. Jahrhunderts. In: Die Hochschule 2005, 14. Jg., Heft 2/05, S. 81-98.

Moes, Johannes: Stellungnahme zum Vortrag von C. Dose. In: Fiedler, Werner und Eike Hebecker (Hrsg.): Promovieren in Europa. Strukturen, Status und Perspektiven im Bologna-Prozess. Opladen: Barbara Budrich Verlag 2006, S. 25-27.

Moes, Johannes und Sandra Tiefel: Promovieren mit Perspektive. Ein Handbuch von DoktorandInnen für DoktorandInnen – zum Anliegen des Handbuches. In: Koepernik, Claudia, Johannes Moes und Sandra Tiefel (Hrsg.): GEW-Handbuch Promovieren mit Perspektive. Ein Ratgeber von und für DoktorandInnen. Bielefeld: W. Bertelsmann Verlag 2006 (Materialien aus Hochschule und Forschung 111), S. 12-47.

Moes, Johannes: USA – Das Maß der PhDinge? In: Kupfer, Antonia und Johannes Moes: Promovieren in Europa. Ein internationaler Vergleich von Promotionsbedingungen. Unter Mitarbeit von Ansgar Warner und Carsten Würmann. Gewerkschaft Erziehung und Wissenschaft, Materialien und Dokumente Hochschule und Forschung. Frankfurt/Main: GEW, 2., überarbeitete Auflage 2004, S. 23-26.

Moes, Johannes: Promovieren mit Perspektive – Perspektiven des Promovierens. Vortrag auf der GEW Sommerschule auf Sylt, August 2003.

Moes, Johannes: Promotionsreform in der Landesgesetzgebung. Synopse der Hochschulgesetze der Länder und ihrer Anpassung an die Novellen des Hochschulrahmengesetzes im Bereich Promotion. November 2003. URL: http://userpage.fu-berlin.de/~chaug/pi/materialien/LHG.pdf (30.6.08).

NAFSA - Association of International Educators: U.S. Classroom Culture. Michael Smithee, Sidney L. Greenblatt und Alisa Eland. U.S. Culture Series. Funded by a grant from the Bureau of Educational & Cultural Affairs of the U.S. Department of State. Washington, D.C.: NAFSA 2004. URL: http://www.nafsa.org/_/Document/_/u.s.pdf (30.6.08).

National Association of Graduate and Professional Students (NAGPS): 2000 National Doctoral Program Survey. Ohne Ortsangabe: 2001. URL: http://cresmet.asu.edu/nagps (30.6.08).

National Science Board: Science and Engineering Indicators 2008. Two volumes. Arlington, VA: National Science Foundation 2008.

National Science Foundation, Division of Science Resource Statistics: Science and Engineering Doctorate Awards: 2005. NSF 07-305. Project Officer Susan T. Hill. Arlington, VA: 2007.

National Science Foundation, Division of Science Resource Statistics: U.S. Doctorates in the 20th Century. NSF 06-319, Lori Thurgood, Mary J. Golladay, und Susan T. Hill. Arlington, VA: 2006. URL: http://www.nsf.gov/statistics/nsf06319/ (30.6.08).

National Science Foundation, Division of Science Resources Studies: Modes of Financial Support in the Graduate Education of Science and Engineering Doctorate Recipients. NSF 00-319. Mark Morgan, Quantum Research Corporation, Joan S. Burrelli und Alan I. Rapoport. NSF/SRS, Arlington, VA: 2000.

Nerad, Maresi und Mimi Heggelund (Hrsg.): Toward a Global Phd? Forces and Forms in Doctoral Education Worldwide. Seattle, WA: University of Washington Press 2008.

Nerad, Maresi: Globalisation and its impact on research education: Trends and Emerging Best Practices for the Doctorate of the Future. In: Kiley, Margaret und Gerry Mullins (Hrsg.): Quality in Postgraduate Research: Knowledge Creation in Testing Times. Refereed publication of the 2006 Quality in Postgraduate Research Conference. Adelaide, Australia: Centre for Educational Development and Academic Methods 2006 (Part 2 – Proceedings), S. 5-12.

Nerad, Maresi und Mimi Heggelund: Forces and Forms of Change: Doctoral Education in the United States. Commissioned Paper for the Conference "Forces and Forms of Change in Doctoral Education Internationally I". University of Washington, Seattle, USA: September 2005. URL: http://depts.washington.edu/cirgecon/papers/U.S..doc (30.6.08).

Nerad, Maresi: Promovieren in den USA. In: DAAD (Hrsg.): Promotion. Ein Handbuch für Politik und Praxis. Bielefeld: W. Bertelsmann Verlag 2004 (Die internationale Hochschule, Band 3), S. 84-92.

Nerad, Maresi: The Ph.D. in the U.S.: Criticisms, Facts and Remedies. In: Enders, Jürgen und Egbert de Weert (Hrsg.): Science, Training and Career – Changing Modes of Knowledge Production and Labor Markets. Proceedings of an International Workshop. Enschede: Center for Higher Education Policy Studies (CHEPS) 2002, S. 81-108.

Nerad, Maresi und Joseph Cerny: From Rumors to Facts: Career Outcomes of English Ph.D.'s., Results from the Ph.D.'s-Ten Years Later Study. In: Council of Graduate Schools: Communicator, vol. 32, No. 7. Washington, D.C.: 1999.

Nerad, Maresi: The Cyclical Problems of Graduate Education and Institutional Responses in the 1990s. In: Nerad, Maresi: Graduate Education in the United States. With Raymond June und Debra Sands Miller in the book series Contemporary Higher Education: Graduate Education in The United States. New York: Garland Press 1997, Introduction, S. iv-xi.

Nerad, Maresi: Graduate Education in the United States. With Raymond June und Debra Sands Miller in the book series Contemporary Higher Education: Graduate Education in The United States. New York: Garland Press 1997.

Nerad, Maresi: Preparing for the next Generation of Professionals and Scholars: Recent Trends in Graduate Education in Germany and Japan. University of California, Berkeley 1994. URL: http://depts.washington.edu/cirgeweb/c/wp-content/uploads/2008/02/japan_germany.pdf (30.6.08).

Nettles, Michael T. und Catherine M. Millett: Three Magic Letters: Getting to Ph.D. Baltimore, MD: Johns Hopkins University Press 2006.

Nevill, Stephanie C. und Xianglei Chen: The Path Through Graduate School: A Longitudinal Examination 10 Years After Bachelor's Degree (NCES 2007-162). U.S. Department of Education. Washington, D.C.: National Center for Education Statistics 2007.

Nünning, Ansgar und Roy Sommer: Gießener Graduiertenzentrum Kulturwissenschaften (GGK). In: Koepernik, Claudia, Johannes Moes und Sandra Tiefel (Hrsg.): GEW-Handbuch Promovieren mit Perspektive. Ein Ratgeber von und für DoktorandInnen. Bielefeld: W. Bertelsmann Verlag 2006 (Materialien aus Hochschule und Forschung 111), S. 265-267.

Nyquist, Jody D.: The Ph.D. A Tapestry of Change for the 21st Century. In: Change: The Magazine of Higher Learning, Volume 34, N. 6 November/Dezember 2002, S. 12-20. URL: http://www.grad.washington.edu/envision/PDF/Change.pdf (30.6.08).

OECD: Education at a Glance 2007. OECD Indicators. Paris: Organisation for Economic Co-operation and Development 2007. URL: http://www.oecd.org/dataoecd/36/4/40701218.pdf (30.6.08). Annex 3, Chapter A: http://www.oecd.org/dataoecd/4/33/39314561.doc (30.6.08).

Oesternling, Carina und Tobias Boll: Absolventenstudie Rheinland-Pfalz. Landesweite Absolventenbefragung. Abschlussjahrgang 2005. Mainz: Hochschulevaluierungsverbund Südwest 2008. URL: http://www.hochschulevaluierungsverbund.de/abs_befr/erg/abs.pdf (30.6.08).

Oram, Fem A. (Hrsg.): Peterson´s Graduate Schools in the U.S. 2008. Nearly 1.000 Graduate and Professional Schools. Lawrenceville, NJ: Peterson´s 2007.

Ostriker, Jeremiah P. und Charlotte V. Kuh (Hrsg.): Assessing Research-Doctorate Programs. A Methodology Study. Assisted by James A. Voytuk. Washington, D.C.: National Academy Press 2003 (National Research Council).

Powell, Stuart und Howard Green (Hrsg.): The Doctorate Worldwide. Berkshire: Open University Press 2007 (The Society for Research into Higher Education).

Powell, Stuart: Issues for the Doctorate within Europe. Präsentation bei der Tagung des UK Council for Graduate Education: New Dimensions for Doctoral Programmes in Europe – Training, Employability and the European Knowledge Agenda. Florence: European University Institute 2006. URL: www.researcherconferences.org.uk/archive/2006/postevent_slides/ws8_slides.pdf (30.6.08).

Reisz, Robert D. und Manfred Stock: Inklusion in Hochschulen. Beteiligung an der Hochschulbildung und gesellschaftlichen Entwicklung in Europa und in den USA (1950-2000). Bonn: Lemmens 2007.

Rheinische Friedrich-Wilhelms-Universität Bonn: Promotionsordnung der Landwirtschaftlichen Fakultät der Rheinischen Friedrich-Wilhelms-Universität Bonn vom 28. August 1985. URL: http://www.lwf.uni-bonn.de/dekanat/information/PO-internet.pdf (30.6.08).

Röbbecke, Martina und Dagmar Simon: Promovieren mit Stipendium. Zweite Evaluation der Förderung des wissenschaftlichen Nachwuchses nach dem Nachwuchsförderungsgesetz (NaFöG). P 01 – 001. Berlin: Wissenschaftszentrum Berlin für Sozialforschung (WZB) 2001. URL: http://skylla.wzb.eu/pdf/2001/p01-001.pdf (30.6.08).

Sadlak, Jan (Hrsg.): Doctoral Studies and Qualifications in Europe and the United States: Status and Prospects. Bucharest: UNESCO/CEPES 2004 (Studies on Higher Education). URL: http://unesdoc.unesco.org/images/0013/001364/136456e.pdf (30.6.08).

Sander, Wolfram: Fast-Track zur Promotion: Graduate School of Chemistry & Biochemistry. Präsentation bei der Tagung „Strukturierte Promotionsprogramme – Mehrwert und Perspektiven". Bonn: 25. April 2007. URL: http://www.daad.de/hochschulen/internationalisierung/Ph.D./PH.D._Sander_250407.PDF (30.6.08).

Scholz, Beate: Auswahl und Zulassung – ein Geschäft auf Gegenseitigkeit. In: Bosbach, Eva und Barbara Michalk (Hrsg.): Quo vadis Promotion? Doktorandenausbildung in Deutschland im Spiegel internationaler Erfahrungen. HRK Projekt Qualitätssicherung und Service-Stelle Bologna, Beiträge zur Hochschulpolitik 7/2007. Bonn: Hochschulrektorenkonferenz 2007, S. 71-77.

Schreiterer, Ulrich: Traumfabrik Harvard. Warum amerikanische Universitäten so anders sind. Frankfurt am Main/New York: Campus 2008.

Senger, Ulrike: Betreuungs- und Beurteilungsstrukturen der Doktorandenausbildung im Pilotzentrum Internationales Doktorandenforum. In: Bosbach, Eva und Barbara Michalk (Hrsg.): Quo vadis Promotion? Doktorandenausbildung in Deutschland im Spiegel internationaler Erfahrungen. HRK Projekt Qualitätssicherung und Service-Stelle Bologna, Beiträge zur Hochschulpolitik 7/2007. Bonn: Hochschulrektorenkonferenz 2007, S. 83-91.

Senger, Ulrike: Internationaler Wissenschaftsstandort Deutschland? Eckpunkte qualitativer Internationalisierung der Doktorandenausbildung am Beispiel des Modells "Internationales Doktorandenforum". In: Bayerisches Staatsinstitut für Hochschulforschung und Hochschulplanung: Beiträge zur Hochschulforschung 4, 2005. München: Bayerisches Staatsinstitut für Hochschulforschung und Hochschulplanung 2005, S. 56-82.

Shanghai Jiao Tong University: Academic Ranking of World Universities 2008. URL: http://www.arwu.org/rank2008/EN2008.htm (30.6.08).

Snyder, Thomas D., Sally A. Dillow und Charlene M. Hoffman: Digest of Education Statistics 2007. (NCES 2008-022). U.S. Department of Education, National Center for Education Statistics. Washington, D.C.: U.S. Government Printing Office 2008. URL: http://nces.ed.gov/pubs2008/2008022.pdf (30.6.08).

Snyder, Thomas D. und Charlene M. Hoffman: Digest of Education Statistics 1990. (NCES 91-660). U.S. Department of Education, National Center for Education Statistics. Washington, D.C.: U.S. Government Printing Office 1991. URL: http://nces.ed.gov/pubs91/91660.pdf (30.6.08).

Sorbonne-Erklärung: Gemeinsame Erklärung zur Harmonisierung der Architektur der europäischen Hochschulbildung. Paris, Sorbonne, dem 25. Mai 1998. URL: http://www.hrk-bologna.de/bologna/de/download/dateien/Sorbonne_Erklae rung.pdf (30.6.08).

Sowell, Robert: Ph.D. Completion and Attrition: Analysis of Baseline Data. Präsentation beim NSF/CGS-Workshop „A Fresh Look at Ph.D. Education" am 31. März 2008 in Arlington/VA. URL: http://www.phdcompletion.org/resour ces/CGSNSF2008_Sowell.pdf (30.6.08).

Spiewak, Martin: Gefragt. Fünf Fragen im Stehen. Interview mit Debra Stewart, Präsidentin des Council of Graduate Schools. In: DIE ZEIT vom 22. März 2007, S. 9.

Statistisches Bundesamt: Fachserie 11 / Reihe 4.2. Bildung und Kultur. Prüfungen an Hochschulen 2006. Wiesbaden: Statistisches Bundesamt 2007.

Statistisches Bundesamt: Fachserie 11 / Reihe 4.4. Bildung und Kultur. Personal an Hochschulen 2006. Wiesbaden: Statistisches Bundesamt 2007.

Statistisches Bundesamt: Deutsche Studierende im Ausland - Statistischer Überblick 1995 – 2005, Ausgabe 2007. Wiesbaden: Statistisches Bundesamt 2007.

Statistisches Bundesamt: Prüfungen an Hochschulen. Wintersemester 1972/73 bis Sommersemester 1974. Wiesbaden: Statistisches Bundesamt 1977.

Stewart, Abigail J., Janet Elizabeth Malley und Danielle LaVague-Manty (Hrsg.): Transforming Science and Engineering. Advancing Academic Women. Michigan: The University of Michigan Press 2007.

Stewart, Debra W.: Current Issues in Doctoral Education in the U.S.: Challenge, Change and Response. Vortrag beim DFG- Symposium zur strukturierten Promotionsförderung in Deutschland, Würzburg: Juli 2003. URL: http://www. dfg.de/wissenschaftliche_karriere/focus/2003/promotionsfoerderung/down load/stewart.pdf (30.6.08).

Stifterverband für die Deutsche Wissenschaft: Akademisches Personalmanagement. Essen: Stifterverband für die Deutsche Wissenschaft e.V. 2006 (Positionen, Juni 2006). URL: http://www.akademisches-personalmanagement.de/cms/up load/PositionenAP_062006.pdf (30.6.08).

Trow, Martin: Reflections on the Transition from Mass to Universal Higher Education. In: Daedalus, Bd. 90, 1970, S.1-42.

Trow, Martin: Reflections on the Transition from Elite to Mass to Universal Access: Forms and Phases of Higher Education in Modern Societies since WWII. In: Forest, James J. F. und Philip G. Altbach (Hrsg.): International Handbook of Higher Education, Part One. Global Themes and Contemporary Challenges. Series: Springer International Handbooks of Education, Vol. 18. Ohne Ortsangabe: Springer 2006, S. 243-280.

Tucci, Ingrid: Erfahrungsbericht Cotutelle de Thèse: Binationale Promotion. In: Koepernik, Claudia, Johannes Moes und Sandra Tiefel (Hrsg.): GEW-Hand-buch Promovieren mit Perspektive. Ein Ratgeber von und für Doktorand-In-nen. Bielefeld: W. Bertelsmann Verlag 2006 (Materialien aus Hochschule und Forschung 111), S. 367-368.

U.S. Department of Education: Accreditation in the United States. Online-Infor-mation: Juni 2008. URL: http://www.ed.gov/admins/finaid/accred/index.html (30.6.08).

U.S. Department of Education: A Test of Leadership: Charting the Future of U.S. Higher Education. Washington, D.C.: U.S. Department of Education 2006. URL: http://www.ed.gov/about/bdscomm/list/hiedfuture/reports/pre-pub-repo rt.pdf (30.6.08).

U.S. News and World Report: America's Best Graduate Schools. Business, Law, Medicine, Education, Engineering and more. Finding the right School – Getting in – Where the Jobs are. 2009 Edition. Washington D.C: U.S. News & World Report 2008. URL: http://grad-schools.usnews.rankingsandreviews. com/usnews/edu/grad/rankings/rankindex_brief.php (30.6.08).

Walker, George E. *et al.*: The Formation of Scholars: Rethinking Doctoral Educa-tion for the Twenty-First Century. San Francisco: Jossey-Bass 2008 (Carnegie Essays on the Doctorate).

Weiler, Hans N.: Promotion und Exzellenz - Strukturelle und institutionelle Be-dingungen erfolgreicher Nachwuchsförderung. Vortrag vor der 18. Mitglieder-versammlung der Mitgliedergruppe Universitäten in der Hochschulrektoren-konferenz (HRK). Bonn, 26. Mai 2004. URL: http://www.stanford.edu/~weiler/ HRK_Manuskript.pdf (30.6.08).

Wette, Carsten: Im Wettstreit um Geld und kluge Köpfe. Eine Tagung über die Chancen der Globalisierung für deutsche Hochschulen. In: Der Tagesspiegel vom 16. April 2007, Aktuelles, S. B04.

Wissenschaftsrat: Basisdaten Hochschulen/Forschungseinrichtungen in Deutsch-land (Stand: 26.6.2007). Quellen: Statistisches Bundesamt, BMBF, OECD, HIS, eigene Berechnungen. Köln: Geschäftstelle des Wissenschaftsrates 2007.

Wissenschaftsrat: Empfehlungen zur Entwicklung und Förderung der Geistes-wissenschaften in Deutschland. Teil 1: Stellungnahme. Drs. 7068-06. Berlin: 27. Januar 2006. URL: http://www.wissenschaftsrat.de/texte/7068-06.pdf (30.6.08).

Wissenschaftsrat: Empfehlungen zu Rankings im Wissenschaftssystem. Teil 1: Forschung. Drs. 6285-04. Hamburg: 12. November 2004. URL: http://www.wissen schaftsrat.de/texte/6285-04.pdf (30.6.08).

Wissenschaftsrat: Empfehlungen zur Doktorandenausbildung. Drs. 5459/02. Saarbrücken: 15. November 2002. URL: http://www.wissenschaftsrat.de/texte/5459 -02.pdf (30.6.08).

Wissenschaftsrat: Empfehlungen zur Doktorandenausbildung und zur Förderung des Hochschullehrernachwuchses. Köln: Geschäftsstelle des Wissenschaftsrates 1997.

Woodrow Wilson National Fellowship Foundation: The Responsive Ph.D. Innovations in U.S. Doctoral Education. Princeton, NJ: Woodrow Wilson National Fellowship Foundation 2005. URL: http://www.woodrow.org/images/pdf/re sphd/ResponsivePhD_overview.pdf (30.6.08).

Wulff, Donald H. und Ann E. Austin (Hrsg.): Path to the Professoriate: Strategies for Enriching the Preparation of Future Faculty. San Francisco: Jossey-Bass 2004.

Zentrale Evaluations- und Akkreditierungsagentur (ZEvA): Allgemeine Standards für die Akkreditierung von Doktorandenprogrammen an Universitäten. Empfehlungen. Stand: 02. Juni 2003. Hannover: ZEvA 2003.

Zhaoo, Chun-Mei, Chris M. Golde und Alexander C. McCormick: More than a Signature: How Advisor Choice and Advisor Behavior Affect Doctoral Student Satisfaction. Paper präsentiert auf der Konferenz der American Educational Research Association (AERA). Montreal, Canada: April 2005. URL: http://www.Ph.D.-survey.org/aera05.pdf (30.6.08).

Zur Autorin

Eva Bosbach, M. A., studierte in Prag, Konstanz und Köln Germanistik, Sprachwissenschaft, Phonetik und Politikwissenschaft. Zentrale Punkte ihrer vom DAAD geförderten Magisterarbeit waren die aktuelle Studienreformdiskussion im tertiären Bereich und die Implementierung der internationalen ‚Bologna-Vorgaben' an deutschen Hochschulen.

Von 2004 bis 2007 arbeitete sie als Projektreferentin in der Service-Stelle Bologna der Hochschulrektorenkonferenz zu den Themen Bologna-Prozess, Geisteswissenschaften, Lehramtsstudium und Promotion, etablierte die Publikationsreihe „Bologna-Reader" und betreute die HRK-Projektgruppe „Zukunft der Kleinen Fächer".

Derzeit forscht Eva Bosbach in New York als Doktorandin der Universität zu Köln zu den Themen Doktorandenausbildung und Geisteswissenschaften in Deutschland und den USA. Zu ihren aktuellen Publikationen zählt neben der vorliegenden Studie die BMBF-geförderte Expertise zum Jahr der Geisteswissenschaften 2007 „U.S.Arts and Figures - Promotion und Beruf von Geisteswissenschaftlern in den USA" (RatSWD, 2008). E-Mail: eva.bosbach@amu.cz .

die hochschule. journal für wissenschaft und bildung

Herausgegeben vom Institut für Hochschulforschung an der
Martin-Luther-Universität Halle-Wittenberg (HoF)

Lieferbare Themenhefte:

Peer Pasternack (Hrsg.): *Hochschulen in kritischen Kontexten. Forschung und Lehre in den ostdeutschen Regionen* (2009, 174 S.; € 17,50)

Robert D. Reisz, Manfred Stock (Hrsg.): *Private Hochschulen – Private Higher Education* (2008, 168 S.; € 17,50)

Martin Winter (Hrsg.): *Reform des Studiensystems. Analysen zum Bologna-Prozess* (2007, 214 S.; € 17,50)

Reinhard Kreckel / Peer Pasternack (Hrsg.): *10 Jahre HoF* (2007, 197 S.; € 17,50)

Karsten König (Hrsg.): *Verwandlung durch Verhandlung? Kontraktsteuerung im Hochschulsektor* (2006, 201 S.; € 17,50)

Georg Krücken (Hrsg.): *Universitäre Forschung im Wandel* (2006, 224 S.; € 17,50)

Konjunkturen und Krisen. Das Studium der Natur- und Technikwissenschaften in Europa (2005, 246 S.; € 17,50)

Peer Pasternack (Hrsg.): *Konditionen des Studierens* (2004, 244 S.; € 17,50)

Martin Winter (Hrsg.): *Gestaltung von Hochschulorganisation. Über Möglichkeiten und Unmöglichkeiten, Hochschulen zu steuern* (2004, 254 S.; € 17,50)

Anke Burkhardt / Uta Schlegel (Hrsg.): *Warten auf Gender Mainstreaming. Gleichstellungspolitik im Hochschulbereich* (2003, 282 S.; € 17,50)

Barbara Kehm (Hrsg.): *Grenzüberschreitungen. Internationalisierung im Hochschulbereich* (2003, 268 S.; € 17,50)

Peer Pasternack / Martin Winter (Hrsg.): *Szenarien der Hochschulentwicklung* (2002, 236 S.; € 17,50)

Bestellungen unter:
institut@hof.uni-halle.de
http://www.diehochschule.de

5'08 Karsten König / Peer Pasternack: *elementar + professionell. Die Akademisierung der elementarpädagogischen Ausbildung in Deutschland. Mit einer Fallstudie: Der Studiengang „Erziehung und Bildung im Kindesalter" an der Alice Salomon Hochschule Berlin,* 158 S.

4'08 Peer Pasternack / Roland Bloch / Daniel Hechler / Henning Schulze: *Fachkräfte bilden und binden. Lehre und Studium im Kontakt zur beruflichen Praxis in den ostdeutschen Ländern,* 137 S.

3'08 Teresa Falkenhagen: *Stärken und Schwächen der Nachwuchsförderung. Meinungsbild von Promovierenden und Promovierten an der Martin-Luther-Universität Halle-Wittenberg,* 123 S.

2'08 Heike Kahlert / Anke Burkhardt / Ramona Myrrhe: *Gender Mainstreaming im Rahmen der Zielvereinbarungen an den Hochschulen Sachsen-Anhalts: Zwischenbilanz und Perspektiven,* 119 S.

1'08 Peer Pasternack / Ursula Rabe-Kleberg: *Bildungsforschung in Sachsen-Anhalt. Eine Bestandsaufnahme,* 81 S.

4'07 Uta Schlegel / Anke Burkhardt: *Auftrieb und Nachhaltigkeit für die wissenschaftliche Laufbahn. Akademikerinnen nach ihrer Förderung an Hochschulen in Sachsen-Anhalt,* 46 S.

3'07 Michael Hölscher / Peer Pasternack: *Internes Qualitätsmanagement im österreichischen Fachhochschulsektor,* 188 S.

2'07 Martin Winter: *PISA, Bologna, Quedlinburg – wohin treibt die Lehrerausbildung? Die Debatte um die Struktur des Lehramtsstudiums und das Studienmodell Sachsen-Anhalts,* 58 S.

1'07 Karsten König: *Kooperation wagen. 10 Jahre Hochschulsteuerung durch vertragsförmige Vereinbarungen,* 116 S.

6'06 Roland Bloch: *Wissenschaftliche Weiterbildung im neuen Studiensystem – Chancen und Anforderungen. Eine explorative Studie und Bestandsaufnahme,* 64 S.

5'06 Rene Krempkow / Karsten König / Lea Ellwang: *Studienqualität und Studienerfolg an sächsischen Hochschulen. Dokumentation zum „SZ-Hochschul-TÜV" der Sächsischen Zeitung 2006,* 76 S.

4'06 Andrea Scheuring / Anke Burkhardt: *Schullaufbahn und Geschlecht. Beschäftigungssituation und Karriereverlauf an allgemeinbildenden Schulen in Deutschland aus gleichstellungspolitischer Sicht,* 93 S.

3'06 Irene Lischka: *Entwicklung der Studierwilligkeit,* 116 S.

2'06 Irene Lischka unter Mitarbeit von Reinhard Kreckel: *Zur künftigen Entwicklung der Studierendenzahlen in Sachsen-Anhalt. Prognosen und Handlungsoptionen. Expertise im Auftrag der Landesrektorenkonferenz von Sachsen-Anhalt,* 52 S.

1'06 Anke Burkhardt / Reinhard Kreckel / Peer Pasternack: *HoF Wittenberg 2001 – 2005. Ergebnisreport des Instituts für Hochschulforschung an der Martin-Luther-Universität Halle-Wittenberg,* 107 S.

Schriftenreihe „Wittenberger Hochschulforschung"

Robert D. Reisz / Manfred Stock: *Inklusion in Hochschulen. Beteiligung an der Hochschulbildung und gesellschaftlichen Entwicklung in Europa und in den USA (1950-2000).* Lemmens Verlag, Bonn 2007, 148 S.

Peer Pasternack: *Qualität als Hochschulpolitik? Leistungsfähigkeit und Grenzen eines Policy-Ansatzes.* Lemmens Verlag, Bonn 2006, 558 S.

Anke Burkhardt / Karsten König (Hrsg.): *Zweckbündnis statt Zwangsehe: Gender Mainstreaming und Hochschulreform.* Lemmens Verlag, Bonn 2005, 264 S.

Reinhard Kreckel: *Vielfalt als Stärke. Anstöße zur Hochschulpolitik und Hochschulforschung.* Lemmens Verlag, Bonn 2004, 203 S.

Irene Lischka / Andrä Wolter (Hrsg.): *Hochschulzugang im Wandel? Entwicklungen, Reformperspektiven und Alternativen.* Beltz Verlag, Weinheim/Basel 2001, 302 S.

Jan-Hendrik Olbertz / Peer Pasternack / Reinhard Kreckel (Hrsg.): *Qualität – Schlüsselfrage der Hochschulreform.* Beltz Verlag, Weinheim/Basel 2001, 341 S.

Barbara M. Kehm / Peer Pasternack: *Hochschulentwicklung als Komplexitätsproblem. Fallstudien des Wandels.* Deutscher Studien Verlag, Weinheim 2001, 254 S.

Peer Pasternack (Hrsg.): *DDR-bezogene Hochschulforschung. Eine thematische Eröffnungsbilanz aus dem HoF Wittenberg.* Deutscher Studien Verlag, Weinheim 2001, 315 S.

Peter Altmiks (Hrsg.): *Gleichstellung im Spannungsfeld der Hochschulfinanzierung.* Deutscher Studien Verlag, Weinheim 2000, 107 S.

Jan-Hendrik Olbertz / Peer Pasternack (Hrsg.): *Profilbildung – Standards – Selbststeuerung. Ein Dialog zwischen Hochschulforschung und Reformpraxis,* hrsg. unt. Mitarb. v. Gertraude Buck-Bechler und Heidrun Jahn. Deutscher Studien Verlag, Weinheim 1999, 291 S.

Peer Pasternack: *Hochschule & Wissenschaft in SBZ/DDR/Ostdeutschland 1945-1995. Annotierte Bibliographie für den Erscheinungszeitraum 1990-1998.* Deutscher Studien Verlag, Weinheim 1999, 567 S.

Peer Pasternack: *Demokratische Erneuerung. Eine universitätsgeschichtliche Untersuchung des ostdeutschen Hochschulumbaus 1989-1995. Mit zwei Fallstudien: Universität Leipzig und Humboldt-Universität zu Berlin.* Deutscher Studien Verlag, Weinheim 1999, 427 S.

Heidrun Jahn / Jan-Hendrik Olbertz (Hrsg.): *Neue Stufen – alte Hürden? Flexible Hochschulabschlüsse in der Studienreformdebatte.* Deutscher Studien Verlag, Weinheim 1998, 120 S.

Weitere Buchveröffentlichungen aus dem Institut für Hochschulforschung (HoF)

Roland Bloch: *Flexible Studierende? Studienreform und studentische Praxis.* Akademische Verlagsanstalt, Leipzig 2009, 336 S.

Anke Burkhardt (Hrsg.): *Wagnis Wissenschaft. Akademische Karrierewege und das Fördersystem in Deutschland.* Akademische Verlagsanstalt, Leipzig 2008, 693 S.

Reinhard Kreckel (Hrsg.): *Zwischen Promotion und Professur: Das wissenschaftliche Personal in Deutschland im Vergleich mit Frankreich, Großbritannien, USA, Schweden, den Niederlanden, Österreich und der Schweiz.* Akademische Verlagsanstalt, Leipzig 2008, 300 S.

Peer Pasternack (Hrsg.): *Stabilisierungsfaktoren und Innovationsagenturen. Die ostdeutschen Hochschulen und die zweite Phase des Aufbau Ost.* Akademische Verlagsanstalt, Leipzig 2007, 465 S.

Peer Pasternack: *Wissenschafts- und Hochschulgeschichte der SBZ, DDR und Ostdeutschlands 1945–2000. Annotierte Bibliografie der Buchveröffentlichungen 1990–2005,* CD-ROM-Edition, unt. Mitarb. v. Daniel Hechler, Stiftung zur Aufarbeitung der SED-Diktatur/Institut für Hochschulforschung, Berlin/Wittenberg 2006.

Manfred Stock: *Arbeiter, Unternehmer, Professioneller. Eine theorievergleichende Analyse zur sozialen Konstruktion von Beschäftigung in der Moderne,* VS-Verlag für Sozialwissenschaften, Wiesbaden 2005, 398 S.

Peer Pasternack / Roland Bloch / Claudius Gellert / Michael Hölscher / Reinhard Kreckel / Dirk Lewin / Irene Lischka / Arne Schildberg: *Die Trends der Hochschulbildung und ihre Konsequenzen. Wissenschaftlicher Bericht für das Bundesministerium für Bildung, Wissenschaft und Kultur der Republik Österreich,* bm:bwk, Wien 2005, 227 S.

Peer Pasternack / Falk Bretschneider: *Handwörterbuch der Hochschulreform,* UniversitätsVerlag Webler, Bielefeld 2005, 221 S.

Barbara M. Kehm (Hrsg.): *Mit SOKRATES II zum Europa des Wissens. Ergebnisse der Evaluation des Programms in Deutschland,* Wissenschaftliches Zentrum für Berufs- und Hochschulforschung der Universität Kassel & HoF Wittenberg – Institut für Hochschulforschung, Kassel/Wittenberg 2005, 404 S.

Peer Pasternack: *Politik als Besuch. Ein wissenschaftspolitischer Feldreport aus Berlin*, UniversitätsVerlag Webler, Bielefeld 2005, 253 S.

Manfred Stock / Helmut Köhler: *Bildung nach Plan? Bildungs- und Beschäftigungssystem in der DDR 1949 bis 1989*, Leske + Budrich, Opladen 2004, 153 S.

Jens Hüttmann / Peer Pasternack / Ulrich Mählert (Hrsg.): *DDR-Geschichte vermitteln. Ansätze und Erfahrungen in Unterricht, Hochschullehre und politischer Bildung*, Metropol-Verlag, Berlin 2004, 310 S.

Jens Hüttmann / Peer Pasternack (Hrsg.): *Wissensspuren. Bildung und Wissenschaft in Wittenberg nach 1945*, Drei-Kastanien-Verlag, Wittenberg 2004, 414 S.

Peer Pasternack: *177 Jahre. Zwischen Universitätsschließung und Gründung der Stiftung Leucorea: Wissenschaft und Höhere Bildung in Wittenberg 1817–1994*, Stiftung Leucorea an der Martin-Luther-Universität Halle-Wittenberg, Wittenberg 2002, 122 S.

Martin Winter / Thomas Reil (Hrsg.): *Qualitätssicherung an Hochschulen. Theorie und Praxis*, W. Bertelsmann-Verlag, Bielefeld 2002, 192 S.

Peer Pasternack (Hrsg.): *Flexibilisierung der Hochschulhaushalte. Handbuch*, Schüren Verlag, Marburg 2001, 336 S.

Peer Pasternack / Thomas Neie (Hrsg.): *stud. ost 1989–1999. Wandel von Lebenswelt und Engagement der Studierenden in Ostdeutschland*, Akademische Verlagsanstalt, Leipzig 2000, 464 S.

Peer Pasternack / Monika Gibas (Hrsg.): *Sozialistisch behaust & bekunstet. Hochschulen und ihre Bauten in der DDR, Leipziger Universitätsverlag*, Leipzig 1999, 246 S.

Barbara M. Kehm: *Higher Education in Germany. Developments Problems, Future Perspectives*. CEPES, Bucarest 1999, 145 S.

Peer Pasternack (Hrsg.): *Eine nachholende Debatte. Der innerdeutsche Philosophenstreit 1996/97*, Leipzig 1998, 234 S.

Peer Pasternack (Hrsg.)

Stabilisierungsfaktoren und Innovationsagenturen

Die ostdeutschen Hochschulen und die zweite Phase des
Aufbau Ost

Akademische Verlagsanstalt, Leipzig 2007; 471 Seiten; € 33,-

Der Band stellt zunächst die Entwicklungen der ostdeutschen Hochschulen im zurückliegenden Jahrzehnt empirisch dar und analysiert sie. Ging es in der ersten Hälfte der 90er Jahre um die Gleichzeitigkeit von Abbau und Neuaufbau, so ist seither die Dreifachherausforderung von Strukturkonsolidierung, Sparauflagenbewältigung und Hochschulreform im gesamtdeutschen Kontext zu bewältigen. Daher wird resümiert, wie es die ostdeutschen Hochschulen vermocht haben, ihre Strukturen zu konsolidieren, und wie sie sich in den allgemeinen Hochschulreformentwicklungen platzierten und platzieren.

Im Anschluss daran geht es um Zukunftsfragen: Welche Beiträge leisten die ostdeutschen Hochschulen bzw. werden sie zu leisten haben, um zur Entwicklung von Regionen beizutragen, die durch demografischen Wandel, negative Wanderungsbilanz, klein- und mittelbetrieblich dominierte Wirtschaftsstrukturen, Produktivitätsrückstände bei gleichzeitiger Entwicklung einiger Leistungsinseln – mithin durch fragmentierte Entwicklung bei Überwiegen der Problemregionen – gekennzeichnet sind?

Mit dem absehbaren Ende der hohen Finanztransfers sind in Ostdeutschland künftig vornehmlich endogene Entwicklungspotenziale zu erschließen. Dazu gehören als zentrale Schaltstellen der Regionalentwicklung die Hochschulen. Nehmen sie diese Herausforderung an, haben sie die Chance, sich einen gesamtdeutschen Vorteil als Agenturen gesellschaftlicher Innovation zu verschaffen. Aus dem ostdeutschen Problemvorsprung kann so ein Problemlösungsvorsprung werden.

Anke Burkhardt (Hrsg.)

Wagnis Wissenschaft

Akademische Karrierewege und das Fördersystem in Deutschland

Akademische Verlagsanstalt, Leipzig 2008; 693 Seiten; € 35,-

Das Spektrum der Förderung des wissenschaftlichen Nachwuchses in der Promotions bzw. Post-doc-Phase reicht von der (befristeten) Mitarbeiterstelle an einer Hochschule oder einer außeruniversitären Forschungseinrichtung über das Stipendium einer Stiftung oder eines Begabtenförderwerkes bis hin zur Vorbereitung auf eine wissenschaftliche Leitungsfunktion durch die Deutsche Forschungsgemeinschaft (DFG). Diese Vielfalt stellt einerseits eine Stärke des deutschen Systems dar, wie die im internationalen Vergleich weit über dem Durchschnitt liegende Promotionsquote belegt. Andererseits ist das Fördersystem unübersichtlich, die wissenschaftliche Karriere mit schwer kalkulierbaren Risiken behaftet. Nicht jeder kommt in den Genuss der Förderung, bis zur Erlangung der beruflichen Selbstständigkeit vergehen viele Jahre. Nur schätzungsweise jedes dritte Promotionsvorhaben wird mit Erfolg abgeschlossen, von den Habilitierten dürften es knapp zwei Fünftel auf eine Professur schaffen. Deutschland tut viel für den wissenschaftlichen Nachwuchs, weiß aber zu wenig über Umfang, Bedarfsgerechtigkeit und Wirksamkeit der Förderung.

Mit Unterstützung des Bundesministeriums für Bildung und Wissenschaft (BMBF) legt HoF Wittenberg in Kooperation mit dem Bayrischen Staatsinstitut für Hochschulforschung und Hochschulplanung München (IHF) und dem Internationalen Zentrum für Hochschulforschung Kassel (INCHER) mit diesem Band erstmals einen umfassenden Überblick zum System der Nachwuchsförderung in Deutschland vor.

Reinhard Kreckel (Hrsg.)

Zwischen Promotion und Professur

Das wissenschaftliche Personal in Deutschland im Vergleich mit Frankreich, Großbritannien, USA, Schweden, den Niederlanden, Österreich und der Schweiz

Akademische Verlagsanstalt, Leipzig 2008; 408 Seiten; € 29,-

Steigende Studierendenzahlen, wachsende Kosten für Lehre und Forschung und die Intensivierung der internationalen Bildungs- und Wissenschaftskonkurrenz sind nicht nur ein deutsches Problem. Der Band zeigt auf der Grundlage aktueller Recherchen, wie andere große westliche Hochschul- und Wissenschaftssysteme auf die gleichen Herausforderungen reagieren, wie sie dabei mit ihren gewachsenen Traditionen umgehen und welche Reformen in Angriff genommen werden.

Die akademischen Karrierestrukturen, die im Mittelpunkt der Studie stehen, sind stark von nationalen Eigenheiten und Interessenkonstellationen geprägt und deshalb besonders veränderungsresistent. Wie die vergleichende Analyse zeigt, gibt es – bei allen Unterschieden – einen gemeinsamen Nenner für alle anderen europäischen Hochschulsysteme, der sie von Deutschland unterscheidet. Überall gibt es dort unterhalb der Professur den auf Dauer tätigen Lecturer, Docent, Maître de Conférences o.ä. als selbstständigen Hochschullehrer mit eigenen Lehr- und Forschungsaufgaben. Dadurch sind sie in der Lage, mit strukturellen Differenzierungen und gesteigerten Lehranforderungen flexibel umzugehen.

An den deutschen Universität fehlt hingegen die Ebene der fest bestallten Dozenten unterhalb der Professur. Sie machen an deutschen Universitäten nur ein bis zwei Prozent des hauptberuflichen wissenschaftlichen Personals aus.

Roland Bloch

Flexible Studierende?

Studienreform und studentische Praxis

Akademische Verlagsanstalt, Leipzig 2009; 336 Seiten; € 29,-

Die Studienreformen im Zuge des Bologna-Prozesses bedeuten eine fundamentale Umstrukturierung des deutschen Studiensystems. Gestufte Studienstrukturen, Modularisierung, Qualifikationsrahmen, Kreditpunktesysteme und studienbegleitende Prüfungen sollen Probleme wie lange Studiendauer und hohe Studienabbruchquote beheben und die Beschäftigungsfähigkeit der Studierenden fördern. Grundlegende Annahme der Studienreformen ist dabei, dass auch die Studierenden durch ihr Verhalten entscheidend zu den attestierten Mängeln des ‚alten' Studiensystems beitrügen. Die Studie nimmt die umgekehrte Perspektive ein und fragt, wie Studierende trotz der – gewiss vorhandenen – Probleme des Studiums erfolgreich studieren und welche Konsequenzen die Studienreformen für die studentische Praxis haben.

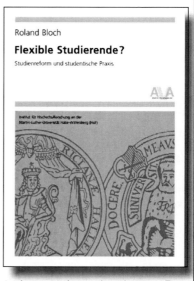

Anhand einer Diskursanalyse werden die Problemwahrnehmungen und normativen Anforderungen herausgearbeitet, die den Studienreformen zugrunde liegen. Welche Probleme versprechen prominente Reformkonzepte wie Schlüsselqualifikationen und Employability zu lösen und welche normativen Anforderungen stellen sie an das Verhalten von Studierenden?

Die diskursiv vermittelten Wahrnehmungen und Anforderungen werden direkt mit den individuellen Erfahrungen von Studierenden im Studium wie im Alltag in Beziehung gesetzt.

Gezeigt wird, wie flexibel Studierende sowohl im ‚alten' als auch im ‚neuen' Studiensystem handeln.